Jean-Pierre Vernant
Pierre Vidal-Naquet

Mythe et tragédie en Grèce ancienne - I

La Découverte / Poche
9 *bis*, rue Abel-Hovelacque
75013 Paris

La présente édition de *Mythe et tragédie en Grèce ancienne* reprend l'édition précédemment publiée en 1972 aux Éditions François Maspero dans la collection « Textes à l'appui ».

ISBN 978-2-7071-4619-9

Mythe et tragédie en Grèce ancienne - I

Préface

Si nous rassemblons dans ce premier volume — qui sera aussi rapidement que possible suivi d'un second — sept études publiées en France et à l'étranger, c'est que ces travaux s'inscrivent dans le plan d'une recherche menée en commun depuis plusieurs années et qui trouve son origine dans l'enseignement de Louis Gernet[1].

Mythe et tragédie, *qu'entendons-nous exactement par là ? Les tragédies, bien entendu, ne sont pas des mythes. On peut soutenir au contraire que le genre tragique fait son apparition à la fin du VI*e *siècle lorsque le langage du mythe cesse d'être en prise sur le réel politique de la cité. L'univers tragique se situe entre deux mondes, et c'est cette double référence au mythe, conçu désormais comme appartenant à un temps révolu mais encore présent dans les consciences, et aux valeurs nouvelles développées avec tant de rapidité par la cité de Pisistrate, de Clisthène, de Thémistocle, de Périclès, qui constitue une de ses originalités, et le ressort même de l'action. Dans le conflit tragique, le héros, le roi, le tyran apparaissent bien engagés encore dans la tradition héroïque et mythique, mais la solution du drame leur échappe : elle n'est jamais donnée par le héros solitaire, elle traduit toujours le triomphe des valeurs collectives imposées par la nouvelle cité démocratique.*

Quelle est, dans ces conditions, la tâche de l'analyste ? La plupart des études réunies dans ce livre relèvent de ce qu'il est convenu d'appeler l'analyse structurale. Mais ce serait commettre une très grave erreur de perspective que de confondre ce type de lecture avec le déchiffrement des mythes proprement dits. Les techniques d'interprétation peuvent être parentes, la finalité de la recherche est nécessairement tout autre. Certes le décodage d'un mythe suit d'abord les articulations du discours — oral ou écrit — mais son but, peut-être

---

1. Cf. J.-P. VERNANT, « La Tragédie grecque selon Louis Gernet », *Hommage à Louis Gernet*, Paris, 1966, p. 31-35.

fondamental, est de casser le récit mythique pour en détecter les éléments premiers qui devront être eux-mêmes confrontés à ceux qu'offrent les autres versions du même mythe ou des ensembles légendaires différents. Le récit de départ, loin de se refermer sur lui-même pour constituer, dans son tout, une œuvre unique, s'ouvre au contraire, en chacune de ses séquences, sur tous les autres textes qui mettent en œuvre le même système de code dont il s'agit de découvrir les clés. En ce sens, pour le mythologue, tous les mythes, riches ou pauvres, se situent sur le même plan et ont, du point de vue heuristique, même valeur. Aucun ne saurait avoir le bénéfice de l'exclusivité, et le seul privilège que l'interprète peut accorder à l'un d'entre eux est de le choisir, pour des raisons de commodité, comme modèle de référence au cours de l'enquête.

Les tragédies grecques que nous avons entrepris d'étudier dans ces pages constituent un objet tout à fait différent. Ce sont des œuvres écrites, des productions littéraires individualisées dans le temps et dans l'espace et dont aucune n'a à proprement parler de parallèle. L'Œdipe-Roi de Sophocle n'est pas une version parmi d'autres du mythe d'Œdipe. L'enquête ne peut aboutir que si elle prend en considération, d'abord et au premier chef, le sens et l'intention du drame qui fut représenté à Athènes vers 420 avant J.-C. Sens et intention, qu'est-ce à dire ? Faut-il le préciser, notre propos n'est pas de savoir ce qui se passait dans la tête de Sophocle au moment où il écrivait sa pièce. Le dramaturge ne nous a pas laissé de confidences ni de journal ; l'eût-il fait, nous ne disposerions que de documents supplémentaires qu'il nous faudrait soumettre, au même titre que les autres, à la réflexion critique. L'intention dont nous parlons s'exprime à travers l'œuvre, dans ses structures, son organisation interne, et nous n'avons aucun moyen de remonter de l'œuvre à l'auteur. De même, si conscients que nous soyons du caractère profondément historique des tragédies grecques, nous ne cherchons pas à explorer l'arrière-plan historique, au sens étroit du mot, de chaque pièce. Un livre admirable a été écrit qui retrace l'histoire d'Athènes à travers l'œuvre d'Euripide[2] ; il est extrêmement douteux qu'une entreprise semblable soit justifiée pour Eschyle et Sophocle, et les tentatives qui ont été faites dans cette direction ne nous paraissent pas très convaincantes. Il est certes permis de penser que l'épidémie décrite au début de l'Œdipe-Roi doit quelque chose à la peste d'Athènes en 430, mais on pourra toujours observer que Sophocle avait lu l'Iliade, qui contient elle aussi l'évocation d'une épidémie menaçant toute une communauté. En fin de compte

2. R. Goossens, *Euripide et Athènes*, Bruxelles, 1960.

l'éclairage qu'apporte à l'œuvre cette méthode n'est que d'assez faible portée.

Nos analyses opèrent en réalité à des niveaux très différents. Elles relèvent à la fois de la sociologie de la littérature et de ce qu'on pourrait appeler une anthropologie historique. Nous ne prétendons pas expliquer la tragédie en la réduisant à un certain nombre de conditions sociales. Nous nous efforçons de l'appréhender dans toutes ses dimensions, comme phénomène indissolublement social, esthétique et psychologique. Le problème n'est pas de ramener l'un de ces aspects à l'autre, mais de comprendre comment ils s'articulent et se combinent pour constituer un fait humain unique, une même invention qui apparaît dans l'histoire sous trois faces : comme réalité sociale avec l'institution des concours tragiques, comme création esthétique avec l'avènement d'un nouveau genre littéraire, comme mutation psychologique avec le surgissement d'une conscience et d'un homme tragiques — trois faces qui définissent un même objet et qui relèvent du même ordre d'explication.

Nos recherches supposent une constante confrontation entre nos concepts modernes et les catégories mises en œuvre dans les tragédies antiques. L'Œdipe-Roi peut-il être éclairé par la psychanalyse ? Comment s'élaborent dans la tragédie le sens de la responsabilité, l'engagement de l'agent dans ses actes, ce que nous appelons aujourd'hui la fonction psychologique de la volonté ? Poser ces problèmes, c'est demander qu'entre l'intention de l'œuvre et les habitudes mentales de l'interprète s'institue un dialogue lucide et proprement historique, qui aide à déceler les présupposés, généralement inconscients, du lecteur moderne, qui le contraigne à se mettre lui-même en question dans la prétendue innocence de sa lecture.

Mais cela n'est qu'un point de départ. Les tragédies grecques, au même titre que toute œuvre littéraire, sont traversées de pré-jugés, de pré-supposés qui forment, pour la civilisation dont elles sont une des expressions, comme les cadres du vécu quotidien. L'opposition entre la chasse et le sacrifice, par exemple, dont nous avons cru pouvoir tirer parti pour une analyse de l'Orestie, n'est pas un trait spécifique de la tragédie ; on peut en retrouver la trace dans de très nombreux textes à travers plusieurs siècles d'histoire grecque ; elle suppose, pour être correctement interprétée, qu'on s'interroge sur la nature même du sacrifice comme procédure centrale de la religion grecque, et sur la place que tenait la chasse, à la fois dans la vie des cités et dans la pensée mythique. Il reste que ce dont il est question ici n'est pas l'opposition entre la chasse et le sacrifice en soi, mais la manière dont cette opposition informe une œuvre spécifiquement littéraire. De la même façon, nous avons tenté de confronter des œuvres tragiques *avec des pratiques religieuses ou des institutions sociales contemporaines. Ainsi l'*Œdipe-Roi *nous a paru pouvoir être éclairé par une double comparaison : avec une procédure rituelle d'abord, le* pharmakós *; ensuite avec une institution politique étroitement délimitée dans le temps, puisqu'elle n'apparaît pas à Athènes avant la réforme de Clisthène (508) et qu'elle disparaît peu avant la tragédie classique elle-même : l'ostracisme*[3]*. De même encore, nous avons essayé de mettre en lumière un aspect méconnu du* Philoctète *en faisant appel à la procédure par laquelle un jeune Athénien devenait un citoyen de plein exercice : l'éphébie. Faut-il le préciser à nouveau ? Nous ne tentons pas par ces analyses de dévoiler un mystère. Sophocle a-t-il ou non pensé à l'ostracisme ou à l'éphébie en écrivant ses pièces ? Nous ne le savons pas, nous ne le saurons jamais ; nous ne sommes pas même sûrs que la question ait un sens. Ce que nous voudrions montrer, c'est que, dans la communication qui s'établissait entre le poète et son public, l'ostracisme ou l'éphébie constituait un cadre de référence commun, l'arrière-plan qui rendait intelligibles les structures mêmes de la pièce.*

Enfin au-delà encore de ces confrontations il y a la spécificité de l'œuvre tragique. Œdipe n'est ni une victime expiatoire, ni un ostracisé ; il est le personnage d'une tragédie, placé par le poète au carrefour d'une décision, affronté à un choix, toujours présent, toujours recommencé. Comment ce choix du héros est-il articulé au long de la pièce, selon quelles modalités les discours répondent-ils aux discours, comment le personnage tragique s'intègre-t-il dans l'action tragique ? ou, pour le dire autrement, comment le temps de chaque personnage s'insère-t-il dans la marche de la mécanique montée par les dieux ? Telles sont quelques-unes des questions que nous nous sommes posées. Le lecteur comprendra sans peine qu'il en est beaucoup d'autres et que les réponses données ne sont encore que des suggestions. Ce livre n'est qu'un début. Nous espérons le poursuivre, mais nous avons la certitude que, si ce type de recherches a un avenir, d'autres que nous les reprendront à leur compte[4]*.*

J.-P. V. et P. V.-N.

---

3. Le premier ostracisme effectif est de 487, le dernier de 417 ou 416.

4. Plusieurs des études reproduites dans ce volume ont été, par rapport à leur première publication, modifiées, corrigées, ou même, pour certaines, augmentées de nouveaux développements. Nous tenons à remercier Mme J. Detienne dont l'aide nous a été très précieuse pour la mise au point du texte et sa présentation correcte. Nous remercions aussi ceux de nos amis qui ont bien voulu nous faire part de leurs remarques, notamment M. Detienne, Ph. Gauthier et V. Goldschmidt, ainsi que M. Maschino qui a préparé le manuscrit pour l'impression.

I

Le moment historique de la tragédie en Grèce : quelques conditions sociales et psychologiques

Au cours du dernier demi-siècle, les hellénistes se sont surtout interrogés sur les origines de la tragédie*. Si même ils avaient apporté sur ce point une réponse concluante, le problème de la tragédie ne s'en trouverait pas pour autant résolu. Il resterait à comprendre l'essentiel : les innovations que la tragédie attique a apportées et qui font d'elle, sur le plan de l'art, des institutions sociales, de la psychologie humaine, une invention. Genre littéraire original possédant ses règles et ses caractéristiques propres, la tragédie instaure, dans le système des fêtes publiques de la cité, un nouveau type de spectacle ; de plus, elle traduit, comme forme d'expression spécifique, des aspects jusqu'alors méconnus de l'expérience humaine ; elle marque une étape dans la formation de l'homme intérieur, du sujet responsable. Genre tragique, représentation tragique, homme tragique : sous ses trois aspects, le phénomène apparaît avec des caractères irréductibles.

Le problème des origines est donc, en un certain sens, un faux problème. Mieux vaudrait parler d'antécédents. Encore devrait-on noter qu'ils se situent à un tout autre niveau que le fait à expliquer. Ils ne sont pas à sa mesure ; ils ne peuvent rendre raison du tragique comme tel. Un exemple : le masque soulignerait la parenté de la tragédie avec les mascarades rituelles. Mais, par sa nature, par sa fonction, le masque tragique est tout autre chose qu'un travestissement religieux. C'est un masque humain, non un déguisement animal. Son rôle est esthétique, non plus rituel. Le masque peut, entre autres, servir à souligner la distance, la différenciation entre les deux éléments qui occupent la scène tragique, éléments opposés mais en même temps étroitement solidaires. D'une part, le chœur, dans le principe, semble-t-il, non masqué, mais seulement déguisé, personnage collectif, incarné par un collège de citoyens ; d'autre part, le personnage tragique, joué par un acteur professionnel, et que son masque individualise par rapport au groupe anonyme du chœur. Cette individualisation ne

* Ce texte a été publié dans *Antiquitas graeco-romana ac tempora nostra*, Prague, 1968, p. 246-250.

fait nullement du porteur de masque un sujet psychologique, une « personne » individuelle. Au contraire, le masque intègre le personnage tragique dans une catégorie sociale et religieuse très définie : celle des héros. Il en fait l'incarnation d'un de ces êtres exceptionnels dont la légende, fixée dans la tradition héroïque que chantent les poètes, constitue pour les Grecs du ve siècle une des dimensions de leur passé — passé lointain et révolu, qui fait contraste avec l'ordre de la cité, mais qui reste cependant encore vivant dans la religion civique où le culte des héros, ignoré d'Homère et d'Hésiode, occupe une place de choix. Polarité donc, dans la technique tragique, entre deux éléments : le chœur, être collectif et anonyme, dont le rôle consiste à exprimer dans ses craintes, ses espoirs et ses jugements, les sentiments des spectateurs qui composent la communauté civique ; le personnage individualisé, dont l'action forme le centre du drame et qui a figure de héros d'un autre âge, toujours plus ou moins étranger à la condition ordinaire du citoyen.

A ce dédoublement du chœur et du héros tragiques correspond, dans la langue même de la tragédie, une dualité : d'une part, le lyrisme choral ; d'autre part, chez les protagonistes du drame, une forme dialoguée dont la métrique est plus voisine de la prose. Les personnages héroïques rapprochés par le langage de l'homme ordinaire, ne sont pas seulement rendus présents sur la scène aux yeux de tous les spectateurs, mais à travers les discussions qui les opposent aux choristes ou les uns aux autres, ils deviennent l'objet d'un débat ; ils sont en quelque sorte mis en question devant le public. De son côté, le chœur, dans les parties chantées, exalte moins les vertus exemplaires du héros, comme dans la tradition lyrique de Simonide ou de Pindare, qu'il ne s'inquiète et ne s'interroge à son sujet. Dans le cadre nouveau du jeu tragique, le héros a donc cessé d'être un modèle ; il est devenu, pour lui-même et pour les autres, un problème.

Ces remarques préliminaires permettent, nous semble-t-il, de mieux cerner les termes dans lesquels se pose le problème de la tragédie. La tragédie grecque apparaît comme un moment historique très précisément circonscrit et daté. On la voit naître, à Athènes, s'y épanouir et dégénérer presque en l'espace d'un siècle. Pourquoi ? Il ne suffit pas de noter que le tragique traduit une conscience déchirée, le sentiment des contradictions qui divisent l'homme contre lui-même ; il faut rechercher sur quel plan se situent, en Grèce, les oppositions tragiques, quel est leur contenu, dans quelles conditions elles sont venues au jour.

C'est ce que Louis Gernet avait entrepris par une analyse du vocabulaire et des structures de chaque œuvre tragique[1]. Il avait pu montrer ainsi que la matière véritable de la tragédie, c'est la pensée sociale propre à la cité, spécialement la pensée juridique en plein travail d'élaboration. La présence d'un vocabulaire technique de droit chez les Tragiques souligne les affinités entre les thèmes de prédilection de la tragédie et certains cas relevant de la compétence des tribunaux, ces tribunaux dont l'institution est assez récente pour que soit encore pleinement sentie la nouveauté des valeurs qui en ont commandé la fondation et qui en règlent le fonctionnement. Les poètes tragiques utilisent ce vocabulaire de droit en jouant délibérément de ses incertitudes, de ses flottements, de son inachèvement : imprécision des termes, glissements de sens, incohérences et oppositions qui révèlent des discordances au sein de la pensée juridique elle-même, qui traduisent également ses conflits avec une tradition religieuse, une réflexion morale dont le droit est déjà distinct mais dont les domaines ne sont pas clairement délimités par rapport au sien.

C'est que le droit n'est pas une construction logique ; il s'est constitué historiquement à partir de procédures « préjudiriques » dont il s'est dégagé, auxquelles il s'oppose mais dont il reste en partie solidaire. Les Grecs n'ont pas l'idée d'un droit absolu, fondé sur des principes, s'organisant en système cohérent. Il y a pour eux comme des degrés de droit. A un pôle, le droit s'appuie sur l'autorité de fait, sur la contrainte ; à l'autre, il met en jeu des puissances sacrées : l'ordre du monde, la justice de Zeus. Il pose aussi des problèmes moraux touchant la responsabilité de l'homme. De ce point de vue, la *Díkē* divine elle-même peut apparaître opaque et incompréhensible : elle comporte, pour les humains, un élément irrationnel de puissance brute. Aussi voit-on dans les *Suppliantes* la notion de *krátos* osciller entre deux acceptions contraires ; tantôt elle désigne l'autorité légitime, une mainmise juridiquement fondée, tantôt la force brutale dans son aspect de violence le plus opposé au droit et à la justice. De même, dans *Antigone*, le mot *nómos* peut être invoqué avec des valeurs exactement inverses par les différents protagonistes. Ce que montre la tragédie, c'est une *díkē* en lutte contre une autre *díkē*, un droit qui n'est pas fixé, qui se déplace et se transforme en son contraire. Bien entendu la tragédie est tout autre chose qu'un débat juridique. Elle prend pour objet l'homme vivant lui-même ce

1. Dans des cours faits à l'École pratique des hautes études, et qui n'ont pas été publiés.

débat, contraint de faire un choix décisif, d'orienter son action dans un univers de valeurs ambiguës, où rien jamais n'est stable ni univoque.

Tel est, dans la matière tragique, le premier aspect de conflit. Il y en a un second étroitement associé au précédent. Nous avons vu que la tragédie, tant qu'elle demeure vivante, puise ses thèmes dans les légendes de héros. Cet enracinement dans une tradition de récits mythiques explique qu'on trouve, à bien des égards, plus d'archaïsme religieux chez les grands Tragiques que dans Homère. Cependant la tragédie prend ses distances par rapport aux mythes de héros dont elle s'inspire et qu'elle transpose très librement. Elle les met en question. Elle confronte les valeurs héroïques, les représentations religieuses anciennes, avec les modes de pensée nouveaux qui marquent l'avènement du droit dans le cadre de la cité. Les légendes de héros se rattachent en effet à des lignées royales, des *génē* nobles qui, sur le plan des valeurs, des pratiques sociales, des formes de religiosité, des comportements humains, représentent pour la cité cela même qu'elle a dû condamner et rejeter, ce contre quoi il lui a fallu lutter pour s'établir, mais aussi ce à partir de quoi elle s'est constituée et dont elle reste très profondément solidaire.

Le moment tragique est donc celui où une distance s'est creusée au cœur de l'expérience sociale, assez grande pour qu'entre la pensée juridique et politique d'une part, les traditions mythiques et héroïques de l'autre, les oppositions se dessinent clairement, assez courte cependant pour que les conflits de valeur soient encore douloureusement ressentis et que la confrontation ne cesse pas de s'effectuer. La situation est la même en ce qui concerne les problèmes de la responsabilité humaine tels qu'ils se posent à travers les progrès tâtonnants du droit. Il y a une conscience tragique de la responsabilité quand les plans humain et divin sont assez distincts pour s'opposer sans cesser pourtant d'apparaître inséparables. Le sens tragique de la responsabilité surgit lorsque l'action humaine fait l'objet d'une réflexion, d'un débat, mais qu'elle n'a pas acquis un statut assez autonome pour se suffire pleinement à elle-même. Le domaine propre de la tragédie se situe à cette zone frontière où les actes humains viennent s'articuler avec les puissances divines, où ils révèlent leur sens véritable, ignoré de ceux-là mêmes qui en ont pris l'initiative et en portent la responsabilité, en s'insérant dans un ordre qui dépasse l'homme et lui échappe.

On comprend mieux alors que la tragédie soit un *moment*, et qu'on puisse fixer sa floraison entre deux dates, qui définissent deux attitudes à l'égard du spectacle tragique. Au départ, la colère d'un Solon, quittant indigné une des premières représentations théâtrales, avant même l'institution des concours tragiques ; à Thespis, plaidant qu'il ne s'agissait après tout que d'un jeu, le vieux nomothète, inquiet des ambitions grandissantes de Pisistrate, répliqua, selon Plutarque, qu'on ne tarderait pas à voir les conséquences de telles fictions sur les rapports entre les citoyens. Pour le sage, moraliste et homme d'État, qui s'est donné pour tâche de fonder l'ordre de la cité sur la modération et le contrat, qui a dû briser l'orgueil des nobles et cherche à éviter à sa patrie l'*húbris* du tyran, le passé « héroïque » apparaît trop proche et trop vivant pour qu'on puisse sans péril le donner en spectacle sur la scène. Au terme de l'évolution, on placerait l'indication d'Aristote concernant Agathon, jeune contemporain d'Euripide et qui écrivait des tragédies dont l'intrigue était tout entière de son cru. Le lien avec la tradition légendaire est désormais si distendu qu'on ne sent plus la nécessité d'un débat avec le passé « héroïque ». L'homme de théâtre peut bien continuer d'écrire des pièces, en inventer lui-même la trame suivant un modèle qu'il croit conforme aux œuvres de ses grands devanciers. Chez lui, dans son public, dans toute la culture grecque, le ressort tragique est brisé.

II

Tensions et ambiguïtés dans la tragédie grecque

Quel peut être l'apport de la sociologie et de la psychologie à l'interprétation de la tragédie grecque*? Elles ne sauraient, bien entendu, remplacer les méthodes d'analyse traditionnelles, philologiques et historiques. Elles doivent au contraire s'appuyer sur le travail d'érudition engagé dès longtemps par les spécialistes. Mais aux études grecques, elles ajoutent une dimension nouvelle. En cherchant à situer exactement le phénomène tragique dans la vie sociale de la Grèce, et en marquant sa place dans l'histoire psychologique de l'homme d'Occident, elles posent en pleine lumière des problèmes que les hellénistes n'ont rencontrés qu'incidemment et qu'ils n'ont abordés que de biais.

Nous voudrions en évoquer quelques uns. La tragédie surgit en Grèce à la fin du VIe siècle. Avant même que ne se soient écoulés cent ans, la veine tragique déjà est tarie, et lorsque, au IVe siècle, Aristote entreprend dans la *Poétique* d'en établir la théorie, il ne comprend plus ce qu'est l'homme tragique, qui lui est devenu pour ainsi dire étranger. Succédant à l'épopée et à la poésie lyrique, s'effaçant au moment où triomphe la philosophie[1], la tragédie apparaît, en tant

---

* Une première version de ce texte a été publiée en anglais : « Tensions and Ambiguities in Greek Tragedy », *Interpretation : Theory and Practice*, Baltimore, 1969, p. 105-121.

1. Sur le caractère foncièrement anti-tragique de la philosophie platonicienne, cf. Victor GOLDSCHMIDT, « Le Problème de la tragédie d'après Platon », *Questions platoniciennes*, Paris, 1970, p. 103-140. Comme l'écrit l'auteur (p. 136) : « Ce n'est pas " l'immoralité " des poètes qui suffit à expliquer la profonde hostilité de Platon à l'égard de la tragédie. En ceci même que la tragédie représente " une action et la vie ", elle est contraire à la vérité. » Contraire à la vérité *philosophique*, bien entendu. Et peut-être aussi à cette logique philosophique qui admet que de deux propositions contradictoires, si l'une est vraie, l'autre doit nécessairement être fausse. L'homme tragique apparaît de ce point de vue solidaire d'une autre logique qui n'établit pas une coupure aussi tranchée entre le vrai et le faux : logique de rhéteurs, logique sophistique qui, à l'époque même où s'épanouit la tragédie, fait encore une place à l'ambiguïté, puisqu'elle ne cherche pas, sur les questions qu'elle examine, à démontrer l'absolue validité d'une thèse, mais à construire des *dissoì lógoi*, des discours doubles qui, dans leur opposition, se combattent sans se détruire, chacune des deux argumentations ennemies pouvant, au gré du sophiste

que genre littéraire, comme l'expression d'un type particulier d'expérience humaine, lié à des conditions sociales et psychologiques définies. Cet aspect de moment historique, très précisément localisé dans l'espace et le temps, impose certaines règles de méthode dans l'interprétation des œuvres tragiques. Chaque pièce constitue un message, enfermé dans un texte, inscrit dans les structures d'un discours qui doit faire l'objet, à tous ses niveaux, des analyses philologiques, stylistiques, littéraires appropriées. Mais ce texte ne peut-être pleinement compris que compte tenu d'un contexte. C'est en fonction de ce contexte que la communication s'établit entre l'auteur et son public du ve siècle, et que l'œuvre peut retrouver, pour le lecteur d'aujourd'hui, sa pleine authenticité et tout son poids de significations.

Mais qu'entendons-nous par contexte ? Sur quel plan de réalité le situer ? Comment envisager ses rapports avec le texte ? Il s'agit, selon nous, d'un contexte mental, d'un univers humain de significations, homologue par conséquent au texte même auquel on le réfère : outillage verbal et intellectuel, catégories de pensée, types de raisonnement, système de représentations, de croyances, de valeurs, formes de sensibilité, modalité de l'action et de l'agent. On pourrait parler à ce propos d'un monde spirituel propre aux Grecs du ve siècle, si la formule ne comportait un grave risque d'erreur. Elle laisse en effet supposer qu'il existerait quelque part un domaine spirituel déjà constitué, dont la tragédie n'aurait plus qu'à présenter à sa façon le reflet. Or il n'est pas d'univers spirituel existant en soi, en dehors des diverses pratiques que l'homme déploie et renouvelle incessamment dans le champ de la vie sociale et de la création culturelle. Chaque type d'institution, chaque catégorie d'œuvre possède son propre univers spirituel qu'il lui a fallu élaborer pour se constituer en discipline autonome, en activité spécialisée, correspondant à un domaine particulier de l'expérience humaine.

Ainsi l'univers spirituel de la religion est tout entier présent dans les rites, les mythes, les représentations figurées du divin ; quand le droit s'édifie dans le monde grec, il revêt à la fois l'aspect d'institutions sociales, de comportements humains et de catégories mentales qui définissent, par opposition à d'autres formes de pensée, en particulier religieuses, l'esprit juridique. De même, avec la cité, se développent tout ensemble un système d'insti-

et par la puissance de son verbe, l'emporter sur l'autre à son tour. Cf. Marcel DETIENNE, *Les Maîtres de vérité dans la Grèce archaïque*, François Maspero, Paris, 1967, p. 119-124.

tutions, des conduites, une pensée proprement politiques. Là encore le contraste est frappant avec les anciennes formes mystiques de pouvoir et d'action sociale, que le régime de la *pólis* a remplacées en même temps que les pratiques et la mentalité qui en étaient solidaires. Il n'en va pas autrement pour la tragédie. Elle ne saurait refléter une réalité qui lui serait en quelque façon étrangère. Elle élabore elle-même son monde spirituel. Il n'y a de vision et d'objet plastiques que dans et par la peinture. La conscience tragique naît et se développe elle aussi avec la tragédie. C'est en s'exprimant dans la forme d'un genre littéraire original que se construisent la pensée, le monde, l'homme tragiques.

Pour utiliser une comparaison spatiale, nous pourrions dire alors que le contexte, au sens où nous l'entendons, ne se situe pas à côté des œuvres, en marge de la tragédie ; il n'est pas tant juxtaposé au texte que sous-jacent à lui. Plus encore qu'un contexte, il constitue un sous-texte qu'une lecture savante doit déchiffrer dans l'épaisseur même de l'œuvre par un double mouvement, une démarche alternée de détour et de retour. Il faut mettre d'abord l'œuvre en situation, en élargissant le champ de l'enquête à l'ensemble des conditions sociales et spirituelles qui ont suscité l'apparition de la conscience tragique. Mais il faut ensuite le concentrer exclusivement sur la tragédie dans ce qui fait sa vocation propre : ses formes, son objet, ses problèmes spécifiques. Aucune référence à d'autres domaines de la vie sociale — religion, droit, politique, éthique — ne saurait en effet être pertinente, si l'on ne montre aussi comment, en s'assimilant l'élément emprunté pour l'intégrer à sa perspective, la tragédie lui fait subir une véritable transmutation. Prenons un exemple : la présence quasi obsédante dans la langue des Tragiques d'un vocabulaire technique de droit, leur prédilection pour des thèmes de crimes de sang relevant de la compétence de tel ou tel tribunal, la forme même de jugement donné à certaines pièces, exigent de l'historien de la littérature, s'il veut saisir les valeurs exactes des termes et toutes les implications du drame, qu'il sorte de sa spécialité et se fasse historien du droit grec. Mais dans la pensée juridique il ne trouvera pas de lumière susceptible d'éclairer directement le texte tragique comme si ce dernier n'en était qu'un décalque. Pour l'interprète, il ne peut s'agir que d'un préalable qui doit le ramener finalement à la tragédie et au monde qui lui est propre afin d'en explorer certaines dimensions qui, sans ce détour par le droit, seraient restées dissimulées dans l'épaisseur du texte. Aucune tragédie n'est en effet un débat juridique, pas plus que le droit ne comporte en lui-même rien de tragique. Les mots, les notions, les schèmes de pensée sont utilisés par les poètes tout autrement qu'au tribunal ou chez les orateurs. Hors de leur contexte technique, ils changent en quelque sorte de fonction. Sous la plume des Tragiques, ils sont devenus, mêlés et opposés à d'autres, les éléments d'une confrontation générale des valeurs, d'une mise en question de toutes les normes, en vue d'une enquête qui n'a plus rien à voir avec le droit et qui porte sur l'homme lui-même : quel est cet être que la tragédie qualifie de *deinós*, monstre incompréhensible et déroutant, à la fois agent et agi, coupable et innocent, lucide et aveugle, maîtrisant toute la nature par son esprit industrieux et incapable de se gouverner lui-même ? Quels sont les rapports de cet homme avec les actes dont on le voit sur la scène délibérer, prendre l'initiative et porter la responsabilité, mais dont le sens véritable se situe au-delà de lui et lui échappe, de telle sorte que c'est moins l'agent qui explique l'acte, mais plutôt l'acte qui, révélant après coup sa signification authentique, revient sur l'agent, découvre ce qu'il est et a réellement accompli sans le savoir ? Quelle est la place enfin de cet homme dans un univers social, naturel, divin, ambigu, déchiré par les contradictions, où aucune règle n'apparaît définitivement établie, où un dieu lutte contre un dieu, un droit contre un droit, où la justice, au cours même de l'action, se déplace, tourne et se transforme en son contraire ?

La tragédie n'est pas seulement une forme d'art ; elle est une institution sociale que, par la fondation des concours tragiques, la cité met en place à côté de ses organes politiques et judiciaires. En instaurant sous l'autorité de l'archonte éponyme, dans le même espace urbain et suivant les mêmes normes institutionnelles que les assemblées ou les tribunaux populaires, un spectacle ouvert à tous les citoyens, dirigé, joué, jugé par les représentants qualifiés des diverses tribus, la cité se fait théâtre[2] ; elle se prend en quelque sorte comme objet de représentation et se joue elle-même devant le public. Mais si la tragédie appa-

2. Seuls les hommes peuvent être des représentants qualifiés de la cité ; les femmes sont étrangères à la vie politique. C'est pourquoi les choristes (pour ne pas parler des acteurs) sont toujours et exclusivement des mâles. Même lorsque le chœur est censé représenter un groupe de jeunes filles ou de femmes, comme c'est le cas dans toute une série de pièces, ce sont des hommes, déguisés et masqués pour la circonstance, qui assument la fonction de choristes.

raît ainsi, plus qu'aucun autre genre littéraire, enracinée dans la réalité sociale, cela ne signifie pas qu'elle en soit le reflet. Elle ne reflète pas cette réalité, elle la met en question. En la présentant déchirée, divisée contre elle-même, elle la rend tout entière problématique. Le drame porte sur la scène une ancienne légende de héros. Ce monde légendaire constitue pour la cité son passé — un passé assez lointain pour qu'entre les traditions mythiques qu'il incarne et les formes nouvelles de pensée juridique et politique, les contrastes se dessinent clairement, mais assez proche pour que les conflits de valeur soient encore douloureusement ressentis et que la confrontation ne cesse pas de s'exercer. La tragédie, observe justement Walter Nestle, prend naissance quand on commence à regarder le mythe avec l'œil du citoyen. Mais ce n'est pas seulement l'univers du mythe qui sous ce regard perd sa consistance et se dissoud. Le monde de la cité se trouve du même coup mis en question et, à travers le débat, contesté dans ses valeurs fondamentales. Même chez le plus optimiste des Tragiques, chez Eschyle, l'exaltation de l'idéal civique, l'affirmation de sa victoire sur toutes les forces du passé ont moins le caractère d'un constat, d'une tranquille assurance, que d'un espoir et d'un appel, où l'angoisse ne cesse jamais d'être présente, même dans la joie des apothéoses finales[3].

3. A la fin de l'*Orestie* d'Eschyle, la fondation du tribunal humain, l'intégration des Erinnyes dans le nouvel ordre de la cité ne font pas entièrement disparaître les contradictions entre les dieux anciens et les dieux nouveaux, le passé héroïque des *génē* nobles et le présent de l'Athènes démocratique du Ve siècle. Un équilibre est bien réalisé, mais il repose sur des tensions. Le conflit subsiste à l'arrière-plan entre forces contraires. En ce sens, l'ambiguïté tragique n'est pas liquidée ; l'ambivalence demeure. Il suffira de rappeler, pour le montrer, que les juges humains se sont prononcés à la majorité contre Oreste, puisque c'est seulement le vote d'Athéna qui rend les suffrages égaux (Cf. vers 735 et scholie au vers 746. Qu'il faille prendre le *psēphos* de 735 au sens propre de : jeton de vote, suffrage déposé dans l'urne, c'est ce que confirme le rapport entre la formule du vers 751 : « Un suffrage de plus relève une maison », et la remarque d'Oreste, après la publication du scrutin, en 754 : « Ô Pallas, qui viens de sauver ma maison... » Dans le même sens : EURIPIDE, *Iphigénie en Tauride*, 1469.) Cette égalité des voix pour et des voix contre évite la condamnation du matricide, vengeur de son père ; elle l'absout légalement, par une convention de procédure, du crime de meurtre, mais elle ne l'innocente ni ne le justifie (cf. 741 et 752 ; sur la signification de cette règle de procédure, ARISTOTE, *Problemata*, 29, 13). Elle implique une sorte d'équilibre maintenu entre l'ancienne *dikē* des Erinnyes (cf. 476, 511, 514, 539, 550, 554, 564) et celle, contraire, des nouveaux dieux comme Apollon (615-619). Athéna a donc raison de dire aux filles de la Nuit : « Vous n'êtes pas vaincues ; un arrêt indécis,

Une fois posées les questions, il n'est plus pour la conscience tragique de réponse qui puisse pleinement la satisfaire et clore son interrogation.

---

seul, est sorti de l'urne (ἰσόψηφος δίκη, 794-5). » Rappelant au début de la pièce quel était leur lot dans le monde des dieux, les Erinnyes observaient que, pour habiter sous terre dans une obscurité close au soleil, elles n'en avaient pas moins leur *timē*, leur part d'honneur (οὐδ' ἀτιμίας κύρω, 394). Ce sont ces mêmes honneurs qu'Athéna leur reconnaît, après le verdict du tribunal : « οὐκ ἔστ' ἄτιμοι (824), vous n'êtes point humiliées », ces mêmes honneurs qu'elle ne cessera de proclamer, avec une extraordinaire insistance, jusqu'au terme de la tragédie (796, 807, 833, 868, 884, 891, 894, 917, 1029). De fait, on notera qu'en établissant l'Aréopage, c'est-à-dire en fondant le droit régi par la cité, Athéna affirme la nécessité de faire toute leur place, dans la collectivité humaine, aux forces sinistres qu'incarnent les Erinnyes. La *philia*, l'amitié mutuelle, la *peithō*, la persuasion raisonnée, ne suffisent pas à unir les citoyens en une communauté harmonieuse. La cité suppose l'intervention de puissances d'une autre nature et qui agissent, non par la douceur et la raison, mais par la contrainte et la terreur. « Il est des cas, proclamaient les Erinnyes, ou l'Effroi (τὸ δεινόν) est utile et, vigilant gardien des cœurs, y doit siéger en permanence (516 sqq). » Quand elle institue le conseil des juges sur l'Aréopage, Athéna reprend mot pour mot ce même thème : « Sur ce mont désormais le Respect et la Crainte (*Phóbos*), sa sœur, retiendront les citoyens loin du crime... Que l'Effroi (τὸ δεινόν) surtout ne soit pas chassé de ma cité, hors de ses murailles ; s'il n'a rien à redouter, quel mortel fait ce qu'il doit ? (690-9) » Ni anarchie, ni despotisme, exigeaient les Erinnyes (525) ; ni anarchie, ni despotisme, reprend en écho Athéna, au moment d'installer le tribunal. En fixant cette règle comme l'impératif auquel sa ville doit obéir, la déesse souligne que le bien se situe entre deux extrêmes, la cité reposant sur l'accord difficile entre des puissances contraires qui doivent s'équilibrer sans se détruire. En face du dieu de la parole, de Zeus *agoraîos* (974), de la douce *Peithō* qui a guidé la langue d'Athéna, se profile l'auguste Erinnys, répandant le respect, la crainte, l'effroi. Et cette puissance de terreur, qui émane des Erinnyes et que représente l'Aréopage sur le plan des institutions humaines, sera bénéfique aux citoyens qu'elle tiendra éloignés du crime à l'égard les uns des autres. Athéna peut donc dire (989-90), en parlant de l'aspect monstrueux des déesses qui viennent d'accepter de résider en terre attique : « De ces visages terrifiants je vois pour la cité sortir un grand avantage. » Au terme de la tragédie, c'est Athéna elle-même qui célèbre la puissance des antiques déesses chez les Immortels comme chez les dieux infernaux (950-1) et qui rappelle aux gardiens de la cité que ces intraitables divinités ont pouvoir « de tout régler chez les hommes » (930), de leur donner « aux uns les chansons, aux autres les larmes » (954-5). Au reste, est-il nécessaire de rappeler qu'en associant ainsi très étroitement les Erinnyes-Euménides à la fondation de l'Aréopage, en plaçant ce conseil, dont à deux reprises est souligné le caractère nocturne et secret (cf. 692, 705-6), sous le signe, non des puissances religieuses qui règnent à l'agora, comme la *Peithō*, la parole persuasive, mais de celles qui inspirent *Sébas* et *Phóbos*, Respect et Crainte, Eschyle ne

Ce débat avec un passé toujours vivant creuse au cœur de chaque œuvre tragique une première distance dont l'interprète doit tenir compte. Elle s'exprime, dans la forme même du drame, par la tension entre les deux éléments qui occupent la scène tragique : d'un côté le chœur, personnage collectif et anonyme incarné par un collège officiel de citoyens, et dont le rôle est d'exprimer dans ses craintes, ses espoirs, ses interrogations et ses jugements, les sentiments des spectateurs qui composent la communauté civique ; de l'autre, joué par un acteur professionnel, le personnage individualisé dont l'action forme le centre du drame et qui a figure de héros d'un autre âge, toujours plus ou moins étranger à la condition ordinaire du citoyen[4]. A ce dédoublement du chœur et du héros tragique correspond, dans la langue de la tragédie, une dualité. Mais ici se marque déjà l'aspect d'ambiguïté qui nous paraît caractériser le genre tragique. C'est la langue du chœur, dans ses parties chantées, qui prolonge la tradition lyrique d'une poésie célébrant les vertus exemplaires du héros des temps anciens. Chez les protagonistes du drame, la métrique des parties dialoguées est au contraire voisine de la prose. Dans le moment même où, par le jeu scénique et le masque, le personnage tragique est grandi aux dimensions d'un de ces êtres exceptionnels auxquels la cité rend un culte, il se trouve rapproché par la langue de l'homme ordinaire[5]. Et ce rapprochement le rend, dans son aventure légendaire, comme contemporain du public. De sorte qu'à l'intérieur de chaque protagoniste se retrouve la tension que nous avons notée entre le passé et le présent, l'univers du mythe et celui de la cité. Le même personnage tragique apparaît tantôt projeté dans un lointain passé mythique, héros

---

fait en rien œuvre de novateur. Il se conforme à une tradition mythique et culturelle que connaissaient tous les Athéniens ; cf. PAUSANIAS, I, 28, 5-6 (sanctuaire des Augustes Erinnyes Σεμναὶ 'Ερινύες à l'Aréopage) dont on rapprochera les indications de Diogène Laërce concernant la purification d'Athènes par Epiménide : c'est de l'Aréopage que le purificateur fait partir les brebis noires et blanches dont le sacrifice doit effacer les souillures de la cité ; c'est aux Euménides qu'il consacre un sanctuaire.

4. Cf. ARISTOTE, *Problemata*, 19, 48 : « Sur la scène, les acteurs imitent les héros parce que, chez les anciens, il n'y avait que les héros qui fussent des chefs et des rois ; le peuple était le vulgaire des hommes, qui composent le chœur. »

5. ARISTOTE, *Poétique*, 1449, 24-28 : « De tous les mètres, le trimètre iambique est le plus dans le ton de la conversation ; un indice en est que dans le dialogue nous faisons un grand nombre de trimètres iambiques, mais rarement des hexamètres, et seulement quand nous nous écartons du ton de la conversation. »

d'un autre âge, chargé d'une puissance religieuse redoutable, incarnant toute la démesure des anciens rois de la légende — tantôt parlant, pensant, vivant à l'âge même de la cité, comme un « bourgeois » d'Athènes au milieu de ses concitoyens.

Aussi est-ce mal poser le problème que de s'interroger, avec certains interprètes modernes, sur la plus ou moins grande unité de caractère des personnages tragiques. Selon Wilamowitz, le personnage d'Etéocle, dans *Les Sept contre Thèbes*, n'apparaît pas dessiné d'une main bien ferme : son comportement, à la fin de la pièce, n'est guère compatible avec le portrait brossé auparavant. Pour Mazon, au contraire, le même Etéocle compte parmi les plus belles figures du théâtre grec ; il incarne avec une parfaite cohérence le type du héros maudit.

Le débat n'aurait de sens que dans la perspective d'un drame moderne construit sur l'unité psychologique des protagonistes. Mais la tragédie d'Eschyle n'est pas centrée sur un personnage singulier, dans la complexité de sa vie intérieure. Le vrai personnage des *Sept*, c'est la cité, c'est-à-dire les valeurs, les modes de pensée, les attitudes qu'elle commande et qu'Etéocle représente à la tête de Thèbes aussi longtemps que le nom de son frère n'est pas prononcé devant lui. Car il lui suffit d'entendre parler de Polynice pour que, sur le champ rejeté du monde de la *pólis*, il soit rendu à un autre univers : il se retrouve le Labdacide de la légende, l'homme des *génē* nobles, des grandes familles royales du passé, sur lesquelles pèsent les souillures et les malédictions ancestrales. Lui qui incarnait, face à la religiosité émotive des femmes de Thèbes, face à l'impiété guerrière des hommes d'Argos, les vertus de modération, de réflexion, de maîtrise de soi qui font l'homme politique, il se précipite brusquement vers la catastrophe en s'abandonnant à la haine fraternelle dont il est tout entier « possédé ». La folie meurtrière qui va désormais définir son *ēthos* n'est pas seulement un sentiment humain, c'est une puissance démonique qui dépasse Etéocle de toute part. Elle l'enveloppe dans le nuage obscur de l'*átē*, elle le pénètre à la façon d'un dieu prenant du dedans possession de celui dont il a décidé la perte, sous forme d'une *manía*, d'une *lússa*, d'un délire engendrant des actes criminels d'*húbris*. Présente en lui, la folie d'Etéocle ne laisse pas d'apparaître aussi bien une réalité étrangère et extérieure : elle s'identifie avec la puissance néfaste d'une souillure qui, née des fautes anciennes, se transmet de génération en génération, tout au long de la lignée des Labdacides.

La fureur destructrice qui s'empare du chef de Thèbes n'est rien d'autre que le *míasma* jamais purifié, l'Erinnys de la race, installée maintenant en lui par l'effet de l'*ará*, de l'imprécation proférée par Œdipe contre ses fils. *Manía, lússa, átē, ará, míasma, Erinús* — tous ces noms recouvrent finalement une seule et même réalité mythique, un *numen* sinistre se manifestant sous des formes multiples, à divers moments, dans l'âme de l'homme et hors de lui ; c'est une puissance de malheur qui englobe, à côté du criminel, le crime lui-même, ses antécédents les plus lointains, les motivations psychologiques de la faute, ses conséquences, la souillure qu'elle entraîne, le châtiment qu'elle prépare pour le coupable et pour toute sa descendance. Un terme désigne en grec ce type de puissance divine, peu individualisée, agissant de façon le plus souvent néfaste au cœur de la vie humaine, en un foisonnement de formes : c'est *daímōn*. Euripide est fidèle à l'esprit tragique d'Eschyle quand il emploie pour qualifier l'état psychologique des fils d'Œdipe, voués au fratricide par la malédiction de leur père, le verbe *daimonân* : ils sont au sens propre possédés par un *daímōn*, un mauvais génie[6].

On voit dans quelle mesure et sous quel angle on est en droit de parler d'une transformation du caractère d'Etéocle. Il ne s'agit pas d'unité ou de discontinuité de la personne, au sens où nous l'entendons aujourd'hui. Comme le note Aristote, le jeu tragique ne se déroule pas conformément aux exigences d'un caractère ; c'est au contraire le caractère qui doit se plier aux exigences de l'action, c'est-à-dire du *mûthos*, de la fable, dont la tragédie est en propre l'imitation[7]. Au début de la pièce l'*êthos* d'Etéocle correspond à un modèle psychologique, celui de l'*homo politicus*, tel que les Grecs du ve siècle le conçoivent. Ce que nous appelons changement *dans le caractère* d'Etéocle devrait être plus justement nommé passage à un autre modèle psychologique, glissement *dans la tragédie* d'une psychologie politique à une psychologie mythique, impliquée dans la légende des Labdacides par l'épisode du meurtre réciproque des deux frères. On pourrait même ajouter que c'est la référence successive à ces deux modèles, la confrontation au sein du même personnage de deux types opposés de comportement, de deux formes de psychologie impliquant des catégories différentes de l'action et de l'agent, qui constituent pour l'essentiel, dans *Les Sept contre Thèbes*, l'effet tragique. Tant que la tragédie demeurera vivante, cette dualité, ou plutôt cette tension dans la psychologie des personnages ne faiblira pas. Les senti-

6. EURIPIDE, *Phéniciennes*, 888.

7. ARISTOTE, *Poétique*, 1449 b 24, 31, 36 ; 1450 a 15-23 ; 1450 a 23-25 et 38-39 ; 1450 b 2-3.

ments, les propos, les actes du héros tragique relèvent de son caractère, de son *êthos*, que les poètes analysent aussi finement et interprètent de façon aussi positive que pourront le faire, par exemple, les orateurs ou un historien comme Thucydide[8]. Mais ces sentiments, propos, actions apparaissent en même temps comme l'expression d'une puissance religieuse, d'un *daimôn* agissant à travers eux. Le grand art tragique consistera même à rendre simultané ce qui, dans l'Etéocle d'Eschyle, est encore successif. A tout moment, la vie du héros se déroulera comme sur deux plans dont chacun, pris en lui-même, suffirait à expliquer les péripéties du drame, mais que la tragédie vise précisément à présenter comme inséparables l'un de l'autre : chaque action apparaît dans la ligne et la logique d'un caractère, d'un *êthos*, dans le moment même où elle se révèle la manifestation d'une puissance de l'au-delà, d'un *daimôn*.

Êthos-daimôn, c'est dans cette distance que l'homme tragique se constitue. Qu'on supprime un des deux termes, il disparaît. Pour paraphraser une remarque pertinente de R.P. Winnington-Ingram[9], on pourrait dire que la tragédie repose sur une double lecture de la fameuse formule d'Héraclite ἦθος ἀνθρώπῳ δαίμων. Dès qu'on cesse de pouvoir la lire aussi bien dans un sens que dans un autre (comme le permet la symétrie syntaxique) la formule perd son caractère énigmatique, son ambiguïté, et il n'y a plus de conscience tragique ; car pour qu'il y ait tragédie, le texte doit pouvoir signifier à la fois : chez l'homme, c'est son caractère qui est ce qu'on appelle démon — et inversement : chez l'homme, ce qu'on appelle caractère, c'est en réalité un démon.

Pour notre mentalité d'aujourd'hui (et déjà, dans une large mesure, pour celle d'Aristote), ces deux interprétations sont exclusives l'une de l'autre. Mais la logique de la tragédie consiste à « jouer sur les deux tableaux », à glisser d'un sens à l'autre, en prenant certes conscience de leur opposition mais sans renoncer jamais à aucun d'entre eux. Logique ambiguë, pourrait-on dire. Mais il ne s'agit plus, comme dans le mythe, d'une ambiguïté naïve qui ne se met pas encore soi-même en question. Au contraire la tragédie, au moment où elle passe d'un plan à un autre, marque fortement les distances, souligne les contradictions. Cependant,

8. Sur cet aspect de l'œuvre tragique et sur le caractère héroïque des personnages de Sophocle, cf. B. KNOX, *The Heroic Temper : Studies in Sophoclean Tragedy*, Berkeley and Los Angeles, 1964.

9. « Tragedy and Greek archaic Thought », *Classical Drama and its Influence, Essays presented to H.D.F. Kitto*, 1965, p. 31-50.

même chez Eschyle, elle ne parvient jamais à une solution qui ferait disparaître les conflits, soit par conciliation, soit par dépassement des contraires. Et cette tension qui n'est jamais tout à fait acceptée ni entièrement supprimée fait de la tragédie une interrogation qui ne comporte pas de réponse. Dans la perspective tragique, l'homme et l'action humaine se profilent, non comme des réalités qu'on pourrait définir ou décrire, mais comme des problèmes. Ils se présentent comme des énigmes dont le double sens ne peut jamais être fixé ni épuisé.

En dehors du personnage, il est un autre domaine où l'interprète doit repérer les aspects de tension et d'ambiguïté. Nous notions tout à l'heure que les Tragiques ont volontiers recours à des termes techniques de Droit. Mais quand ils utilisent ce vocabulaire, c'est presque toujours pour jouer de ses incertitudes, de ses flottements, de son inachèvement : imprécision des termes, glissement de sens, incohérences et oppositions qui révèlent, au sein d'une pensée juridique dont la forme n'est pas, comme à Rome, celle d'un système élaboré, des discordances et des tensions internes ; c'est aussi pour traduire les conflits entre les valeurs juridiques et une tradition religieuse plus ancienne, une réflexion morale naissante dont le droit déjà est distinct, sans que son domaine soit clairement délimité par rapport aux leurs. Les Grecs n'ont pas en effet l'idée d'un droit absolu, fondé sur des principes, organisé en un tout cohérent. Il y a pour eux comme des degrés et des superpositions de droits, dont certains se recoupent ou se chevauchent. A un pôle, le droit consacre l'autorité de fait, il s'appuie sur la contrainte dont il n'est en un sens que le prolongement. A l'autre, il touche au religieux : il met en cause des puissances sacrées, l'ordre du monde, la justice de Zeus. Il pose aussi des problèmes moraux touchant la responsabilité plus ou moins grande des agents humains. De ce point de vue, la justice divine qui souvent fait payer aux fils les crimes de leur père peut apparaître aussi opaque et arbitraire que la violence d'un tyran.

Ainsi voyons-nous dans *Les Suppliantes* la notion de *krátos* osciller entre deux acceptions contraires sans pouvoir se fixer sur l'une plutôt que sur l'autre. Dans la bouche du roi Pélasgos, *krátos*, associé à *kúrios*, désigne une autorité légitime, la mainmise qu'exerce à bon droit le tuteur sur qui dépend juridiquement de son pouvoir ; dans la bouche des Danaïdes, le même mot, attiré dans le champ sémantique de *bía*, désigne la force brutale, la contrainte de la violence dans son aspect le plus opposé à la justice et au droit[10]. Cette tension entre deux sens contraires s'exprime de façon particulièrement saisissante dans la formule du vers 315 dont E. W. Whittle a montré toute l'ambiguïté[11]. Le mot *rhúsios*, qui appartient lui aussi à la langue juridique et qui est ici appliqué à l'action qu'exerce sur Io le toucher de Zeus, signifie à la fois et contradictoirement : la violence brutale d'une saisie, la suave douceur d'une délivrance. Cet effet d'ambiguïté n'est pas gratuit. Voulu par le poète, il nous introduit au cœur d'une œuvre dont un des thèmes majeurs consiste précisément dans une interrogation sur la nature véritable du *krátos*. Qu'est l'autorité, celle de l'homme sur la femme, du mari sur l'épouse, du chef d'État sur ses concitoyens, de la cité sur l'étranger et le métèque, des dieux sur les mortels ? Le *krátos* repose-t-il sur le droit, c'est-à-dire l'accord mutuel, la douce persuasion, la *peíthō* ? Ou repose-t-il au contraire sur la domination, la force pure, la violence brutale, la *bía* ? Le jeu de mots auquel se prête un vocabulaire en principe aussi précis que celui du droit permet d'exprimer sur le mode de l'énigme le caractère problématique des fondements du pouvoir exercé sur autrui.

---

10. En 387 et s., le roi demande aux Danaïdes si les fils d'Egyptos ont, par la loi de leur pays, pouvoir sur elles, en tant que leurs plus proches parents (Eἴ τοι κρατοῦσι). La valeur juridique de ce *krátos* est précisée aux vers suivants. Le roi observe que, s'il en était ainsi, nul ne pourrait faire obstacle aux prétentions des Egyptiades sur leurs cousines ; il faudrait donc que ces dernières plaident, à l'inverse, que suivant les lois de leur patrie, leurs cousins n'ont pas en réalité sur elles ce pouvoir de tutelle (κῦρος). La réponse des Danaïdes est entièrement à côté de la question. Elles ne voient dans le *krátos* que l'autre aspect et le mot, dans leur bouche, prend une signification contraire à celle que lui prêtait Pelasgos : il ne désigne plus le pouvoir légitime de tutelle que leurs cousins pourraient éventuellement revendiquer à leur égard, mais la violence toute pure, la force brutale du mâle, la domination masculine que la femme ne peut que subir : « Ah, que jamais je ne sois soumise au pouvoir des mâles, ὑποχείρος κάρτεσιν ἀρσένων ! » (392-3.) Sur cet aspect de violence, cf. 820, 831, 863. Au *krátos* de l'homme (951), les Danaïdes veulent opposer le *krátos* des femmes (1069). Si les fils d'Egyptos ont tort de prétendre leur imposer le mariage, sans les convaincre par la persuasion, mais par la violence (940-1, 943), les Danaïdes ne sont pas moins fautives : dans leur haine de l'autre sexe, elles iront jusqu'au meurtre. Aux Égyptiades le roi Pelasgos pouvait donc reprocher de vouloir s'unir à des filles contre leur gré, sans l'accord de leur père, en dehors de la *peíthō*. Mais les filles de Danaos méconnaissent elles aussi la *peíthō* : elles rejettent Aphrodite que partout *peíthō* accompagne ; elles ne se laissent ni charmer ni adoucir par la séduction de *peíthō* (1041 et 1056).

11. « An Ambiguity in Aeschylus », *Classica et Mediaevalia*, 25, fasc. 1-2, (1964), p. 1-7.

Ce qui est vrai de la langue juridique ne l'est pas moins des formes d'expression de la pensée religieuse. Les tragiques ne se contentent pas d'opposer un dieu à un autre, Zeus à Prométhée, Artémis à Aphrodite, Apollon et Athéna aux Erinnyes. Plus profondément l'univers divin est présenté dans son ensemble comme conflictuel. Les puissances qui le composent apparaissent groupées en catégories fortement contrastées, entre lesquelles l'accord est difficile ou impossible, parce qu'elles ne se situent pas sur un même plan : les anciennes divinités appartiennent à un autre monde religieux que les dieux " nouveaux ", comme les Olympiens sont étrangers aux Chthoniens. Cette dualité peut s'établir au sein d'une même figure divine. Au Zeus d'en haut, que les Danaïdes invoquent tout d'abord pour *persuader* Pelasgos de respecter ses devoirs envers des suppliants, s'oppose l'autre Zeus, celui d'en bas, auquel elles ont recours en désespoir de cause pour *contraindre* le roi à céder[12]. De même à la *dikē* des morts s'oppose la *dikē* céleste : Antigone se heurte durement au trône de la seconde pour n'avoir voulu connaître que la première[13].

Mais c'est surtout sur le plan de l'expérience humaine du divin que se dessinent les oppositions. On ne trouve pas dans la tragédie une catégorie unique du religieux, mais des formes diverses de vie religieuse qui apparaissent antinomiques et exclusives les unes des autres. Le chœur des Thébaines, dans *Les Sept*, avec son appel angoissé à une présence divine, ses courses éperdues, ses cris tumultueux, la ferveur qui les jette et les tient attachées aux plus vieilles idoles, les *archaîa brétē*, non dans les temples consacrés aux dieux, mais en pleine ville, sur la place publique — ce chœur incarne une religion féminine qui est catégoriquement condamnée par Etéocle au nom d'une religiosité autre, à la fois virile et civique. Pour le chef de l'État, la ferveur émotive des femmes ne signifie pas seulement désordre, lâcheté[14], « sauvagerie[15] »; elle comporte aussi un élément d'impiété. La vraie piété suppose sagesse et discipline, *sōphrosúnē*[16] et *peitharchía*[17] ; elle s'adresse à des dieux dont elle reconnaît la distance, au lieu de chercher comme la religion des femmes à la combler. La seule contribution

12. ESCHYLE, *Suppliantes*, 154-61 et 231.
13. SOPHOCLE, *Antigone*, 23 et s., 451, 538-42 d'une part, 853 et s. d'autre part.
14. *Les Sept*..., 191-2 et 236-8.
15. *Ibid.*, 280.
16. *Ibid.*, 186.
17. *Ibid.*, 224.

qu'Etéocle accepte de la part de l'élément féminin à un culte public et politique, qui sait respecter ce caractère lointain des dieux sans prétendre mêler le divin à l'humain, c'est *l'ololugé*, le iou-iou, qualifié de *hierós*[18] parce que la cité l'a intégré à sa propre religion et le reconnaît comme le cri rituel accompagnant la chute de la victime dans le grand sacrifice sanglant.

Le conflit entre Antigone et Créon recouvre une antinomie analogue. Il n'oppose pas la pure religion, représentée par la jeune fille, à l'irreligion complète, représentée par Créon, ou un esprit religieux à un esprit politique, mais deux types différents de religiosité : d'un côté, une religion familiale, purement privée, limitée au cercle étroit des proches parents, des *phíloi*, centrée sur le foyer domestique et le culte des morts — de l'autre, une religion publique où les dieux tutélaires de la cité tendent finalement à se confondre avec les valeurs suprêmes de l'État. Entre ces deux domaines de vie religieuse il y a une constante tension qui, dans certains cas (ceux-là mêmes que retient la tragédie), peut conduire à un conflit insoluble. Comme l'observe le choryphée[19], il est pieux de pieusement honorer ses morts, mais à la tête de la cité, le magistrat suprême a le devoir de faire respecter son *krátos* et la loi qu'il a édictée. Après tout, le Socrate du *Criton* pourra soutenir que la piété, comme la justice, commande d'obéir aux lois de sa patrie, même injustes, même si cette injustice se tourne contre vous et vous condamne à mort. Car la cité, c'est-à-dire ses *nómoi*, est plus vénérable, plus *sacrée* qu'une mère, qu'un père et que tous les ancêtres ensemble[20]. Des deux attitudes religieuses que l'*Antigone* met en conflit, aucune ne saurait en elle-même être la bonne sans faire à l'autre sa place, sans reconnaître cela même qui la borne et la conteste. Il est bien significatif à cet égard que les seules divinités auxquelles le chœur se réfère soient Dionysos et Eros. En tant que dieux nocturnes, mystérieux, insaisissables à l'esprit humain, proches des femmes et étrangers au politique, ils condamnent en première ligne la pseudo-religion du chef d'État Créon, mesurant le divin à l'aune de son pauvre bon sens pour lui faire endosser ses haines et ses ambitions personnelles. Mais les deux divinités se retournent aussi contre Antigone, enfermée dans sa *philía* familiale, vouée volontairement à Hadès, car jusque dans leur lien avec la mort,

18. *Les Sept...*, 268.
19. *Ibid.*, 872-5.
20. Platon, *Criton*, 51 a-c.

Dionysos et Eros expriment les puissances de vie et de renouveau. Antigone n'a pas su entendre l'appel à se détacher des « siens » et de la *philía* familiale pour s'ouvrir à l'autre, accueillir Eros, et dans l'union avec un étranger, transmettre à son tour la vie.

Cette présence, dans la langue des tragiques, d'une multiplicité de niveaux, plus ou moins distants l'un de l'autre — le même mot se rattachant à des champs sémantiques différents, suivant qu'il appartient au vocabulaire religieux, juridique, politique, commun ou à tel secteur de ces vocabulaires — donne au texte une profondeur particulière et en fait jouer la lecture sur plusieurs plans à la fois. Entre le dialogue, tel qu'il est échangé et vécu par les protagonistes, interprété et commenté par le chœur, reçu et compris par les spectateurs, il y a un décalage qui constitue un élément essentiel de l'effet tragique. Sur la scène, les héros du drame se servent les uns et les autres, dans leurs débats, des mêmes mots, mais ces mots prennent dans la bouche de chacun des significations opposées[21]. Le terme *nómos* désigne chez Antigone le contraire de ce qu'en toute conviction Créon appelle *nómos* et l'on pourrait, avec Charles-Paul Ségal, déceler la même ambiguïté dans les autres termes qui tiennent une place majeure dans la texture de l'œuvre : *phílos* et *philía*, *kérdos*, *timḗ*, *sébas*, *tólma*, *orgḗ*, *deinós*[22]. Les mots échangés sur l'espace scénique ont moins alors pour fonction d'établir la communication entre les divers personnages que de marquer les blocages, les barrières, l'imperméabilité des esprits, de cerner les points de conflit. Pour chaque protagoniste, enfermé dans l'univers qui lui est propre, le vocabulaire utilisé reste dans sa plus grande partie opaque ; il a un sens et un seul. A cette unilatéralité se heurte violemment une autre unilatéralité. L'ironie tragique pourra consister à montrer comment, au cours du drame, le héros se trouve littéralement « pris au mot », un mot qui se retourne contre lui en lui apportant l'amère expérience du sens qu'il s'obstinait à ne pas reconnaître. Le chœur, le plus souvent, hésite et oscille, rejeté successivement d'un sens vers un autre, ou parfois pressentant obscurément une

21. Cf. EURIPIDE, *Phéniciennes*, 499. « Si la même chose était également pour tous belle et sage, les humains ne connaîtraient pas la controverse des querelles. Mais pour les mortels, il n'est rien de semblable ni d'égal, sauf dans les mots ; la réalité est toute différente. »

22. « Sophocles'praise of Man and the Conflicts of the *Antigone* », *Arion*, 3, 2, 1964, p. 46-60.

signification demeurée encore secrète, ou la formulant, sans le savoir, par un jeu de mots, une expression à double sens[23].

C'est seulement pour le spectateur que le langage du texte peut être transparent à tous ses niveaux, dans sa polyvalence et ses ambiguïtés. De l'auteur au spectateur, la langue récupère donc cette pleine fonction de communication qu'elle avait perdue sur la scène entre les personnages du drame. Mais ce que communique le message tragique, quand il est compris, c'est précisément qu'il existe dans les paroles échangées par les hommes des zones d'opacité et d'incommunicabilité. Dans le moment même où il voit les protagonistes adhérer exclusivement à un sens et, ainsi aveuglés, se déchirer ou se perdre, le spectateur doit comprendre qu'il y a en réalité deux sens possibles, ou davantage. Le langage lui devient transparent, le message tragique communicable dans la mesure seulement où il fait la découverte de l'ambiguïté des mots, des valeurs, de l'homme, où il reconnaît l'univers comme conflictuel et où, abondonnant ses certitudes anciennes, s'ouvrant à une vision problématique du monde, il se fait lui-même, à travers le spectacle, conscience tragique.

Tension entre le mythe et les formes de pensée propres à la cité, conflits dans l'homme, le monde des valeurs, l'univers des dieux, caractère ambigu et équivoque de la langue — tous ces traits marquent fortement la tragédie grecque. Mais ce qui peut-être la définit pour l'essentiel, c'est que le drame porté sur la scène se déroule à la fois au niveau de l'existence quotidienne, dans un temps humain, opaque, fait de présents successifs et limités, et dans un au-delà de la vie terrestre, dans un temps divin, omniprésent, embrassant à chaque instant la totalité des événements, tantôt pour les cacher, tantôt pour les découvrir, mais sans que rien jamais lui échappe ni ne se perde dans l'oubli. Par cette union et confrontation constantes, tout au long de l'intrigue, du temps des hommes et du temps des dieux, le drame apporte la révélation éclatante du divin dans le cours même des actions humaines.

La tragédie, note Aristote, est l'imitation d'une action, *mímēsis práxeōs*. Elle figure des personnages en train d'agir, *práttontes*.

---

23. Sur la place et le rôle de l'ambiguïté chez les Tragiques, cf. W. B. Standford, *Ambiguity in Greek Literature. Studies in Theory and Practice*, Oxford, 1939, chap. x-xii.

Et le mot drame provient du dorien *drân*, correspondant à l'attique *práttein*, agir. De fait, contrairement à l'épopée et à la poésie lyrique, où la catégorie de l'action n'est pas dessinée, l'homme n'y étant jamais envisagé en tant qu'agent, la tragédie présente des individus en situation d'agir ; elle les place au carrefour d'un choix qui les engage tout entiers ; elle les montre s'interrogeant, au seuil de la décision, sur le meilleur parti à prendre. « Πυλάδη, τί δράσω, Pylade, que faire ? » s'écrie Oreste dans les *Choéphores*[24] et Pelasgos constate, au début des *Suppliantes*[25] (379-80) « Je ne sais que faire ; l'angoisse tient mon cœur ; dois-je agir ou ne pas agir ? » Cependant le roi ajoute aussitôt une formule qui, dans son lien avec la précédente, souligne la polarité de l'acion tragique : « Agir ou ne pas agir, τε καὶ τύχην ἑλεῖν, et tenter le destin ? » Tenter le destin : chez les Tragiques, l'action humaine n'a pas en soi assez de force pour se passer de la puissance des dieux, pas assez d'autonomie pour se concevoir pleinement en dehors d'eux. Sans leur présence et leur appui, elle n'est rien ; elle avorte ou porte des fruits tout autres que ceux qu'on avait escomptés. Elle est donc une sorte de pari, sur l'avenir, sur le destin et sur soi-même, finalement pari sur les dieux qu'on espère de son côté. A ce jeu, dont il n'est pas le maître, l'homme risque toujours d'être pris au piège de ses propres décisions. Les dieux lui sont incompréhensibles. Quand il les interroge, par précaution, avant d'agir et qu'ils acceptent de parler, leur réponse est aussi équivoque et ambiguë que la situation sur laquelle on sollicitait leur avis.

Dans la perspective tragique, agir comporte donc un double caractère : c'est d'un côté tenir conseil en soi-même, peser le pour et le contre, prévoir au mieux l'ordre des moyens et des fins ; c'est de l'autre, miser sur l'inconnu et l'incompréhensible, s'aventurer sur un terrain qui vous demeure impénétrable, entrer dans le jeu de forces surnaturelles dont on ne sait si elles préparent, en collaborant avec vous, votre succès ou votre perte. Chez l'homme le plus prévoyant, l'action la plus réfléchie garde le caractère d'un appel hasardeux lancé vers les dieux, et dont on apprendra seulement par leur réponse, le plus souvent à ses dépens, ce qu'il valait et voulait dire au juste. C'est au terme

24. *Choéphores*, 899.
25. *Les Suppliantes*, 379-80.

du drame que les actes prennent leur vraie signification et que les agents découvrent, à travers ce qu'ils ont réellement accompli sans le savoir, leur vrai visage. Tant que tout n'est pas encore consommé, les affaires humaines restent des énigmes d'autant plus obscures que les acteurs se croient plus assurés de ce qu'ils font et de ce qu'ils sont. Installé dans son personnage de déchiffreur d'énigmes et de roi justicier, convaincu que les dieux l'inspirent, se proclamant fils de la *Túchē*, de l'Heureuse Chance, comment Œdipe pourrait-il comprendre qu'il est pour lui-même cette énigme dont il ne devinera le sens qu'en se découvrant le contraire de ce qu'il croyait être : non le fils de la *Túchē*, mais sa victime, non le justicier, mais le criminel, non le roi sauveur de sa cité, mais l'abominable souillure dont elle est en train de périr. Aussi pourra-t-il, dans le moment même où il se reconnaît responsable d'avoir de ses propres mains forgé son malheur, accuser la divinité d'avoir à l'avance tout ourdi et tout fait, de s'être plue à le jouer, du début à la fin du drame, pour le mieux perdre[26].

Comme le personnage tragique se constitue dans la distance qui sépare *daímōn* de *êthos*, la culpabilité tragique s'établit entre l'ancienne conception religieuse de la faute-souillure, de l'*hamartía*, maladie de l'esprit, délire envoyé par les dieux, engendrant nécessairement le crime, et la conception nouvelle où le coupable, *hamartṓn* et surtout *adikôn*, est défini comme celui qui, sans y être contraint, a choisi délibérément de commettre un délit[27]. En s'efforçant de distinguer des catégories de faute relevant de tribunaux différents, le φόνος δίκαιος, ἀκούσιος, ἑκούσιος, —

26. Cf. R.P. Winnington-Ingram, *op. cit.* ; et, en ce qui concerne le même problème chez Eschyle, A. Lesky, « Decision and Responsability in the Tragedy of Aeschylus », *The Journal of Hellenic Studies*, 86, 1966, p. 78-85. Comme le note Lesky, « freedom and compulsion are united in a genuinely tragic way » parce qu'un des traits majeurs de la tragédie d'Eschyle est précisément « the close union of necessity imposed by the Gods and the personal decision to act ».

27. Dans la formule qu'Eschyle met dans la bouche du Coryphée (*Agamemnon*, 1337-8), les deux conceptions contraires se trouvent en quelque sorte superposées ou confondues dans les mêmes mots. Par son ambiguïté, la phrase prête en effet à une double interprétation : Νῦν δ'εἰ προτέρων αἱμ'ἀποτείσει peut vouloir dire : « Et maintenant s'il lui faut payer le sang qu'ont répandu ses ancêtres » mais aussi : « Et maintenant s'il lui faut payer le sang qu'il a répandu autrefois. » Dans le premier cas, Agamemnon est victime d'une malédiction ancestrale : il paie pour des fautes qu'il n'a pas commises. Dans le second, il expie les crimes dont il est responsable.

même s'il le fait encore de façon maladroite et hésitante —, le droit met l'accent sur les notions d'intention et de responsabilité ; il soulève le problème des degrés d'engagement de l'agent dans ses actes. D'autre part, dans le cadre d'une cité où tous les citoyens dirigent, au terme de discussions publiques, de caractère profane, les affaires de l'État, l'homme commence à s'expérimenter lui-même en tant qu'agent, plus ou moins autonome par rapport aux forces religieuses qui dominent l'univers, plus ou moins maître de ses actes, ayant plus ou moins prise, par sa *gnṓmē*, sa *phrónēsis*, sur son destin politique et personnel. Cette expérience, encore flottante et indécise de ce qui sera dans l'histoire psychologique de l'homme occidental la catégorie de la volonté (on sait qu'il n'y a pas en Grèce ancienne de véritable vocabulaire du vouloir), s'exprime dans la tragédie sous forme d'une interrogation anxieuse concernant les rapports de l'agent à ses actes : dans quelle mesure l'homme est-il réellement la source de ses actions ? Alors même qu'il en délibère dans son for intérieur, qu'il en prend l'initiative, qu'il en assume la responsabilité, n'ont-elles pas ailleurs qu'en lui leur véritable origine ? Leur signification ne demeure-t-elle pas opaque à celui-qui les commet, les actes tirant leur réalité, non des intentions de l'agent, mais de l'ordre général du monde auquel seuls les dieux président.

Pour qu'il y ait action tragique, il faut que se soit déjà dégagée la notion d'une nature humaine, ayant ses caractères propres, et qu'en conséquence les plans humain et divin soient assez distincts pour s'opposer ; mais il faut aussi qu'ils ne cessent pas d'apparaître inséparables. Le sens tragique de la responsabilité surgit lorsque l'action humaine fait une place au débat intérieur du sujet, à l'intention, à la préméditation, mais qu'elle n'a pas acquis assez de consistance et d'autonomie pour se suffire entièrement à elle-même. Le domaine propre de la tragédie se situe à cette zone frontière où les actes humains viennent s'articuler avec les puissances divines, où ils prennent leur sens véritable, ignoré de l'agent, en s'intégrant dans un ordre qui dépasse l'homme et lui échappe. Chez Thucydide, la nature humaine, l'ἀνθρωπίνη φύσις, se définit en contraste absolu avec la puissance religieuse qu'est la Τύχη. Ce sont deux ordres de réalités radicalement hétérogènes. Dans la tragédie, elles constituent plutôt les deux aspects, opposés mais complémentaires, les deux pôles d'une même réalité ambiguë.

Toute tragédie joue donc nécessairement sur deux plans. Son aspect d'enquête sur l'homme, comme agent responsable, a seulement valeur de contrepoint par rapport au thème central.

On se tromperait donc en braquant tout l'éclairage sur l'élément psychologique. Dans la scène fameuse du tapis de l'*Agamemnon*, la décision fatale du souverain tient sans doute à sa pauvre vanité d'homme, aussi peut-être à la mauvaise conscience d'un mari d'autant plus enclin à céder aux prières de sa femme qu'il lui ramène Cassandre en concubine à la maison. Mais l'essentiel n'est pas là. L'effet proprement tragique provient du rapport intime en même temps que de l'extraordinaire distance entre l'acte banal de marcher sur un tapis de pourpre, avec ses motivations trop humaines, et les forces religieuses qui se trouvent par lui inexorablement déclenchées.

Dès qu'Agamemnon a posé le pied sur le tapis, le drame est consommé. Et si la pièce se prolonge encore quelque temps, elle ne saurait rien apporter qui ne soit d'ores et déjà accompli. Passé, présent, futur sont venus se fondre en une seule et même signification, révélée et condensée dans le symbolisme de cet acte d'*húbris* impie. On sait désormais ce que fut réellement le sacrifice d'Iphigénie : moins l'obéissance aux ordres d'Artémis, moins le dur devoir d'un roi qui ne veut pas commettre de faute à l'égard de ses alliés[28], que la coupable faiblesse d'un ambitieux dont la passion conspirant avec la divine *Túchē*[29], s'est résolue à immoler sa propre fille ; on sait ce que fut la prise de Troie : moins le triomphe de la justice et le châtiment des coupables que la destruction sacrilège de toute une cité avec ses temples ; et dans cette double impiété revivent les crimes plus anciens des Atrides et s'inscrivent déjà tous ceux qui vont suivre : le coup frappant Agamemnon et qui atteindra finalement Clytemnestre à travers Oreste. En ce point culminant de la tragédie, où tout se noue, c'est le temps des dieux qui surgit sur la scène et se donne à voir dans le temps des hommes[30].

28. Cf. *Agamemnon*, 213.

29. *Ibid.*, 187 : ἐμπαίοις τύχαισι συμπνέων. Sur ce vers, cf. le commentaire d'Ed. FRAENKEL, *Aeschylus, Agamemnon*, Oxford, 1950, II, p. 115, avec renvoi au v. 219, p. 127-8.

30. Sur les rapports des deux ordres de temporalité, on se reportera à l'étude de P. VIDAL-NAQUET, « Temps des dieux et temps des hommes », *Revue de l'histoire des religions*, 157, 1960, p. 55-80.

III

Ebauches de la volonté dans la tragédie grecque

Pour l'homme des sociétés contemporaines d'Occident, la volonté constitue une des dimensions essentielles de la personne*. On peut dire de la volonté qu'elle est la personne vue dans son aspect d'agent, le moi envisagé en tant que source d'actes dont il n'est pas seulement responsable devant autrui mais où il se sent lui-même intérieurement engagé. A l'unicité de la personne moderne, à son exigence d'originalité, répond le sentiment de s'accomplir dans ce qu'on fait, de s'exprimer dans des œuvres qui manifestent notre être authentique. A la continuité du sujet se cherchant dans son passé, se reconnaissant dans ses souvenirs, répond la permanence de l'agent, responsable aujourd'hui de ce qu'il a fait hier et éprouvant avec d'autant plus de force le sentiment de son existence et de sa cohésion internes que ses conduites successives s'enchaînent, s'insèrent dans un même cadre pour constituer, dans la continuité de leur ligne, une vocation singulière.

La catégorie de la volonté, chez l'homme d'aujourd'hui, ne suppose pas seulement une orientation de la personne vers l'action, une valorisation de l'agir et de l'accomplissement pratique, sous leurs diverses formes, mais bien davantage une prééminence reconnue, dans l'action, à l'agent, au sujet humain posé comme origine, cause productrice de tous les actes qui émanent de lui. L'agent s'appréhende lui-même, dans ses rapports avec autrui et avec la nature, comme un centre de décision, détenteur d'un pouvoir qui ne relève ni de l'affectivité ni de la pure intelligence : pouvoir *sui generis* dont Descartes va jusqu'à dire qu'il est infini, « tel en nous qu'en Dieu », parce qu'en contraste avec l'entendement, nécessairement borné chez les créatures, le pouvoir de volonté ne comporte pas le plus ou le moins ; comme le libre arbitre dont il est, pour Descartes, la face psychologique, on le possède tout entier dès lors qu'on le possède. La volonté se présente, en effet, comme cette puissance — qui ne saurait se diviser — de dire oui ou de dire non, d'acquiescer ou de refuser.

---

* Ce texte a été publié dans *Psychologie comparative et art*, Hommage à I. Meyerson, Paris, 1972, p. 277-306.

Ce pouvoir se manifeste en particulier dans l'acte de décision. Dès lors qu'un individu s'engage par un choix, qu'il *se* décide, il se constitue lui-même, quel que soit le plan où se situe sa résolution, en agent, c'est-à-dire en sujet responsable et autonome se manifestant dans et par des actes qui lui sont imputables.

Ainsi, point d'action sans un agent individualisé qui en soit le centre et la source ; point d'agent sans un pouvoir rattachant l'acte au sujet qui l'a décidé et qui en assume du même coup la pleine responsabilité. Ces affirmations nous sont devenues si naturelles qu'elles ne nous semblent plus faire problème. Nous sommes portés à croire que l'homme se décide et agit « volontairement » comme il a des bras et des jambes ; là même où une civilisation, comme celle de la Grèce archaïque et classique, ne comporte dans sa langue aucun mot qui corresponde à notre terme de volonté, nous n'hésitons guère à doter les hommes de ce temps, comme malgré eux, de cette fonction volontaire qu'ils n'ont cependant pas nommée.

Contre ces prétendues « évidences » psychologiques, toute l'œuvre de Meyerson nous met en garde. Et l'enquête qu'il n'a cessé de mener, dans ses écrits et dans ses cours, sur l'histoire de la personne, détruit aussi bien le mythe d'une fonction psychologique de la volonté, universelle et permanente. La volonté n'est pas une donnée de la nature humaine. C'est une construction complexe dont l'histoire apparaît aussi difficile, multiple, inachevée que celle du moi, dont elle est en grande partie solidaire. Il faut donc nous garder de projeter sur l'homme grec ancien notre système actuel d'organisation des conduites volontaires, les structures de nos processus de décision, nos modèles d'engagement du moi dans les actes. Nous devons examiner sans *a priori* quelles formes ont revêtues, dans le cadre de la civilisation hellénique, les catégories respectives de l'action et de l'agent, comment se sont établis, à travers les diverses pratiques sociales (religieuses, politiques, juridiques, esthétiques, techniques) les rapports entre le sujet humain et ses actions.

C'est à propos de la tragédie et de l'homme tragique que les hellénistes ont, au cours des dernières années, rencontré ce problème. Un article récent d'A. Rivier situe très exactement le débat[1]. Dès 1928, fait-il observer, B. Snell avait dégagé de la

1. « Remarques sur le " nécessaire" et la " nécessité " chez Eschyle », *Revue des études grecques*, 81, 1968, p. 5-39.

dramaturgie d'Eschyle les éléments d'une anthropologie tragique, centrée sur les thèmes de l'action et de l'agent. Contrairement à Homère et aux poètes lyriques, Eschyle place ses héros au seuil de l'action, face à la nécessité d'agir. Suivant un schéma dramatique constamment observé, il les présente dans une situation qui débouche sur une aporie, une impasse. Au carrefour d'une décision qui engage leur destin, ils se trouvent acculés à un choix difficile mais inéluctable. Cependant, si la nécessité leur impose d'opter pour l'une ou l'autre des deux solutions, la décision resterait, en elle-même, contingente. Elle est prise en effet au terme d'un débat intérieur, d'une délibération réfléchie, qui enracinent le choix final dans l'âme du personnage. Selon Snell, cette décision « personnelle » et « libre » constitue le thème central du drame eschyléen qui apparaît, dans cet éclairage, comme une construction visant à dégager, dans sa pureté presque abstraite, un « modèle » de l'action humaine, conçue comme l'initiative d'un agent indépendant, affrontant ses responsabilités et puisant en son for intérieur les motifs et le ressort de son engagement[2]. Tirant les conclusions psychologiques de cette interprétation, Z. Barbu pourra soutenir que l'élaboration de la volonté, comme fonction déjà pleinement constituée, se manifeste dans et par le développement de la tragédie, à Athènes, au cours du ve siècle av. J.-C. : « On peut considérer la dramaturgie d'Eschyle, écrit-il, comme la preuve complète de l'apparition au sein de la civilisation grecque de l'individu en tant qu'agent libre (*individual as a free agent*)[3] ».

C'est cette analyse que l'étude de Rivier entend ruiner sur des points essentiels. L'accent mis par B. Snell sur la décision du sujet, avec ses corrélats plus ou moins implicites d'autonomie, de responsabilité, de liberté, conduit à estomper le rôle, cependant décisif, des forces supra-humaines à l'œuvre dans le drame et qui lui donnent sa dimension proprement tragique. Ces puissances religieuses ne sont pas seulement présentes à l'extérieur du sujet ; elles interviennent au cœur de sa décision pour le contraindre jusque dans son prétendu « choix ». L'analyse précise des textes montre en effet, selon A. Rivier, que la délibération, aussi longtemps qu'on l'envisage du point de vue du sujet, de

---

2. Cf. Bruno SNELL, *Die Entdeckung des Geistes*, Hambourg, 1955, trad. anglaise de la première édition, sous le titre : *The Discovery of the Mind*, Oxford, 1953, p. 102-112.

3. Z. BARBU, *Problems of Historical Psychology*, Londres, 1960, chap. IV, « The Emergence of Personality in the Greek World », p. 86.

l'agent, est incapable de produire autre chose que le constat de l'aporie, qu'elle demeure impuissante à motiver une option plutôt qu'une autre. Ce qui engendre la décision, c'est toujours finalement une *anánkē*, imposée par les dieux, la « nécessité » basculant tout entière d'un seul côté, à un moment du drame, pour faire cesser, comme elle l'avait fait naître, la situation première d'équilibre. L'homme tragique n'a plus à « choisir » entre deux possibilités ; il « constate » qu'une seule voie s'ouvre devant lui. L'engagement traduit, non le libre choix du sujet, mais la reconnaissance de cette nécessité d'ordre religieux, à laquelle le personnage ne peut se soustraire et qui fait de lui un être intérieurement « forcé », *biastheis*, au sein même de sa « décision ». Si volonté il y a, ce ne serait donc pas une volonté autonome au sens kantien ou même simplement thomiste du terme, mais une volonté liée par la crainte révérentielle du divin, sinon même contrainte par des puissances sacrées qui investissent l'homme du dedans.

Par-delà la thèse de B. Snell, l'analyse critique de A. Rivier vise les interprétations qui, tout en reconnaissant le rôle déterminant des puissances surnaturelles dans l'action du héros tragique, cherchent cependant à sauver l'autonomie du sujet humain en ménageant une place, dans sa décision, à l'initiative volontaire. Tel est le cas de la théorie de la double motivation, proposée par A. Lesky et adoptée, avec diverses nuances, par la plupart des hellénistes contemporains[4]. On sait que chez Homère l'action des héros de l'épopée paraît relever parfois d'un double niveau d'explication : leur conduite peut s'interpréter aussi bien comme l'effet d'une inspiration, d'une impulsion divines, que d'un mobile proprement humain, les deux plans se trouvant presque toujours trop étroitement intriqués l'un dans l'autre pour qu'il soit possible de les dissocier. Suivant Lesky, ce schème de la double motivation devient chez Eschyle un élément constitutif de l'anthropologie tragique. Le héros du drame est bien confronté à une nécessité supérieure qui s'impose à lui, qui le dirige, mais par le mouvement propre de son caractère il s'approprie cette nécessité, il la fait sienne au point de vouloir, de désirer même passionnément ce qu'en un autre sens il est contraint de faire. Par là se trouve réintroduite, au sein de la décision « nécessaire », cette marge de libre choix sans laquelle il semble que la responsabilité

4. A. LESKY, *Göttliche und menschliche Motivation im homerischen Epos*, Heidelberg, 1961.

de ses actes ne puisse être imputée au sujet. Comment admettre en effet que les personnages du drame expient si cruellement des actions dont ils ne seraient pas responsables et qui, dès lors, ne seraient pas réellement leurs ? Comment seraient-elles leurs s'ils ne les avaient personnellement voulues et comment les vouloir sinon par un choix libre et autonome ? « Pourtant interroge Rivier, est-il inconcevable, dans une autre perspective que la nôtre, qu'un homme puisse vouloir ce qu'il n'a pas choisi ? Qu'il soit tenu responsable de ses actes indépendamment de ses intentions (et n'était-ce pas précisément le cas chez les Grecs) ? »

Le problème déborde ainsi le cadre d'une discussion sur la dramaturgie d'Eschyle et le sens de l'action tragique. C'est tout le système conceptuel impliqué dans notre représentation du volontaire qui se trouve mis en cause dans le contexte grec. De ce point de vue, la formulation d'A. Rivier n'est peut-être pas, pour le psychologue, inattaquable. Dans la mesure même où il nous faut récuser le modèle de la décision autonome que les interprètes modernes sont tentés de projeter, plus ou moins consciemment, sur les documents anciens, avons-nous le droit d'utiliser à notre tour le terme de volonté, même en précisant qu'il s'agit d'une volonté liée, d'une décision dont la structure est différente de la nôtre puisqu'elle exclut le choix ? La volonté n'est pas une catégorie simple ; comme ses dimensions, ses implications sont multiples. En dehors de l'autonomie et du libre choix, dont A. Rivier conteste à juste titre la validité dans le cas des Grecs, elle suppose toute une série de conditions : il faut que soient déjà délimitées, dans la masse des événements, des suites ordonnées d'actes sentis comme purement humains, assez liés les uns aux autres et circonscrits dans l'espace et le temps pour constituer une conduite unifiée, avec son déclenchement, son cours, son terme ; elle exige aussi l'avènement de l'individu et de l'individu appréhendé dans sa fonction d'agent, l'élaboration corrélative des notions de mérite et de culpabilité personnels, l'apparition d'une responsabilité subjective remplaçant ce qu'on a pu appeler le délit objectif, un début d'analyse des divers niveaux de l'intention d'une part, de l'accomplissement effectif de l'autre. Tous ces éléments se sont édifiés au long d'une histoire qui engage l'organisation interne de la catégorie de l'action, le statut de l'agent, la place et le rôle de l'individu dans l'action, les rapports du sujet avec ses différents types d'actes, ses degrés d'engagement dans ce qu'il fait.

Si A. Rivier emploie le terme de volonté c'est, nous dit-il, pour bien marquer que le héros eschyléen, même privé de choix dans sa décision, est rien moins cependant que passif. La dépendance à l'égard du divin n'assujettit pas l'homme de façon mécanique comme un effet à sa cause. C'est une dépendance, écrit Rivier, qui libère et qu'on ne saurait en aucun cas définir comme inhibant la volonté de l'homme, stérilisant sa décision, puisqu'elle développe au contraire son énergie morale, qu'elle approfondit ses ressources d'action. Mais absence de passivité, énergie, ressources d'actions — ces traits sont trop généraux pour caractériser la volonté dans ce qui la constitue, du point de vue du psychologue, comme catégorie spécifique, liée à la personne.

Décision sans choix, responsabilité indépendante des intentions, telles seraient, nous dit-on, les formes de la volonté chez les Grecs. Tout le problème est de savoir ce que les Grecs entendaient eux-mêmes par choix et absence de choix, par responsabilité avec ou sans intention. Pas plus que celle de volonté, nos notions de choix et de libre choix, de responsabilité et d'intention ne sont directement applicables à la mentalité ancienne où elles se présentent avec des valeurs et suivant une configuration qui risquent de déconcerter un esprit moderne. Le cas d'Aristote est à cet égard particulièrement significatif. On sait que le Stagirite entend, dans sa philosophie morale, réfuter les doctrines suivant lesquelles le méchant n'agit pas de son plein gré mais commet la faute malgré lui. Telle lui apparaît, par certains aspects, la conception « tragique », réprésentée plus spécialement à ses yeux par Euripide, dont les personnages proclament parfois ouvertement qu'ils ne sont pas coupables de leur faute puisqu'ils ont agi, prétendent-ils, en dépit d'eux-mêmes, par contrainte, *bía*, dominés, violentés par la force de passions d'autant plus irrésistibles qu'elles incarnent, au-dedans d'eux-mêmes, des puissances divines comme Erôs ou Aphrodite[5].

Tel est encore, sur un autre plan, le point de vue de Socrate pour qui, toute méchanceté étant ignorance, nul ne fait le mal « volontairement » (selon la traduction usuelle). Pour justifier le principe de la culpabilité personnelle du méchant et donner à l'affirmation de la responsabilité de l'homme un fondement théorique, Aristote élabore une doctrine de l'acte moral qui représente, dans la philosophie grecque classique, l'effort d'analyse le plus poussé pour distinguer, d'après leurs conditions

5. ARISTOTE, *Ethique à Nicomaque*, 3, 1110 *a* 28 et le commentaire de R.A. GAUTHIER et J.R. JOLIF, Louvain - Paris, 1959, p. 177-178.

internes, les différentes modalités de l'action[6], depuis l'acte accompli malgré soi, par contrainte extérieure ou ignorance de ce qu'on fait (comme de verser du poison en croyant que c'est un médicament), jusqu'à l'acte accompli, non seulement de plein gré, mais en pleine connaissance de cause, après délibération et décision. Pour marquer le plus haut degré de conscience et d'engagement du sujet dans l'action, Aristote forge un concept nouveau ; à cet effet il utilise le terme de *proaíresis*, d'emploi rare et de sens jusqu'alors indécis, en lui conférant, dans le cadre de son système, une valeur technique précise. La *proaíresis*, c'est l'action sous sa forme de décision, privilège exclusif de l'homme, en tant qu'être doué de raison, par opposition aux enfants et aux bêtes qui en sont privés. La *proaíresis* est plus que l'*hekoúsion*, mot qu'on traduit d'ordinaire par volontaire, mais qui ne saurait avoir ce sens. L'opposition courante en grec, dans la langue commune et le vocabulaire juridique, entre *hekṓn, hekoúsios* d'une part, *ákōn, akoúsios* de l'autre, ne correspond nullement à nos catégories du volontaire et de l'involontaire. Il faut traduire ces expressions contrastées, comme le font Gauthier et Jolif dans leur commentaire à l'*Éthique à Nicomaque*, par « de plein gré » s'opposant à « malgré soi[7] ». Pour se convaincre que *hekṓn* ne peut signifier volontaire, il suffit d'observer qu'Aristote, affirmant que l'acte passionnel est accompli *hekṓn*, et non *ákōn*, en donne comme preuve que, faute de l'admettre, on devrait alors dire que les animaux n'agissent pas, eux non plus, *hekóntes* — formule qui de toute évidence, ne peut avoir le sens de « volontairement[8] ». L'animal agit *hekṓn*, comme les hommes, quand il suit son inclination propre sans être contraint par une puissance extérieure. Si donc toute décision (*proaíresis*) est un acte exécuté de plein gré (*hekṓn*), par contre « ce qu'on fait de plein gré n'est pas toujours l'objet d'une décision ». Ainsi quand on agit par convoitise (*epithumía*), c'est-à-dire par attrait du plaisir, ou par emportement (*thumós*) sans prendre le temps de la réflexion, on le fait bien de plein gré (*hekṓn*), mais non par décision (*proaíresis*). Certes la *proaíresis* s'appuie elle aussi sur un désir, mais un désir raisonnable, un souhait (*boúlēsis*) pénétré d'intelligence et orienté, non plus vers le plaisir, mais vers un objet pratique que la pensée a déjà présenté à l'âme comme un bien. La *proaíresis* implique un

6. « ...Ce sont nos décisions intimes, c'est-à-dire nos intentions, qui, mieux que nos actes extérieurs, permettent de juger de notre caractère », *E. N.*, 1111 *b* 56 ; cf. aussi, *Ethique à Eudème*, 1228a.

7. Gauthier-Jolif, II, p. 169-170.

8. *E. N.*, 1111 *a* 25-27 et 1111 *b* 7-8.

processus préalable de délibération (*boúleusis*) ; au terme de ce calcul raisonné, elle institue, comme son nom l'indique (*haíresis* = choix), un choix s'exprimant dans un jugement qui débouche directement sur l'action. Cet aspect d'option et d'option pratique, engageant le sujet dans l'acte, dans le moment même où il est décidé, distingue la *proaíresis* en premier lieu de la *boúlēsis*, dont le mouvement peut ne pas aboutir et rester à l'état de pur « souhait » (car on peut souhaiter l'impossible), en second lieu du jugement d'ordre théorique, qui pose le vrai, mais ne concerne en rien le domaine de l'action[9]. Au contraire, il n'y a délibération et décision qu'au sujet des choses qui sont « en notre pouvoir », qui « dépendent de nous » (τὰ ἐφ' ἡμῖν) et qui peuvent être objet d'action, non d'une manière unique, mais de plusieurs manières. Aristote oppose, sur ce plan, aux *dunámeis álogoi*, aux puissances irrationnelles qui ne peuvent produire qu'un seul effet (par ex. la chaleur qui ne peut agir que par échauffement) les puissances accompagnées de raison, *metà lógou*, qui sont susceptibles de produire les opposés, *dunámeis tôn enantíōn*[10].

Cette doctrine présente des aspects, à première vue, si modernes, que certains interprètes ont cru reconnaître dans la *proaíresis* un libre pouvoir de choix dont disposerait le sujet dans sa décision. Quelques-uns ont attribué ce pouvoir à la raison, qui déterminerait souverainement les fins ultimes de l'action. D'autres au contraire, soulignant à juste titre la réaction anti-intellectualiste que représente, contre Socrate et dans une large mesure aussi contre Platon, l'analyse aristotélicienne de l'acte, ont élevé la *proaíresis* à la dignité d'un véritable vouloir. Ils l'ont conçue comme une faculté active de se déterminer soi-même, un pouvoir qui se tiendrait jusqu'au dernier moment au-dessus des appétits (dirigés vers le plaisant, dans le cas de l'*epithumía*, vers le bien, dans le cas de la *boúlēsis*) et qui pousserait le sujet à l'acte, par sa force propre, indépendamment en quelque sorte de la pression exercée sur lui par le désir.

Aucune de ces interprétations ne saurait se soutenir[11]. Sans entrer dans le détail de la psychologie aristotélicienne de l'action,

9. « La décision (*proaíresis*) ne porte pas sur les choses impossibles, et celui qui prétendrait " se décider " à faire quelque chose d'impossible passerait pour simple d'esprit. Au contraire on peut souhaiter même l'impossible, par exemple de ne pas mourir », *E. N.*, 1111 *b* 20-23. — « L'intellect théorique ne pense rien dans l'ordre pratique ni ne se prononce sur ce qu'il faut fuir ou rechercher », *De l'âme*, 430 *b* 27-29.

10. *Métaphysique*, 1046 *b* 5-10 ; *E. N.*, 1103 *a* 19 - *b* 22.

11. Cf. Gauthier-Jolif, II, p. 217-220.

on peut affirmer que la *proaíresis* ne constitue pas un pouvoir indépendant des deux seuls types de facultés qui sont à l'œuvre, selon Aristote, dans l'action morale : d'un côté la partie désirante de l'âme (*tò orektikón*) ; de l'autre l'intellect, le *noûs*, dans sa fonction pratique[12]. La *boúlēsis*, le souhait pénétré de raison, est orientée vers la fin de l'action ; elle est ce qui meut l'âme vers le bien ; mais elle appartient, au même titre que la convoitise et l'emportement, à l'ordre du désir, *órexis*[13]. Or la fonction désirante est tout entière passive. Le souhait (*boúlēsis*) est donc ce qui oriente l'âme vers une fin raisonnable, mais une fin qui s'impose à lui et qu'il n'a pas choisie. La délibération (*boúleusis*) appartient au contraire à la partie dirigeante, c'est-à-dire à l'intellect pratique. Mais à l'inverse du souhait, elle n'a pas rapport à la fin ; elle concerne les moyens[14]. L'option de la *proaíresis* ne se fait pas entre le bien et le mal, entre lesquels elle aurait libre pouvoir de choisir. Une fin étant posée, par exemple la santé, la délibération consiste dans la chaîne des jugements par lesquels la raison conclut que tels moyens pratiques peuvent ou non conduire à la santé[15] ; le dernier jugement, au terme de la délibération, porte sur le moyen ultime de la série ; il le présente non seulement comme possible au même titre que les autres, mais comme immédiatement réalisable. Dès lors le souhait, au lieu de viser la santé de façon générale et abstraite, inclut dans son désir de la fin les conditions concrètes de sa réalisation ; il se fixe sur la condition dernière qui, dans la situation définie où se trouve le sujet, met effectivement la santé à sa portée dans le moment présent. Aussitôt que le désir de la *boúlēsis* s'est ainsi fixé sur le moyen immédiatement réalisable, l'action suit, et elle suit nécessairement.

C'est la nécessité immanente à toutes les phases du souhait, de la délibération, de la décision qui justifie le modèle du syllogisme

12. *E. N.*, 1139 *a* 17-20.

13. *E. N.* 1139 *b* 2-3 : « C'est l'action heureuse qui est la fin, au sens absolu et c'est sur cette fin que porte le désir. »

14. *E. N.*, 1113 *b* 3-5 : « La fin est donc objet de souhait et les moyens objet de délibération et de décision » ; 1111 *b* 26 : « Le souhait porte plutôt sur la fin, la décision plutôt sur les moyens. »

15. *E. N.*, 1139 *a* 31 : « Le principe de la décision c'est le désir et le calcul — celui qui calcule les moyens d'obtenir une fin. » Cf. le commentaire de GAUTHIER-JOLIF, II, 2e partie, p. 144. Sur le rôle du désir et du *noûs praktikós* dans le choix de la décision, sur l'ordre des fins et des moyens dans le cadre d'une morale aristotelicienne de la *phrónēsis*, cf. EM. M. MICHELAKIS, *Aristotle's Theory of Practical Principles*, Athènes, 1961, ch. II, p. 22-62.

pratique auquel Aristote a recours pour expliciter la démarche de l'esprit dans le processus de décision. Comme l'écrivent les commentateurs de l'*Éthique* : « De même que le syllogisme n'est rien d'autre que le nœud de la majeure et de la mineure, la décision n'est rien d'autre que le point de jonction ou la fusion du désir qu'est le souhait et de la pensée qu'est le jugement[16] ».

Ainsi : « Le souhait est *nécessairement* ce qu'il est et le jugement *nécessairement* ce qu'il est, et à leur conjonction qu'est la décision l'action suit *nécessairement*[17] » David J. Furley observe de son côté que le mouvement volontaire est décrit par Aristote en termes de physiologie mécaniste ; pour reprendre la formule qu'emploie le philosophe dans le *De motu animalium*, tout se produit nécessairement (*ex anánkēs*) sans qu'il soit jamais question, entre le stimulus et la réponse, d'un libre mouvement, d'un pouvoir de choisir autrement que ne le fait le sujet[18]. D. J. Allan s'étonne à son tour : toute la théorie aristotélicienne de l'action semble impliquer un déterminisme psychologique qui nous paraît incompatible avec le projet qu'elle soutient de fonder la responsabilité sur le plan moral et juridique. Cependant le même auteur note très pertinemment que c'est de notre point de vue que la psychologie d'Aristote est « déterministe », mais que l'adjectif n'est pas approprié car il suppose, en face de lui, l'autre solution, dite indéterministe, à laquelle il s'opposerait[19]. Or cette antinomie n'est pas pertinente du point de vue d'Aristote. Dans sa théorie de l'action morale, il n'entend ni démontrer ni réfuter l'existence d'une liberté psychologique dont il ne fait état à aucun moment. Pas plus chez lui que dans la langue de son temps on ne trouve de mot pour désigner ce que nous appelons libre arbitre[20] ; la notion d'un libre pouvoir de décision reste

---

16. GAUTHIER-JOLIF, p. 202 et 212. Cf. *E. N.*, 1147 *a* 29-31 : « Supposons par exemple une prémisse universelle : *Il faut goûter à tout ce qui est sucré*, et comme cas particulier rentrant dans la catégorie générale : *cet aliment que voici est sucré*. Ces deux propositions étant données, si on le peut et que rien ne nous en empêche, on doit nécessairement (*ex anánkēs*) accomplir aussi simultanément cette action de goûter. »

17. GAUTHIER-JOLIF, p. 219.

18. David J. FURLEY, *Two Studies in the Greek Atomists*. II : *Aristote and Epicurus on voluntary Action*, Princeton and New Jersey, 1967, p. 161-237.

19. D. J. ALLAN, « The Practical Syllogism », *Autour d'Aristote*. Recueil d'études de philosophie ancienne et médiévale offert à Mgr Mansion, Louvain, 1955, p. 325-340.

20. Cf. GAUTHIER-JOLIF, p. 217. Le terme d'*eleutheria* (*E.N.*, V, 1131 *a* 28) « désigne à cette époque non la liberté psychologique mais

étrangère à sa pensée, elle n'a pas de place dans sa problématique de l'action responsable, qu'il s'agisse du choix délibéré comme de l'acte accompli de plein gré.

Une telle lacune marque la distance qui sépare les conceptions grecque et moderne de l'agent. Associée à d'autres « manques » caractéristiques de la moralité ancienne (pas de mot correspondant à notre concept de devoir, faible place tenue dans le système de valeurs par la notion de responsabilité, caractère flou et indécis de l'idée d'obligation[21]), elle souligne les orientations différentes de l'éthique grecque et de la conscience morale d'aujourd'hui ; mais elle traduit aussi et plus profondément l'absence, sur le plan psychologique, d'une catégorie élaborée de la volonté, absence que dénonce déjà, au niveau de la langue, le défaut d'une terminologie appropriée de l'action volontaire[22]. Le grec, avons-nous dit, ne comporte aucun terme correspondant à notre notion de volonté. *Hekṓn* revêt à la fois une extension plus large et une signification psychologique plus indécise. Extension plus large, puisqu'on peut ranger dans la catégorie de l'*hekoúsion*, comme le fait Aristote, tout acte qui n'est pas imposé par contrainte extérieure : celui qu'on accomplit par désir ou précipitation comme l'acte réfléchi et délibéré. Signification psychologique indécise : les niveaux et les modalités de l'intention depuis la simple inclination jusqu'au projet fermement arrêté restent, dans l'usage courant, confondus. L'intentionnel n'est pas distingué du prémédité : *hekṓn* a les deux sens[23]. Quant à *ákōn*, il associe, suivant la remarque de L. Gernet, toutes sortes de notions qui du

---

la condition juridique de l'homme libre par opposition à celle de l'esclave ; le mot de " libre arbitre " n'apparaîtra dans la langue grecque que beaucoup plus tard, en même temps qu'*eleuthería* prendra le sens de liberté psychologique : ce sera τὸ αὐτεξούσιον (ou ἡ αὐτεξουσιότης), littéralement la maîtrise de soi : le plus ancien exemple se trouve dans Diodore de Sicile, 19, 105, 4 (Ier siècle av. J.-C.), mais il n'a pas encore chez lui sa valeur technique ; celle-ci est déjà bien fixée chez Epictète (Ier siècle apr. J.-C.) qui emploie le mot cinq fois (*Entretiens*, I, 2, 3 ; IV, 1, 56 ; 62 ; 68 ; 100) ; à partir de cette date le mot a droit de cité dans la philosophie grecque ». Les Latins traduiront τὸ αὐτεξούσιον par *liberum arbitrium*.

21. Cf. Arthur W. H. Adkins, *Merit and Responsability. A Study in Greek Values*, Oxford, 1960 ; V. Brochard, *Études de philosophie ancienne et de philosophie moderne*, Paris, 1912, p. 489-538 et la mise au point, plus nuancée, de Gauthier-Jolif, *op. cit.*, p. 572-578.

22. Dans un autre chapitre de son ouvrage cité *supra*, B. Snell observe lui-même que la volonté « est une notion étrangère aux Grecs ; ils n'ont pas même un mot pour elle », *op. cit.*, p. 182.

23. Louis Gernet, *Recherches sur le développement de la pensée juridique et morale en Grèce*, Paris, 1917, p. 352.

point de vue de la psychologie auraient dû être dès l'abord distinguées : le *phónos akoúsios* désigne sous la même appellation de meurtre accompli malgré soi, tantôt l'absence complète de faute, tantôt la simple négligence, tantôt une véritable imprudence, parfois même l'emportement plus ou moins passager ou le cas tout autre de l'homicide commis en état de légitime défense[24]. C'est que l'opposition *hekṓn-ákōn* n'est pas le fruit d'une réflexion désintéressée sur les conditions subjectives qui font de l'individu la cause responsable de ses actes. Il s'agit de catégories juridiques qu'à l'époque de la cité le droit a imposées comme des normes à la pensée commune. Or le droit n'a pas procédé d'après une analyse psychologique des degrés de responsabilité de l'agent. Les critères qu'il a suivis visaient à réglementer au nom de l'État l'exercice de la vengeance privée en distinguant, suivant les réactions passionnelles plus ou moins intenses qu'elles suscitaient dans le groupe, diverses formes d'homicide relevant de juridictions différentes. Dans le cadre d'une organisation systématique des tribunaux de sang, comme celle dont Dracon aurait doté Athènes au début du VIIe siècle et dont l'ensemble compose une série descendante ordonnée selon la force du sentiment collectif de l'excuse, le *phónos hekoúsios* englobe dans une même catégorie tous les meurtres pleinement punissables qui sont de la compétence de l'Aréopage, le *phónos akoúsios* les meurtres excusables qui sont du ressort du Palladion, le *phónos díkaios* les meurtres justifiés qui relèvent du Delphinion. Cette troisième catégorie, plus encore que les deux premières, rassemble les actes les plus hétérogènes du point de vue de la psychologie de l'agent : elle s'applique en effet à tous les cas de meurtres que la coutume, pour des raisons d'ordre varié, innocente pleinement et considère d'emblée comme légitimes, depuis l'exécution de l'adultère jusqu'à l'homicide commis accidentellement au cours des jeux publics ou à la guerre. La coupure que marque le droit, par l'opposition sémantique *hekṓn-ákōn*, n'est donc pas fondée dans son principe sur la distinction du volontaire et de l'involontaire. Elle repose sur la différenciation que la conscience sociale établit, dans des conditions historiques déterminées, entre l'action pleinement répréhensible et l'action excusable, posées, à côté de l'action légitime, comme un couple de valeurs antithétiques.

Il faut d'autre part rappeler le caractère foncièrement intellectualiste de tout le vocabulaire grec de l'action, qu'il s'agisse de

---

24. Louis GERNET, *op. cit.*, p. 353-354.

l'acte accompli de plein gré ou de celui qui est exécuté malgré soi, de l'action imputable ou non imputable au sujet, répréhensible ou excusable. Dans la langue et la mentalité anciennes, les notions de connaissance et d'action apparaissent étroitement solidaires. Là où un moderne s'attend à trouver une expression du vouloir, il rencontre un vocabulaire de savoir. En ce sens l'affirmation socratique, reprise par Platon, que le mal-faire est une ignorance, un défaut de connaissance, n'était pas aussi paradoxale qu'il nous semble aujourd'hui. Elle prolonge en effet très directement les conceptions les plus anciennes de la faute, celles qui s'attestent dans un état de société pré-juridique, antérieur au régime de la cité. La faute, *hamártēma*, y apparaît tout ensemble sous la forme d'une « erreur » de l'esprit, d'une souillure religieuse, d'une défaillance morale[25]. *Hamartánein*, c'est se tromper au sens le plus fort d'un égarement de l'intelligence, d'un aveuglement entraînant l'échec. *L'harmartía* est une maladie mentale, le criminel la proie d'un délire, un homme qui a perdu le sens, un *demens*, *hamartínoos*. Cette folie de la faute ou, pour lui donner ses noms grecs, cette *átē*, cette *Erinús*, investit l'individu du dedans ; elle le pénètre comme une force religieuse maléfique. Mais tout en s'identifiant en quelque façon avec lui, elle lui reste en même temps extérieure et le dépasse. Contagieuse, la souillure du crime s'attache, par-delà les individus, à leur lignée, au cercle de leurs parents ; elle peut gagner une ville entière, polluer tout un territoire. Une même puissance de malheur incarne, dans le criminel et hors de lui, le crime, ses principes les plus lointains, ses conséquences dernières, son châtiment qui rebondit tout au long des générations successives. Comme l'observe L. Gernet, ce n'est pas alors l'individu en tant que tel qui est le facteur du délit : « Le délit existe en dehors de lui, le délit est objectif[26] ». Dans le contexte de cette pensée religieuse où l'acte criminel se présente, dans l'univers, comme une force démonique de souillure et, au-dedans de l'homme, comme un égarement de l'esprit, c'est toute la catégorie de l'action qui apparaît autrement organisée que chez nous. L'erreur, sentie comme une atteinte à l'ordre religieux, recèle une puissance néfaste qui déborde de beaucoup l'agent humain. L'individu qui la commet (ou, plus exactement, qui en est la victime) se trouve pris lui-même dans la force sinistre qu'il a déclenchée (ou qui s'exerce à travers lui).

---

25. Louis GERNET, *op. cit.*, p. 305 et s.
26. *Ibid.*, p. 305.

Au lieu d'émaner de l'agent comme de sa source, l'action l'enveloppe et l'entraîne, l'englobant dans une puissance qui lui échappe d'autant plus qu'elle s'étend, dans l'espace et la durée, bien au-delà de sa personne. L'agent est pris dans l'action. Il n'en est pas l'auteur. Il reste inclus en elle.

Il ne saurait évidemment être question, dans ce cadre, d'une volonté individuelle. La distinction, dans l'activité du sujet, de l'intentionnel et du contraint n'y a pas même encore de sens. Comment serait-on de plein gré égaré par l'erreur ? Et comment la faute-souillure, dès lors qu'elle a été commise, pourrait-elle ne pas porter en soi, indépendamment des intentions du sujet, son châtiment ?

Avec l'avènement du droit et l'institution des tribunaux de cité, l'ancienne conception religieuse de la faute s'efface. Une nouvelle notion du délit se dégage[27]. La représentation de l'individu s'y accuse plus nettement. L'intention apparaît désormais comme un élément constitutif de l'acte délictuel, tout spécialement de l'homicide. Le clivage, au sein de l'activité humaine, entre les deux grandes catégories de l'*hekṓn* et de l'*ákōn* prend alors valeur de norme. Mais il est bien remarquable que cette psychologie du délinquant se constitue, elle aussi, dans le cadre d'un vocabulaire purement intellectualiste. L'acte accompli de plein gré et l'acte exécuté malgré soi se définissent, dans leur opposition réciproque, en termes de connaissance et d'ignorance. Dans le mot *hekṓn*, de plein gré, est impliquée l'idée, pure et simple, de l'intention, conçue en bloc et sans analyse. Cette intention s'exprime par le terme de *prónoia*. Dans ce qui nous reste de la législation draconienne, l'expression *ek pronoías* tient, en opposition à *ákōn*, la place de *hekṓn*. De fait *ek pronoías*, *hekṓn ek pronoías* sont des formules exactement synonymes. La *prónoia*, c'est une connaissance, une intellection faite à l'avance, une préméditation. L'intention coupable, qui fait le délit, n'apparaît pas comme volonté mauvaise mais comme pleine connaissance de cause. Dans un décret de Téos, qui constitue le plus ancien texte juridique à nous être parvenu en original, l'acceptation des exigences nouvelles de la responsabilité subjective s'exprime par la formule : *eidṓs* ; pour être fautif, le délinquant doit avoir agi en « sachant[28] ». Inversement, l'*ágnoia*, l'ignorance, qui

27. Louis GERNET, *op. cit.*, p. 373 et s.

28. Cf. G. MADDOLI, « Responsabilità e sanzione nei " decreta de Hecatompedo " », *I. G.*, I², 3-4, *Museum helveticum*, 1967, p. 1-11 ; J. et

constituait tout à l'heure l'essence même de la faute, pourra désormais définir, par opposition à l'*hekoúsion*, la catégorie des délits accomplis malgré soi, *ákōn*, sans intention délictuelle. « Les fautes que les hommes commettent par *ágnoia*, écrit Xénophon, je les tiens toutes pour des *akoúsia*[29]. » Platon lui-même devra admettre à côté de « l'ignorance » dont il fait le principe général du délit une seconde forme d'*ágnoia*, entendue plus strictement, et qui fondera la faute dépourvue d'intention délictueuse[30]. Ce paradoxe d'une *ágnoia* à la fois principe constitutif de la faute et excuse la faisant disparaître s'exprime également dans l'évolution sémantique des mots de la famille de *hamartía*. Cette évolution est double[31]. D'une part, les termes s'imprègnent de l'idée d'intention : est coupable, *hamartṓn*, celui-là seul qui a intentionnellement commis l'acte criminel ; n'est pas coupable, *ouk hamartṓn*, celui qui a agi malgré soi, *ákōn*. Le verbe *hamartánein* peut donc désigner la même chose qu'*adikeîn* : le délit intentionnel, objet de poursuites dans la cité. Mais d'autre part, la notion d'inintentionnel, impliquée dans l'idée primitive d'une faute aveuglement de l'esprit, porte dès le ve siècle ses fruits. *Hamartánein* s'appliquera à la faute excusable, quand le sujet n'a pas eu pleine conscience de ce qu'il faisait. Dès la fin du IVe, *hamártēma* servira à définir la notion quasi technique du délit inintentionnel, de l'*akoúsion*. Aristote l'opposera ainsi à l'*adíkēma*, au délit intentionnel, et à l'*atúchēma*, accident imprévisible entièrement étranger aux intentions et au savoir de l'agent[32]. Si cette psychologie intellectualiste de l'intention autorise ainsi, plusieurs siècles durant, la coexistence de deux sens contradictoires dans la même famille de termes : commettre intentionnellement une faute, la commettre sans intention, c'est que la notion d'ignorance se situe en même temps à deux niveaux de pensée bien différents. D'une part, elle retient le souvenir des forces religieuses sinistres qui investissent l'esprit de l'homme, le poussent dans l'aveuglement du mal. D'autre part, elle a déjà pris le sens positif d'un défaut de connaissance concernant les conditions concrètes de l'action. L'ancien noyau mythique reste assez vivant dans l'imagination collective pour lui fournir

---

L. ROBERT, Bulletin épigraphique, *Revue des études grecques*, 1964, n° 63 et 1967, n° 176.

29. *Cyropédie*, III, I, 38 ; cf. L. GERNET, *op. cit.*, p. 387.
30. *Lois*, IX, 863 *c*.
31. Cf. L. GERNET, *op. cit.*, p. 305, 310 et 339-348.
32. *E. N.*, 1135 *b* et s.

le schème nécessaire à une représentation de l'excusable où l'« ignorance » peut précisément assumer ses valeurs les plus modernes. Mais sur aucun des deux plans où joue la notion, dans cette espèce de balancement entre l'ignorance, principe de la faute, et l'ignorance, excuse de la faute, la catégorie de la volonté n'est impliquée.

Une ambiguïté d'un autre type apparaît dans les composés de la famille *boul-* qui servent aussi à exprimer les modalités de l'intentionnel[33]. Le verbe *boúlomai* — qu'on traduit parfois par vouloir — est chez Homère d'emploi moins fréquent que *thélō* et *ethélō* ; il a le sens de « désirer, préférer ». Il se substitue dans la prose attique à *ethélō* et désigne l'inclination propre du sujet, son souhait intime, sa préférence personnelle, *ethélō* se spécialisant dans le sens de « consentir à » et s'employant fréquemment avec un objet contraire à l'inclination propre du sujet. Trois noms d'action ont été tirés de *boúlomai* : *boúlēsis*, désir, souhait ; *boúlēma*, intention ; *boulḗ*, décision, projet, conseil (au sens de : conseil des Anciens[34]). On voit que cet ensemble se situe entre le plan du désir, de l'inclination spontanée, et celui de la réflexion, du calcul intelligent[35]. Les verbes *bouleúō*, *bouleúomai*, ont une signification plus univoque : tenir conseil, délibérer. Nous avons vu que chez Aristote la *boúlēsis* est une espèce de désir ; en tant qu'inclination, que souhait, la *boúlēsis* est moins que l'intention véritable. Au contraire *bouleúō* et ses dérivés : *boúlēma*, *epiboulḗ*, *proboulḗ*, sont plus. Ils marquent la préméditation ou, pour traduire exactement le terme aristotélicien de *proaíresis*, la prédécision qui suppose, comme le souligne le philosophe, deux idées associées : d'une part, celle de délibération *(bouleúomai)* par calcul *(lógos)* et réflexion *(diánoia)*, d'autre part, celle d'avant, d'antériorité chronologique[36]. La notion d'intentionnel oscille ainsi entre la tendance spontanée du désir et le calcul prémédité de l'intelligence. Entre ces deux pôles, que les philosophes dans leurs analyses distinguent et parfois opposent, le vocabulaire permet d'opérer passage et glissement. Ainsi, dans le

33. L. Gernet, *op. cit.*, p. 351 ; Gauthier-Jolif, *op. cit.*, p. 192-194 ; P. Chantraine, *Dictionnaire étymologique de la langue grecque*, I, p. 189-190.

34. *E. N.*, 1112 *a* 17.

35. Chez Aristote, la *proaíresis* comme décision délibérée de la pensée pratique, peut être définie soit comme intellect désirant, *orektikòs noûs*, soit comme désir réfléchi, *órexis dianoētikḗ* ; *E. N.*, 1139 *b* 4-5, avec le commentaire de Gauthier-Jolif.

36. *E. N.*, 1172 *a* 17-19.

Cratyle, Platon rattache *boulḗ* à *bolḗ*, le jet. Il en donne comme raison que *boúlesthai* (souhaiter) signifie *ephíesthai* (tendre vers) ; et il ajoute : comme aussi *bouleúesthai* (délibérer) ; au contraire *l'aboulía* (irréflexion) consiste à manquer le but, à ne pas atteindre « ce qu'on souhaitait ἐβούλετο, ce sur quoi on délibérait ἐβουλεύετο, ce vers quoi on tendait ἐφίετο[37] ». Ainsi non seulement le souhait, mais aussi la délibération impliquent un mouvement, une tension, un élan de l'âme vers l'objet. C'est que, dans le cas de l'inclination *(boúlomai)* comme dans celui de la délibération raisonnée *(bouleúō)*, l'action du sujet ne trouve pas dans ce dernier sa causalité la plus authentique. Ce qui met le sujet en mouvement, c'est toujours une « fin » qui oriente comme du dehors sa conduite : soit l'objet auquel tend spontanément son désir, soit celui que la réflexion présente à sa pensée comme un bien[38]. Dans un cas, l'intention de l'agent apparaît liée et soumise au désir, dans l'autre elle est impulsée par la connaissance intellectuelle du meilleur. Mais entre le mouvement spontané du désir et la vision poétique du bien, ce plan n'apparaît pas où la volonté pourrait trouver son champ propre d'application et le sujet se constituer, dans et par le vouloir, en centre autonome de décision, source véritable de ses actes.

S'il en est bien ainsi, quel sens attribuer aux affirmations d'Aristote que nos actes sont en notre pourvoir (ἐφ'ἡμῖν), que nous en sommes causes responsables *(aítioi)*, que l'homme est principe et père *(ἀρχὴ καὶ γεννητής)* de ses actions comme de ses enfants[39]. Elles marquent certes le souci d'enraciner les actes dans le for intérieur du sujet, de présenter l'individu comme cause efficiente de son action pour que le méchant et l'incontinent soient tenus responsables de leurs fautes et qu'ils ne puissent invoquer l'excuse d'une prétendue contrainte extérieure dont ils auraient été les victimes. Cependant les expressions d'Aristote doivent être correctement interprétées. Il écrit à plusieurs reprises que son action « dépend de l'homme lui-même ». Le sens exact de cet *autós* s'éclaire, si on le rapproche de la formule qui définit les être vivants comme doués du pouvoir « de se mouvoir eux-mêmes ». Dans ce contexte, *autós* n'a pas le sens d'un moi personnel, ni d'une faculté spéciale dont disposerait le sujet

---

37. *Cratyle*, 420 *ed*.
38. Si Aristote affirme que l'homme est principe et cause (au sens de cause efficiente) de ses actions, il écrit aussi : « Le principe de nos actions, c'est la fin à laquelle nos actions sont ordonnées », *E. N.*, 1140 *b* 14.
39. Cf., par exemple, *E. N.*, 113 *b* 16-18.

pour modifier le jeu des causes qui agissent à l'intérieur de lui[40]. *Autós* se rapporte à l'individu humain pris dans son tout, conçu comme l'ensemble des dispositions formant son caractère particulier, son *êthos*. Discutant la théorie socratique qui fait de la méchanceté une ignorance, Aristote observe que les hommes sont responsables de leur ignorance ; cette ignorance en effet dépend d'eux ; elle est en leur pouvoir, ἐπ ' αὐτοῖς car ils sont maîtres, *kúrioi*, de s'en occuper. Aristote écarte alors l'objection que le vicieux est précisément, par son état, incapable d'une telle occupation. Le vicieux, réplique-t-il, est lui-même, par sa vie relâchée, cause responsable (*aítios*) de se trouver dans cet état. « Car dans chaque domaine d'action, des actions d'un certain genre font un genre d'hommes correspondant. » Le caractère, *êthos*, propre à chaque genre d'homme repose sur une somme de dispositions *(héxeis)* qui se développent par la pratique et se fixent en habitudes[42]. Une fois le caractère formé, le sujet agit conformément à ces dispositions et ne saurait agir autrement. Mais auparavant, dit Aristote, il était maître, *kúrios*, d'agir de façon variée[43]. En ce sens, si la manière dont chacun de nous conçoit la fin de son action dépend nécessairement de son caractère, son caractère dépend aussi de chacun de nous, puisqu'il s'est constitué à travers nos propres actions. Mais à aucun moment Aristote ne cherche à fonder sur une analyse psychologique la capacité que posséderait le sujet, tant que ses dispositions ne sont pas fixées, de se décider d'une façon ou d'une autre et d'assumer ainsi la responsabilité de ce qu'il fera plus tard. On ne voit pas en quoi le jeune enfant, dépourvu de *proaíresis*, aurait pouvoir, plus que l'homme fait, de se déterminer lui-même librement pour forger son propre caractère. Aristote ne s'interroge pas sur les forces diverses qui sont à l'œuvre dans la formation d'un tempérament individuel, encore qu'il n'ignore ni le rôle de la nature, ni celui de l'éducation ou de la législation. « Que nous ayons été dans la jeunesse élevés dans telle ou telle habitude n'est donc pas d'une mince importance : c'est au contraire souverainement important, ou plutôt tout est là[44]. » Si tout est là, l'autonomie du sujet

40. Cf. D. J. Allan, *op. cit.*, qui souligne que *autós* n'a pas le sens d'un moi rationnel opposé aux passions et disposant à cet égard d'un pouvoir propre.

41. *E. N.*, 1114 *a* 7-8.

42. Sur la correspondance du caractère, *êthos*, avec la partie désirante de l'âme et ses dispositions, cf. *E. N.*, 1103 *a* 5 et 1139 *a* 34-35.

43. *E. N.*, 1114 *a* 3-8 et 13-21.

44. *E. N.*, 1103 *b* 29 ; cf. aussi 1179 *b* 31 et s.

s'efface devant le poids des contraintes sociales. Mais peu importe à Aristote : son propos étant essentiellement moral, il lui suffit d'établir entre le caractère et l'individu, pris dans son tout, ce lien intime et réciproque qui fonde la responsabilité subjective de l'agent. L'homme est « père » de ses actes quand ils trouvent « en lui » leur principe, *archḗ*, leur cause efficiente, *aitía* ; mais cette causalité interne ne se définit que de façon purement négative : chaque fois qu'on ne peut assigner à une action une source extérieure contraignante, c'est que la cause s'en trouve « dans l'homme », qu'il a agi « volontiers », « de plein gré » et que son acte lui est alors à bon droit imputable.

En dernière analyse, la causalité du sujet, pas plus que sa responsabilité, ne se réfère chez Aristote à un quelconque pouvoir de volonté. Elle repose sur une assimilation de l'interne, du spontané et du proprement autonome. Cette confusion des différents niveaux de l'action montre que l'individu, s'il assume déjà sa particularité, s'il prend en charge tous les actes accomplis par de lui plein gré, demeure trop enfermé dans les déterminations de son caractère, trop étroitement soudé aux dispositions internes qui commandent la pratique des vices et des vertus, pour se dégager pleinement comme centre de décision personnelle et s'affirmer, en tant que *autós*, dans sa véritable dimension d'agent.

Ce long détour par Aristote n'aura pas été inutile, s'il doit nous permettre d'éclairer le modèle de l'action propre à la tragédie, en le replaçant dans une perspective historique plus large. Avènement de la responsabilité subjective, distinction de l'acte accompli de plein gré et de l'acte commis malgré soi, prise en compte des intentions personnelles de l'agent : autant d'innovations, que les Tragiques n'ont pas ignorées et qui, à travers les progrès du droit, ont affecté de façon profonde la conception grecque de l'agent, modifié les rapports de l'individu à ses actes. Changements donc, dont on ne saurait, de l'homme homérique à Aristote en passant par les Tragiques, méconnaître l'ampleur, mais qui se produisent cependant dans des limites assez étroites pour que même chez le philosophe soucieux de fonder la responsabilité individuelle sur les conditions purement internes de l'action, ils demeurent inscrits dans un cadre psychologique où la caégorie de la volonté n'a pas de place.

Aux questions générales qu'A. Rivier posait à propos de l'homme tragique : ne faut-il pas admettre, dans le cas des Grecs, une volonté sans choix, une responsabilité indépendante des intentions ? — il n'est donc pas possible de répondre par oui ou par non. En raison d'abord des transformations que nous avons notées ; mais aussi, et plus profondément, parce que le problème ne semble pas devoir se formuler en ces termes. Chez Aristote, la décision est conçue comme un choix *(haíresis)*, l'intention apparaît constitutive de la responsabilité. Cependant ni le choix de la *proaíresis*, ni l'intention, même délibérée, ne font référence à un pouvoir intime d'auto-décision chez l'agent. En retournant la formule de Rivier, on pourrait dire qu'on trouve bien chez un Grec comme Aristote le choix et la responsabilité fondée sur l'intention, mais que ce qui manque, c'est précisément la volonté. Dans les analyses du Stagirite, le contraste s'accuse d'autre part entre ce qui est exécuté par contrainte et ce qui est accompli par le sujet de son plein gré, dont il est alors — et alors seulement — responsable, qu'il ait été porté à agir spontanément ou qu'il s'y soit décidé après calcul et réflexion. Mais quel est le sens de cette antinomie que la tragédie devrait, semble-t-il, ignorer s'il est vrai, comme le soutient Rivier, que les « décisions » dont l'œuvre d'Eschyle nous fournit le modèle apparaissent toujours comme la soumission du héros à une contrainte qui lui est imposée par les dieux. La distinction chez Aristote des deux catégories d'actes n'oppose pas un *contraint* à un *librement voulu*, mais une contrainte subie du dehors à une détermination qui opère du dedans. Et cette détermination interne, pour être différente d'une coercition extérieure, n'en relève pas moins, elle aussi, du nécessaire. Quand il suit les dispositions de son caractère, de son *êthos*, le sujet réagit nécessairemnt, *ex anánkēs*, mais son acte émane bien de lui ; loin de se décider sous le poids d'une contrainte, il s'affirme père et cause de ce qu'il fait ; aussi en porte-t-il la pleine reponsabilité.

Le problème est alors de savoir si l'*anánkē* dont A. Rivier a montré qu'elle constitue, chez Eschyle, le ressort de la décision tragique, revêt toujours, comme il le pense, la forme d'une pression extérieure exercée sur l'homme par le divin, si elle ne peut aussi se présenter comme immanente au caractère même du héros ou apparaître en même temps sous les deux aspects à la fois, la puissance qui engendre l'action comportant, dans la perspective tragique, deux faces opposées mais inséparables.

Et certes il faudrait tenir compte, sur ce plan, d'une évolution qui d'Eschyle à Euripide tend à « psychologiser » la tragédie, à souligner davantage les sentiments personnels des protagonistes. Chez Eschyle, peut écrire Mme de Romilly, l'action tragique « engage des forces supérieures à l'homme ; et, devant ces forces, les caractères individuels s'effacent, paraissent secondaires. Au contraire, pour Euripide toute l'attention se porte sur ces caractères individuels[45] ».

Ces différences d'accent doivent être notées. Il nous semble pourtant que tout au long du ve siècle la tragédie attique présente de l'action humaine un modèle caractéristique, qui lui appartient en propre et qui la définit comme genre littéraire spécifique. Tant que la veine tragique demeure vivante, ce modèle conserve pour l'essentiel les mêmes traits. En ce sens, la tragédie correspond à un état particulier d'élaboration des catégories de l'action et de l'agent. Elle marque une étape et comme un tournant dans l'histoire des approches de la volonté chez l'homme grec ancien. C'est à mieux cerner ce statut tragique de l'agent, à en dégager les implications psychologiques que nous nous attacherons maintenant.

L'entreprise est rendue plus aisée par la publication récente, sous la plume de A. Lesky et de R.P. Winnington-Ingram, de deux études dont les conclusions, à bien des égards, se rejoignent. Lesky est revenu en 1966 sur sa conception de la double motivation pour en préciser la portée en ce qui concerne la décision et la responsabilité eschyléennes[46]. Si son vocabulaire tombe en plein sous le coup des critiques de Rivier lorsqu'il parle de libre vouloir, de volonté, de liberté de choix, ses analyses n'en montrent pas moins très clairement la part que le dramaturge assigne dans la prise de décision au héros tragique lui-même. Considérons à titre d'exemple le cas d'Agamemnon. Quand il se résout à sacrifier sa fille Iphigénie c'est, selon Rivier, sous le poids d'une double contrainte qui s'impose à lui comme une nécessité objective : impossible de se soustraire à l'ordre d'Artémis, communiqué par le devin Chalcas ; impossible de déserter une alliance guerrière dont le but — détruire Troie — est conforme aux exigences de Zeus Xénios. La formule du vers 218 : « Lorsqu'il eut la courroie de la nécessité ajustée à son cou » résume et illustre cet état de complète sujétion qui ne laisserait au roi aucune marge d'initiative et ruinerait en même temps les prétentions des interprètes contemporains à rechercher, pour expliquer sa conduite, des mobiles d'ordre personnel.

Cet aspect de soumission à des puissances supérieures est incontestablement présent dans l'œuvre. Mais, pour Lesky, il ne constitue qu'un plan de l'action dramatique. Il en existe

45. *L'Évolution du pathétique d'Eschyle à Euripide*, Paris, 1961, p. 27.

46. A. Lesky, « Decision and Responsability in the Tragedy of Aeschylus », *Journal of Hellenic Studies*, 1966, p. 78-85.

un autre — qui peut paraître à notre esprit moderne incompatible avec le premier — mais que le texte impose comme une des dimensions essentielles de la décision tragique. Le sacrifice d'Iphigénie est bien nécessaire en raison d'une situation qui pèse sur le roi comme une fatalité, mais en même temps ce meurtre est non seulement accepté mais passionnément désiré par Agamemnon qui en est ainsi responsable. Ce qu'Agamemnon est contraint de faire sous le joug d'Anankè est aussi ce qu'il souhaite, de toute son âme, si c'est à ce prix qu'il doit être vainqueur. Le sacrifice exigé par les dieux revêt, dans la décision humaine qui en ordonne l'exécution, la forme d'un crime monstrueux dont il faudra payer le prix. « Si ce sacrifice, ce sang virginal enchaînent les vents, déclare l'Atride, avec ardeur, ardeur profonde il est permis de le désirer[47]. » Ce qu'Agamemnon proclame religieusement permis, ce n'est pas un acte auquel il serait contraint en dépit de lui, mais le désir intime qui l'habite d'accomplir tout ce qui peut ouvrir la route à son armée. Et la répétition des mêmes termes (ὀργᾷ περιοργῶς ἐπιθυμεῖν), en insistant sur la violence de cette passion, souligne que le personnage, pour des raisons qui lui sont propres et qui s'avèrent condamnables, se précipite lui-même dans la voie que les dieux, pour d'autres motifs, ont choisie. Dans l'esprit du roi, chante le chœur, « un revirement se fait, impur, sacrilège : il est prêt à tout oser, sa résolution est prise... Il osa, lui, devenir le sacrificateur de sa fille pour aider une armée à reprendre une femme, ouvrir la mer à des vaisseaux[48] ». Un autre passage, auquel les commentateurs n'ont peut-être pas prêté assez d'attention, nous paraît confirmer cette interprétation du texte. En ce temps-là, raconte le chœur, le chef de la flotte achéenne « plutôt que de critiquer un devin se faisait le complice du sort capricieux[49] ». L'oracle d'Artémis transmis par Chalcas ne s'impose pas au roi comme un impératif catégorique. Il ne dit pas : sacrifie ta fille — mais seulement : si tu veux les vents, il faut les payer du sang de ton enfant. En s'y soumettant sans en mettre aucunement en cause (*pségein* = blâmer) le caractère monstrueux, le roi révèle que la vie et l'amour de sa fille cessent pour lui de compter, dès lors qu'ils font obstacle à l'expédition guerrière dont il a pris le commandement. On nous répondra que cette guerre est voulue par Zeus, qu'il faut faire expier aux Troyens la faute de Pâris contre l'hospitalité. Mais

47. ESCHYLE, *Agamemnon*, 214-218.
48. *Ibid.*, 224-228.
49. *Ibid.*, 186-188.

sur ce point encore se marque l'ambiguïté des faits tragiques qui changent de valeur et de sens selon qu'on passe de l'un à l'autre des deux plans, divin et humain, que la tragédie à la fois unit et oppose. Du point de vue des dieux, cette guerre est en effet pleinement justifiée. Mais en se faisant l'instrument de la *Dikē* de Zeus, les Grecs entrent à leur tour dans le monde de la faute et de l'impiété. C'est moins le respect des dieux que leur propre *húbris* qui les mène. Au cours du drame, la destruction de Troie, comme la mise à mort d'Iphigénie, comme le carnage de la hase pleine qui les préfigure toutes deux, se trouve évoquée sous un double et contradictoire aspect : c'est le sacrifice d'une victime pieusement offerte aux dieux pour satisfaire leur vengeance, mais c'est aussi à l'inverse un horrible sacrilège perpétré par des guerriers assoiffés de meurtre et de sang, véritables bêtes fauves, semblables aux deux aigles qui ont dévoré tout ensemble la tendre femelle sans défense et les petits qu'elle portait dans ses flancs[50]. La justice de Zeus, quand elle se retournera contre Agamemnon, passera cette fois par Clytemnestre. Et au-delà même des deux protagonistes le châtiment du roi trouve son origine dans la malédiction qui pèse sur toute la lignée des Atrides depuis le festin criminel de Thyeste. Mais exigé par l'Erinnys de la race, voulu par Zeus, le meurtre du roi des Grecs est préparé, décidé, exécuté par son épouse pour des raisons qui sont bien siennes et qui s'inscrivent dans la droite ligne de son caractère. Elle a beau évoquer Zeus ou l'Erinnys ; c'est sa haine de l'époux, sa passion coupable pour Egisthe, sa volonté virile de puissance qui l'ont décidée à agir. En présence du cadavre d'Agamemnon, elle tente de se justifier devant les vieillards du chœur : « Tu prétends que c'est là mon ouvrage. N'en crois rien. Ne crois même pas que je sois l'épouse d'Agamemnon. Sous la forme de l'épouse de ce mort, c'est l'antique, l'âpre génie vengeur *(alástōr)* d'Atrée qui a payé cette victime[51]. » Ce qui s'exprime ici dans toute sa force, c'est l'ancienne conception religieuse de la faute et du châtiment. Clytemnestre, comme personnage individuel, responsable du crime qu'elle vient de commettre, prétend s'effacer, disparaître derrière une puissance démonique qui la dépasse. A travers elle, ce serait en réalité l'Erinnys de la race qu'il faudrait incriminer, l'*átē*, l'esprit d'égarement criminel propre à la lignée des Atrides qui aurait manifesté une fois de plus son pouvoir

50. Cf. P. VIDAL-NAQUET, « Chasse et sacrifice dans l'Orestie d'Eschyle », *infra*, p. 140 et s.
51. ESCHYLE, *Agamemnon*, 1497-1504.

sinistre, la souillure ancienne qui aurait suscité d'elle-même cette nouvelle souillure. Mais il est bien significatif que le chœur repousse cette interprétation et qu'il le fait au moyen d'un vocabulaire juridique : « Qui viendra témoigner que tu es innocente de ce meurtre[52] ? » Clytemnestre n'est pas *anaítios*, non coupable, non responsable. Et pourtant le chœur s'interroge. A l'évidence de cette responsabilité tout humaine de criminels comme Clytemnestre ou comme Egisthe (qui se vante d'avoir agi de plein gré, en instigateur du meurtre) se mêle le sentiment que des forces surnaturelles ont pu avoir leur part dans les événements. Faute de critiquer l'oracle, Agamemnon se faisait le complice du destin ; peut-être, accorde cette fois le chœur, l'*alástōr*, le génie vengeur, a-t-il été l'« auxiliaire » de Clytemnestre *(sullḗptōr)*. Dans la décision tragique viennent ainsi collaborer les desseins des dieux et les projets ou les passions des hommes. Cette « complicité » s'exprime par le recours à des termes juridiques : *metaítios*, coresponsable, *xunaitía*, responsabilité commune, *paraitía*, responsabilité partielle[53]. « Quand un mortel, déclare Darius dans *Les Perses*, s'emploie lui-même *(autós)* à sa perte, un dieu vient l'y aider *(sunáptetai)*[54]. » C'est cette présence simultanée, au sein de la décision, d'un « soi-même » et d'un au-delà divin, qui nous paraît définir, par une constante tension entre deux pôles opposés, la nature de l'action tragique.

Certes la part qui dans sa décision revient au sujet lui-même n'est pas de l'ordre de la volonté. A. Rivier a beau jeu d'ironiser sur ce point en observant que le vocabulaire même d'Eschyle, *orgḗ*, emportement, *epithumeîn*, désirer, interdit de parler de volonté personnelle chez Agamemnon, à moins d'admettre que les Grecs aient situé le volontaire au niveau des sentiments et des passions. Cependant le texte ne nous semble pas moins exclure l'interprétation par la contrainte pure et simple. C'est pour nous, modernes, que le dilemme se formule en ces termes : ou libre vouloir, ou diverses formes de contrainte. Mais si nous pensons dans les catégories grecques, nous dirons qu'Agamemnon, quand il cède à l'emportement du désir, agit sinon volontairement, du moins « volontiers », de plein gré, *hekṓn*, et qu'en ce sens il apparaît bien *aítios*, cause responsable de ses actes. Au reste,

52. Eschyle, *Agamemnon*, *op. cit.*, 1505-1506.
53. Cf. les remarques de N. G. L. Hammond, « Personal Freedom and its Limitations in the Oresteia », *Journal of the Hellenic Studies*, 1965, p. 53.
54. Eschyle, *Les Perses*, 742.

dans le cas de Clytemnestre et d'Egisthe, le dramaturge n'insiste pas seulement sur les passions — haine, ressentissement, ambition — qui ont motivé leur acte criminel ; il souligne que le meurtre, projeté depuis longtemps, a été minutieusement préparé, machiné dans ses moindres détails pour que la victime ne puisse échapper[55]. Au vocabulaire affectif se superpose donc un vocabulaire intellectuel de préméditation. Clytemnestre se vante de n'avoir pas agi de façon irréfléchie (οὐκ ἀφρόντιστος), et d'avoir mis en œuvre, pour prendre plus sûrement au piège son époux, les mensonges et la ruse[56]. Egisthe se flatte à son tour d'avoir été, derrière la reine, celui qui dans l'ombre ourdissait le crime, nouait tous les fils du complot pour que se réalise sa *dusboulía*, sa résolution de meurtre[57]. Le chœur ne fait donc que reprendre ses propres termes quand il l'accuse d'avoir tué le roi délibérément, *hekṓn*, et en préméditant (*bouleûsai*, v. 1614 ; *eboúleusas*, v. 1627 et 1634), le crime. Mais qu'il s'agisse d'impulsion et de désir, comme chez Agamemnon, ou de réflexion et de préméditation, comme chez Clytemnestre et Egisthe, l'ambiguïté de la décision tragique reste la même. Dans l'un et l'autre cas, la résolution prise par le héros émane de lui, répond à son caractère personnel ; dans les deux cas aussi, elle manifeste, au sein de la vie humaine, l'intervention de puissances surnaturelles. A peine le chœur a-t-il rappelé le revirement impie qui donne au roi des Grecs la hardiesse d'immoler sa fille, qu'il évoque aussitôt, comme source du malheur des hommes, « la funeste démence, soufflant l'audace aux mortels[58] ». Comme le note Rivier, cet accès de démence, *parakopá*, qui obscurcit l'esprit du roi, se situe sur le même versant divin de la décision que l'*átē*, la puissance religieuse d'égarement envoyée par les dieux pour perdre les mortels. Au reste les dieux ne sont pas moins présents dans la froide résolution de Clytemnestre, dans la préméditation lucide d'Egisthe que dans l'impulsion passionnée d'Agamemnon. Au moment même où la reine se glorifie du bel ouvrage qu'elle a accompli « de sa propre main », elle en attribue la paternité à *Díkē*, à l'Erinys, à *Atē*, dont elle n'aurait été que l'instrument[59]. Et le chœur, tout en lui imputant la responsabilité directe du crime, tout en accablant sa personne de son mépris et de sa

55. ESCHYLE, *Agamemnon*, 1372 et s.
56. *Ibid.*, 1377 ; cf. 1401.
57. *Ibid.*, 1609.
58. *Ibid.*, 223.
59. *Ibid.*, 1431.

haine[60], reconnaît dans la mort du roi une manifestation de l'*Atē* l'œuvre de *Dikē*, l'action d'un *daimōn* qui, pour abattre la descendance maudite de Tantale, s'est servi de deux femmes (Hélène et Clytemnestre) à l'âme *(psuchē)* également maléfique[61]. Quant à Egisthe, c'est d'un même propos qu'il s'attribue le mérite d'un complot dont il a lui-même noué les fils et qu'il rend grâce aux Erinnyes d'avoir tissé le filet où Agamemnon a été pris au piège[62]. Pleurant sur le cadavre de son roi, en présence de Clytemnestre, avant l'entrée en scène de son complice, le chœur reconnaît dans le malheur qui s'est abattu sur l'Atride la grande loi de justice instituée par Zeus : au coupable le châtiment. Agamemnon devait payer, l'heure venue, le prix du sang enfantin répandu. Rien, concluait le chœur, ne s'accomplit pour les hommes qui ne soit l'œuvre de Zeus[63]. Mais dès lors qu'Egisthe a paru et parlé, la seule *dikē* qu'invoque le chœur, c'est celle que le peuple entend faire payer, en le lapidant, au criminel dont le forfait a révélé le vrai caractère de lâche séducteur, d'ambitieux sans scrupule, de cynique arrogant[64].

Ēthos, le caractère, *daimōn*, la puissance divine, tels sont donc les deux ordres de réalité où s'enracine chez Eschyle la décision tragique. L'origine de l'action se situant à la fois dans l'homme et hors de lui, le même personnage apparaît tantôt agent, cause et source de ses actes, tantôt agi, immergé dans une force qui le dépasse et l'entraîne. Causalité humaine et causalité divine, si elles se mêlent ainsi dans l'œuvre tragique, n'en sont pas pour autant confondues. Les deux plans sont distincts, quelquefois opposés. Mais là même où le contraste semble le plus délibérément souligné par le poète, il ne s'agit pas de deux catégories exclusives entre lesquelles, suivant le degré d'initiative du personnage, ses actes se pourraient distribuer, mais des deux aspects, contraires et indissociables, que revêtent, en fonction de la perspective où l'on se place, les mêmes actions. Les remarques de R.P. Winnington-Ingram concernant l'*Œdipe* de Sophocle ont sur ce point valeur de démonstration[65]. Quand Œdipe tue son père, épouse sa mère, sans le savoir, sans le vouloir, il est

60. ESCHYLE, *Agamemnon*, 1424-1430.
61. *Ibid.*, 1468 et s.
62. *Ibid.*, 1580 et 1609.
63. *Ibid.*, 1487-1488.
64. *Ibid.*, 1615-1616.
65. R. P. WINNINGTON-INGRAM, « Tragedy and Greek Archaic Thought », *Classical Drama and its influence*, Essays presented to H. D. F. Kitto, London, 1965, p. 31-50.

le jouet d'un destin que les dieux lui ont imposé dès avant sa naissance. « Quel homme, se demande le souverain de Thèbes, pourrait être plus que moi haï de la divinité *(echthrodaímōn)* ? ... Ne tiendrait-on pas un exact langage en jugeant que mes malheurs proviennent d'un *daímōn* cruel[66] » ? Le chœur lui fait écho un peu plus loin : « Avec ton destin personnel *(daímōn)* comme exemple, oui, ton destin, malheureux Œdipe, je n'estime heureuse aucune vie des humains[67]. » Exprimé par le mot *daímōn*, le destin d'Œdipe revêt la forme d'une puissance surnaturelle attachée à sa personne et dirigeant toute sa vie. C'est pourquoi le chœur pourra s'écrier : « Il t'a découvert malgré toi *(ákonta)* le Temps qui voit toute chose[68]. » A ce malheur subi, *ákōn*, semble s'opposer en tout point le nouveau malheur qu'Œdipe s'impose à lui-même de façon délibérée quand il se crève les yeux. Le serviteur, qui en fait l'annonce au public, le présente comme un mal commis cette fois de plein gré et non subi malgré soi *(κακὰ ἑκόντα κοὐκ ἄκοντα)* ; et il ajoute que les souffrances les plus douloureuses sont celles qu'on a choisies soi-même *(authaíretoi)*[69]. L'opposition *ákōn-hekōn*, deux fois soulignée dans le texte et renforcée par le contraste parallèle entre : ce qui est causé par un *daímōn* - ce qui est personnellement choisi, paraît aussi stricte et rigoureuse que possible. On serait tenté de croire qu'elle trace dans la texture du drame une ligne de démarcation nette entre ce qu'impose à Œdipe la fatalité de l'oracle et ce qui relève de sa décision personnelle. D'un côté, les épreuves anciennes annoncées à l'avance par Apollon : causalité divine ; de l'autre, la mutilation que le héros s'inflige à lui-même : causalité humaine. Mais quand s'ouvrent les portes du palais et que le roi s'avance sur la scène, aveugle et sanglant, les premiers mots du chœur suffisent à effacer d'un coup cette apparente dichotomie : « O souffrance effrayante à regarder *(deinòn páthos)*... quel égarement *(manía)* a fondu sur toi... quel *daímōn* a mis le comble à ta destinée qui était l'œuvre d'un mauvais *daímōn (dusdaímoni moírai)* ? » Œdipe ne fait plus figure d'agent responsable de son malheur, mais de victime subissant la passion qui lui est imposée. Le héros ne porte pas sur lui-même un jugement différent :

66. Sophocle, *Œdipe-Roi*, 816 et 828.
67. *Ibid.*, 1193-1196.
68. *Ibid.*, 1213.
69. *Ibid.*, 1230 et 1231.
70. *Ibid.*, 1298-1302.

« O *daimōn*, jusqu'où as-tu sauté[71] ! » Les deux aspects contraires de l'acte qu'il accomplit en s'aveuglant sont dans les mêmes phrases, par le chœur et par lui, tout ensemble unis et opposés. Au chœur qui lui demande : « Quelle chose terrible tu as faite *(drásas)* (...), quel *daimōn* t'a poussé[72] ? », il répond : « C'est Apollon qui est l'auteur *(telȏn)* de mes souffrances atroces *(kakà páthea)* mais personne que moi-même malheureux *(egȏ tlámōn)* n'a de sa propre main *(autócheir)* frappé[73]. » Causalité divine et initiative humaine qui s'opposaient tout à l'heure en apparence si nettement se retrouvent unies et par un jeu subtil de langage le glissement s'opère, au sein même de la décision « choisie » par Œdipe, entre l'aspect d'action *(drásas, autócheir)* et l'aspect de passion *(páthea)*.

Quelle est, pour une histoire psychologique de la volonté, la signification de cette tension constamment maintenue par les Tragiques entre l'agi et le subi, l'intentionnel et le contraint, la spontanéité interne du héros et le destin fixé à l'avance par les dieux ? Pourquoi ces aspects d'ambiguïté appartiennent-ils précisément au genre littéraire qui, pour la première fois en Occident, cherche à exprimer l'homme dans sa condition d'agent ? Placé au carrefour d'un choix décisif, face à une option qui commande tout le déroulement du drame, le héros tragique se profile engagé dans l'action, affronté aux conséquences de ses actes. Nous avons, dans d'autres études, souligné déjà que l'avènement, l'essor, le déclin du genre tragique — qui se produisent en l'espace de moins d'un siècle — marquent un moment historique, très étroitement localisé dans le temps, une période de crise où changements et ruptures mais aussi continuités sont assez étroitement mêlés pour qu'une confrontation, parfois douloureuse, s'établisse entre les anciennes formes de pensée religieuse, toujours vivantes dans les traditions légendaires, et les conceptions nouvelles liées au développement du droit et des pratiques politiques[74]. Ce débat entre le passé du mythe et le présent de la cité s'exprime tout spécialement dans la tragédie par une mise en question de l'homme en tant qu'agent, une interrogation inquiète sur les rapports qu'il entretient avec ses propres actes. Dans quelle mesure le protagoniste du drame, exemplaire

71. SOPHOCLE, *Œdipe-Roi*, 1311.
72. *Ibid.*, 1327-1328.
73. *Ibid.*, 1329-1332.
74. Cf. *supra*, p. 13-40.

par ses exploits comme par ses épreuves, doué d'un tempérament « héroïque » qui l'engage tout entier dans ce qu'il entreprend, dans quelle mesure est-il véritablement la source de ses actions ? Alors même qu'on le voit sur la scène délibérer des options qui s'offrent à lui, peser le pour et le contre, prendre l'initiative de ce qu'il fait, agir dans la droite ligne de son caractère pour s'enfoncer toujours plus avant dans la voie qu'il a choisie, supporter les conséquences et assumer la responsabilité de ses décisions, ses actes n'ont-ils pas ailleurs qu'en lui-même leur fondement et leur origine ? Leur portée véritable ne lui demeure-t-elle pas jusqu'au bout inconnue, puisqu'ils dépendent moins de ses intentions ou de ses projets que de l'ordre général du monde auquel les dieux président et qui peut seul conférer aux entreprises humaines leur signification authentique. Ce n'est qu'au terme du drame que tout s'éclaircit pour l'agent. Il comprend, en subissant ce qu'il croyait avoir lui-même décidé, le sens réel de ce qui s'est trouvé accompli sans qu'il le veuille ni ne le sache. L'agent n'est pas, dans sa dimension humaine, cause et raison suffisantes de ses actes ; c'est au contraire son action qui, revenant sur lui selon que les dieux en ont souverainement disposé, le découvre à ses propres yeux, lui révèle la vraie nature de ce qu'il est, de ce qu'il fait. Ainsi Œdipe, sans avoir rien commis de plein gré qui lui soit personnellement imputable du point de vue du droit, se retrouve, à la fin de l'enquête qu'en sa passion de la justice il mène pour le salut de la cité, un criminel, un hors-la-loi, chargé par les dieux de la plus horrible souillure. Mais le poids même de cette faute qu'il lui faut assumer sans l'avoir intentionnellement commise, la dureté d'un châtiment qu'il supporte d'une âme égale sans l'avoir mérité, le haussent au-dessus de la condition humaine, en même temps qu'ils le retranchent de la société des hommes. Religieusement qualifié par l'excès, par la gratuité de son malheur, sa mort prendra valeur d'apothéose et sa tombe assurera le salut de ceux qui acceptent de lui donner asile. A l'inverse, au terme de la trilogie d'Eschyle, Oreste coupable d'un crime monstrueux, le meurtre délibéré de sa mère, se voit acquitté par le premier tribunal humain institué à Athènes : faute d'intention délictueuse de sa part, puisqu'il a agi sans pouvoir s'y soustraire sur l'ordre impérieux d'Apollon, son acte, plaident ses défenseurs, doit être rangé dans la catégorie du *díkaios phónos*, du meurtre justifié. Cependant là encore l'ambiguïté subsiste ; une hésitation se fait jour. Le jugement humain reste en fait indécis. L'acquittement n'est obtenu que par un artifice de procédure après qu'Athéna, par son vote, a rétabli l'égalité des voix pour et des voix contre Oreste. Le jeune homme est donc légalement absous grâce à Athéna, c'est-à-dire grâce au tribunal d'Athènes, sans être pleinement innocenté du point de vue de la morale humaine.

La culpabilité tragique se constitue ainsi dans une constante confrontation entre l'ancienne conception religieuse de la faute, souillure attachée à toute une race, se transmettant inexorablement de génération en génération sous forme d'une *átē*, d'une démence envoyée par les dieux, et la conception nouvelle, mise en œuvre dans le droit, où le coupable se définit comme un individu privé, qui sans y être contraint, a choisi délibérément de commettre un délit. Pour un esprit moderne ces deux conceptions paraissent radicalement s'exclure. Mais la tragédie, tout en les opposant, les assemble en des équilibres divers d'où la tension n'est jamais entièrement absente, aucun des termes de cette antinomie ne disparaissant tout à fait. Jouant à un double niveau, décision et responsabilité revêtent, dans la tragédie, un caractère ambigu, énigmatique ; elles se présentent comme des questions qui demeurent sans cesse ouvertes faute de comporter une réponse fixe et univoque.

L'agent tragique apparaît lui aussi écartelé entre deux directions contraires : tantôt *aítios*, cause responsable de ses actes en tant qu'ils expriment son caractère d'homme ; tantôt simple jouet entre les mains des dieux, victime d'un destin qui peut s'attacher à lui comme un *daímōn*. L'action tragique suppose en effet que se soit déjà dégagée la notion d'une nature humaine, ayant ses traits propres, et qu'ainsi les plans humain et divin soient assez distincts pour s'opposer ; mais, pour qu'il y ait tragique, il faut également que ces deux plans ne cessent pas d'apparaître inséparables. La tragédie, en présentant l'homme engagé dans l'action, porte témoignage des progrès qui s'opèrent dans l'élaboration psychologique de l'agent, mais aussi de ce que cette catégorie comporte encore, dans le contexte grec, de limité, d'indécis et de flou. L'agent n'est plus inclus, immergé dans l'action. Mais il n'en est pas encore vraiment, par lui-même, le centre et la cause productrice. Parce que son action s'inscrit dans un ordre temporel sur lequel il n'a pas de prise et qu'il subit tout passivement, ses actes lui échappent, le dépassent. Pour les Grecs, on le sait, l'artiste ou l'artisan, quand ils produisent une œuvre par leur *poíēsis*, n'en sont pas véritablement les auteurs. Ils ne créent rien. Leur rôle est seulement d'incarner dans la matière une *forme* préexistante, indépendante et supérieure à leur *téchnē*. L'ouvrage possède plus de perfection que l'ouvrier ; l'homme est plus petit que sa tâche[75]. De la même façon dans son activité pratique, sa *prâxis*, l'homme n'est pas à la mesure de ce qu'il fait.

Dans l'Athènes du ve siècle, l'individu s'est affirmé, dans sa particularité, comme sujet de droit ; l'intention de l'agent est reconnue comme un élément fondamental de la responsabilité ; par sa participation à une vie politique où les décisions sont prises, au terme d'un débat ouvert, de caractère positif et profane, chaque citoyen commence à prendre conscience de soi comme un agent responsable de la conduite des affaires, plus ou moins maître d'orienter par sa *gnṓmē*, son jugement, par sa *phrónēsis*, son intelligence, le cours incertain des événements. Mais ni l'individu, ni sa vie intérieure n'ont acquis assez de consistance et d'autonomie pour constituer le sujet en centre de décision d'où émaneraient ses actes. Coupé de ses racines familiales, civiques, religieuses, l'individu n'est plus rien ; il ne se retrouve pas seul, il cesse d'exister. L'idée d'intention reste, nous l'avons vu, jusque dans le droit, floue et équivoque[76]. La décision ne met pas en jeu, chez le sujet, un pouvoir d'autodétermination qui lui appartiendrait en propre. L'emprise des individus et des groupes sur l'avenir est si restreinte, l'aménagement prospectif du futur demeure si étranger à la catégorie grecque de l'action que l'activité pratique apparaît d'autant plus parfaite qu'elle est moins engagée dans le temps, moins tendue vers un objectif qu'elle projette et prépare à l'avance ; l'idéal de l'action est d'abolir toute distance temporelle entre l'agent et son acte, de les faire entièrement coïncider dans un pur présent[77]. Agir, pour les Grecs de l'âge classique, c'est moins organiser et dominer le temps que s'en exclure, le dépasser. Entraînée dans le flux de la vie humaine, l'action se révèle, sans le secours des dieux, illusoire, vaine et impuissante. Il lui manque de posséder cette force de réalisation, cet efficace dont la divinité a seule le privilège. La tragédie exprime cette faiblesse de l'action, ce dénuement intérieur de l'agent, en faisant apparaître, derrière les hommes, les dieux à l'œuvre

75. Cf. J.-P. VERNANT, *Mythe et pensée chez les Grecs*, Maspero, 1971, II, p. 63.

76. Et, jusque dans le droit, la notion religieuse de la souillure conserve une place. Qu'il suffise de rappeler qu'une des fonctions du *Prutaneîon* était de juger les meurtres commis par des objets inanimés ou des animaux.

77. Cf. sur ce point, V. GOLDSCHMIDT, *Le Système stoïcien et l'idée de temps*, Paris, 1969, spécialement p. 154 et s. — Sur le temps tragique, cf. J. de ROMILLY, *Time in Greek Tragedy*, New York, 1968. Sur l'aspect affectif et émotionnel du temps euripidéen, cf. en particulier, p. 130 et 141.

d'un bout à l'autre du drame pour mener chaque chose à son terme. Le héros, alors même qu'il se décide par un choix, fait presque toujours le contraire de ce qu'il croyait accomplir.

L'évolution même de la tragédie témoigne de la relative inconsistance, du défaut d'organisation interne de la catégorie grecque de l'agent. Dans les drames d'Euripide, l'arrière-plan divin s'est estompé ou, en tout cas, éloigné des péripéties humaines. Chez le dernier des grands Tragiques, l'éclairage se porte de préférence sur les caractères individuels des protagonistes et sur leurs rapports mutuels. Mais, livré ainsi à lui-même, dégagé dans une large mesure du surnaturel, ramené à sa dimension d'homme, l'agent n'en apparaît pas plus vigoureusement dessiné. Au contraire, au lieu de traduire l'action comme elle le faisait chez Eschyle et chez Sophocle, la tragédie glisse avec Euripide vers l'expression du pathétique. « En se détachant de la signification divine, note Mme de Romilly, on s'est détaché de l'acte ; on s'est tourné vers la souffrance, vers les duperies de la vie humaine[78]. » Coupée de l'ordre général du monde gouverné par les dieux, la vie humaine apparaît, dans l'œuvre d'Euripide, si flottante et si confuse « qu'elle ne laisse plus de place à une action responsable[79] ».

78. *Op. cit.*, p. 131.

79. L. A. POST, *From Homer to Menander, Forces in Greek Poetic Fiction*, Sather Classical Lectures, 1951, p. 154 ; cité *in* J. de ROMILLY, *op. cit.*, p. 130.

IV

« Œdipe » sans complexe

En 1900, Freud publie *Die Traumdeutung*. C'est dans cet ouvrage que pour la première fois il évoque la légende grecque d'Œdipe*. Son expérience de médecin l'a conduit à voir dans l'amour de l'enfant pour un de ses parents, sa haine pour l'autre, le nœud des impulsions psychiques qui détermineront l'apparition ultérieure de névroses. L'attirance et l'hostilité enfantines à l'égard de la mère et du père se manifestent d'ailleurs aussi bien chez les normaux que chez les névropathes, encore qu'avec une moindre intensité. Cette découverte, dont la portée lui apparaît générale, trouve selon Freud sa confirmation dans un mythe venu jusqu'à nous du fond de l'antiquité classique : le mythe d'Œdipe dont Sophocle a fait le thème de sa tragédie intitulée *Oidípous Túrannos*, *Œdipe-Roi* dans la traduction française usuelle.

Mais en quoi une œuvre littéraire appartenant à la culture de l'Athènes du Ve siècle avant J.-C. et qui transpose elle-même de façon très libre une légende thébaine bien plus ancienne, antérieure au régime de la cité, peut-elle confirmer les observations d'un médecin du début du XXe siècle sur la clientèle de malades qui hantent son cabinet ? Dans la perspective de Freud, la question n'exige pas de réponse, parce qu'elle n'a pas même à être posée. En effet, l'interprétation du mythe et du drame grecs ne paraît faire à ses yeux problème d'aucune façon. Ils n'ont pas à être déchiffrés par des méthodes d'analyse appropriées. Immédiatement lisibles, entièrement transparents à l'esprit du psychiatre, ils livrent d'emblée une signification dont l'évidence apporte aux théories psychologiques du clinicien une garantie d'universelle validité. Mais où se situe ce « sens » qui se révélerait ainsi directement à Freud et, après lui, à tous les psychanalystes comme si, nouveaux Tirésias, un don de double vue leur avait été octroyé pour atteindre, par-delà les formes d'expression mythiques ou littéraires, une vérité invisible au profane ? Ce sens n'est pas celui que recherchent l'helléniste et l'historien, un sens présent dans l'œuvre, inscrit dans ses structures, et qu'il faut laborieu-

* Ce texte a été publié dans *Raison présente*, 4, 1967, pp. 3-20.

sement reconstruire par une étude à tous les niveaux du message que constitue un récit légendaire ou une fiction tragique.

Ce sens est donné dans les réactions immédiates du public, dans l'émotion mobilisée en lui par le spectacle. Freud est à cet égard on ne peut plus net : c'est le succès constant et universel de la tragédie d'Œdipe qui prouve l'existence également universelle, dans la psyché enfantine, d'une constellation de tendances semblables à celle qui mène le héros à sa perte. Si *Œdipe-Roi* nous émeut, autant qu'il bouleversait les citoyens d'Athènes, ce n'est pas, comme on le croyait jusqu'alors, parce qu'il incarne une tragédie de la fatalité, opposant la toute-puissance divine à la pauvre volonté des hommes, c'est que le destin d'Œdipe est en quelque sorte le nôtre, que nous portons en nous la même malédiction que l'oracle a prononcée contre lui. En tuant son père, en épousant sa mère, il accomplit le désir de notre enfance que nous nous efforcions d'oublier. La tragédie est donc en tout point comparable à une psychanalyse : en levant le voile qui dissimule à Œdipe son visage de parricide, d'incestueux, elle nous révèle à nous-mêmes. La tragédie a pour matière les rêves que chacun de nous a rêvés ; son sens se fait jour, de façon éclatante, dans l'épouvante et la culpabilité qui nous submergent quand, à travers l'inexorable progression du drame, nos anciens désirs de mort du père, d'union avec la mère remontent à notre conscience qui feignait de ne les avoir jamais éprouvés.

Cette démonstration a toute l'apparente rigueur d'un raisonnement fondé sur un cercle vicieux. Comment procède-t-elle ? Une théorie élaborée à partir de cas cliniques et de rêves contemporains trouve sa « confirmation » dans un texte dramatique d'un autre âge. Mais ce texte n'est susceptible d'apporter cette confirmation que dans la mesure où il est lui-même interprété par référence à l'univers onirique des spectateurs d'aujourd'hui, tel du moins que le conçoit la théorie en question. Pour que le cercle ne fût pas vicieux, il eût fallu que l'hypothèse freudienne, au lieu de se présenter au départ comme une interprétation évidente et allant de soi, apparaisse au terme d'un minutieux travail d'analyse comme une exigence imposée par l'œuvre elle-même, une condition d'intelligibilité de son ordonnance dramatique, l'instrument d'un entier décryptage du texte.

On saisit ici sur le vif la différence de méthode et d'orientation entre la perspective freudienne d'une part, la psychologie historique de l'autre. Freud part d'un vécu intime, celui du public, qui n'est pas historiquement situé ; le sens attribué à ce vécu est alors projeté sur l'œuvre indépendamment de son contexte socio-culturel. La psychologie historique procède de façon inverse. Elle part de l'œuvre telle qu'elle nous est donnée dans la forme qui lui est propre ; elle l'étudie suivant toutes les dimensions que comporte une analyse appropriée à ce type particulier de création. S'il s'agit d'un texte tragique, comme *Œdipe-Roi*, l'analyse linguistique, thématique, dramatique, débouche à chaque niveau de l'étude sur un problème plus vaste : celui du contexte — historique, social, mental — qui donne au texte tout son poids de signification. C'est en effet par référence à ce contexte général que se dessine la problématique tragique des Grecs ; et c'est seulement dans le cadre de cette problématique (qui suppose, liés à un certain état de société, un champ idéologique défini, des modes de pensée, des formes de sensibilité collective, un type particulier d'expérience humaine) que la communication s'établit entre l'auteur et son public du Ve siècle ; c'est compte tenu de ce contexte et de ce cadre que, pour l'interprète d'aujourd'hui, toutes les valeurs signifiantes, tous les traits pertinents du texte se dégagent. Une fois achevé ce travail de décryptage du sens, on est alors en état de viser les contenus psychologiques, les réactions des spectateurs athéniens en face du drame, de définir sur eux l'« effet tragique ». C'est donc au terme de l'étude qu'on pourra reconstruire ce vécu intime qui, dans sa prétendue transparence significative, constituait chez Freud le point de départ et tout à la fois la clé du déchiffrement.

La matière de la tragédie n'est plus alors le rêve, posé comme une réalité humaine étrangère à l'histoire, mais la pensée sociale propre à la cité du Ve siècle, avec les tensions, les contradictions qui surgissent en elle quand l'avènement du droit et les institutions de la vie politique mettent en cause, sur le plan religieux et moral, les anciennes valeurs traditionnelles : celles-là mêmes qu'exaltait la légende héroïque, où la tragédie puise ses thèmes et ses personnages, non plus pour les glorifier, comme le faisait encore la poésie lyrique, mais pour les mettre en question publiquement, au nom du nouvel idéal civique, devant cette espèce d'assemblée ou de tribunal populaires que constitue un théâtre grec. Ces conflits internes de la pensée sociale, la tragédie les exprime en les transposant suivant les exigences d'un genre littéraire nouveau, ayant ses règles et sa problématique propres. Le brusque surgissement du genre tragique à la fin du VIe siècle, dans le moment même où le droit commence à élaborer la notion de responsabilité en différenciant de façon encore maladroite et hésitante le crime « volontaire » du crime « excusable », marque une étape importante dans l'histoire de l'homme intérieur : dans le cadre de la cité, l'homme commence à s'expérimenter lui-même en tant qu'agent, plus ou moins autonome par rapport aux puissances religieuses qui dominent l'univers, plus ou moins maître de ses actes, ayant plus ou moins prise sur son destin politique et personnel. Cette expérience, encore flottante et incertaine, de ce qui sera dans l'histoire psychologique de l'Occident la catégorie de la volonté, s'exprime dans la tragédie sous forme d'une interrogation angoissée concernant les rapports de l'homme à ses actes : dans quelle mesure l'homme est-il réellement la source de ses actions ? Lors même qu'il semble en prendre l'initiative et en porter la responsabilité, n'ont-elles pas ailleurs qu'en lui leur véritable origine ? Leur signification ne demeure-t-elle pas en grande partie opaque à celui-là même qui les commet, de telle sorte que c'est moins l'agent qui explique l'acte, mais plutôt l'acte qui, révélant après coup son sens authentique, revient sur l'agent, éclaire sa nature, découvre ce qu'il est, et ce qu'il a réellement accompli sans le savoir. Cette intime liaison entre un contexte social où les conflits de valeur apparaissent insolubles et une pratique humaine devenue tout entière « problématique », faute de pouvoir exactement se situer dans l'ordre religieux du monde, explique que la tragédie soit un moment historique très précisément localisé dans l'espace et le temps. On la voit naître, s'épanouir, puis disparaître à Athènes en l'espace d'un siècle. Quand Aristote écrit la *Poétique*, dans le public et chez les auteurs de théâtre, le ressort tragique déjà est brisé. On ne sent plus la nécessité d'un débat avec le passé « héroïque », d'une confrontation entre l'ancien et le nouveau. Aristote, qui élabore une théorie rationnelle de l'action en s'efforçant de distinguer plus clairement les degrés d'engagement de l'agent dans ses actes, ne sait plus ce que sont la conscience ni l'homme tragiques : ils appartiennent à une époque pour lui révolue.

Dans la perspective de Freud, ce caractère historique de la tragédie demeure entièrement incompréhensible. Si la tragédie puise sa matière dans un type de rêve qui a valeur universelle, si l'effet tragique tient à la mobilisation d'un complexe affectif que chacun de nous porte en soi, pourquoi la tragédie est-elle née dans le monde grec au tournant du VIe et du Ve siècle ? Pourquoi les autres civilisations l'ont-elles entièrement ignorée ? Pourquoi, en Grèce même, la veine tragique s'est-elle si rapidement tarie pour s'effacer devant une réflexion philosophique qui a fait disparaître, en en rendant raison, ces contradictions sur lesquelles la tragédie construisait son univers dramatique ?

Mais poussons plus loin l'analyse critique. Pour Freud, l'effet tragique est lié à la nature particulière du matériel utilisé par Sophocle dans *Œdipe-Roi*, c'est-à-dire finalement aux rêves d'union avec la mère, de meurtre du père qui, écrit-il, donnent la clé de la tragédie : « La légende d'Œdipe est la réaction de notre imagination à ces deux rêves typiques et comme ces rêves sont chez l'adulte accompagnés de sentiments de répulsion, il faut que la légende apporte l'épouvante et l'autopunition dans son contenu même. » On pourrait épiloguer sur cet *il faut* et noter par exemple que dans les versions premières du mythe il n'y a pas, dans le contenu légendaire, la plus petite trace d'autopunition puisque Œdipe meurt paisiblement installé sur le trône de Thèbes, sans s'être le moins du monde crevé les yeux. C'est précisément Sophocle qui, pour les besoins du genre, donne au mythe sa version proprement tragique — la seule que Freud, qui n'est pas mythologue, a pu connaître, la seule par conséquent dont nous discuterons ici. Pour démontrer sa thèse, Freud écrit que, quand on a voulu produire un effet tragique dans un drame du destin analogue à *Œdipe-Roi*, mais utilisant un autre matériel que les rêves œdipiens, l'échec a été total. Et il cite en exemple de mauvais drames modernes. On reste ici stupéfait. Comment Freud peut-il oublier qu'il existe bien d'autres tragédies grecques qu'*Œdipe-Roi* et que, parmi celles qui nous ont été conservées d'Eschyle, de Sophocle et d'Euripide, la quasi-totalité n'a rien à voir avec les rêves œdipiens ? Faut-il dire que ce sont de mauvaises pièces, qu'elles ne comportent pas d'effet tragique ? Si les anciens les admiraient, si le public moderne est par certaines d'entre elles bouleversé comme devant *Œdipe-Roi*, c'est que la tragédie n'est pas liée à un type particulier de rêve, que l'effet tragique ne réside pas dans une matière, même onirique, mais dans la façon de mettre cette matière en forme pour donner le sentiment des contradictions qui déchirent le monde divin, l'univers social et politique, le domaine des valeurs, et faire ainsi apparaître l'homme lui-même comme un *thaûma*, un *deinón*, une sorte de monstre incompréhensible et déroutant, à la fois agent et agi, coupable et innocent, maîtrisant toute la nature par son esprit industrieux et incapable de se gouverner, lucide et aveuglé d'un délire envoyé par les dieux. Contrairement à l'épopée et à la poésie lyrique où jamais l'homme n'est présenté en tant qu'agent, la tragédie situe d'emblée l'individu au carrefour de l'action, face à une décision qui l'engage tout entier ; mais cet inéluctable choix s'opère dans un monde de forces obscures et ambiguës, un monde divisé où « une justice lutte contre une autre justice », un dieu contre un dieu, où le droit n'est jamais fixé, mais au cours même de l'action se déplace, « tourne » et se transforme en son contraire. L'homme croit opter pour le bien ; il s'y attache de toute son âme ; et c'est le mal qu'il a choisi, se révélant, par la souillure de la faute commise, un criminel.

C'est tout ce jeu complexe de conflits, de renversements, d'ambiguïtés qu'il faut saisir à travers une série de distances ou de tensions tragiques : tensions dans le vocabulaire où les mêmes mots prennent un sens opposé dans la bouche des protagonistes qui les emploient suivant les acceptions diverses que comporte la langue religieuse, juridique, politique, commune ; tension au sein du personnage tragique qui apparaît tantôt projeté dans un lointain passé mythique, héros d'un autre âge, incarnant toute la démesure des anciens rois de la légende, tantôt vivant à l'âge même de la cité, comme un bourgeois d'Athènes au milieu de ses concitoyens ; tension à l'intérieur de chaque thème dramatique, tout acte, comme dédoublé, se déroulant sur deux plans : d'une part au niveau de la vie quotidienne des hommes, de l'autre au niveau des forces religieuses, obscurément à l'œuvre dans le monde. Pour qu'il y ait conscience tragique, il faut en effet que les plans humain et divin soient assez distincts pour s'opposer (c'est-à-dire que se soit dégagée la notion d'une nature humaine) sans cesser pourtant d'apparaître inséparables. Le sens tragique de la responsabilité surgit lorsque l'action humaine fait déjà l'objet d'une réflexion, d'un débat intérieur, mais qu'elle n'a pas encore acquis un statut assez autonome pour se suffire pleinement à elle-même. Le domaine propre de la tragédie se situe à cette zone frontière où les actes humains viennent s'articuler avec les puissances divines, où ils révèlent leur sens véritable, ignoré de ceux-là mêmes qui en ont pris l'initiative et en portent la responsabilité, en s'insérant dans un ordre qui dépasse l'homme et lui échappe. Toute tragédie joue donc nécessairement sur deux plans. Son aspect d'enquête sur l'homme, comme agent responsable, a seulement valeur de contrepoint par rapport au thème central. On se tromperait donc en braquant sur l'élément psychologique l'éclairage. Dans la scène fameuse du tapis de l'*Agamemnon*, la décision fatale du souverain tient sans nul doute à sa pauvre vanité d'homme, d'autant plus enclin à céder aux prières de sa femme qu'il lui ramène Cassandre en concubine à la maison. Mais l'essentiel n'est pas là. L'effet proprement tragique provient du rapport intime en même temps que de l'extraordinaire distance entre l'acte banal de marcher sur un tapis de pourpre, avec ses motivations trop humaines, et les forces religieuses qui se trouvent par lui inexorablement déclenchées.

C'est en respectant, dans leurs liens et dans leurs oppositions, tous ces plans de la tragédie qu'il faut aborder l'analyse de chaque œuvre tragique. Si, en revanche, on procède comme Freud par simplification et réduction successives — de toute la mythologie grecque à un schéma légendaire particulier, de toute la production tragique à une seule pièce, de cette pièce à un élément singulier de l'affabulation, de cet élément au rêve —, on pourra s'amuser aussi bien à soutenir, en substituant par exemple l'*Agamemnon* d'Eschyle à l'*Œdipe-Roi* de Sophocle, que l'effet tragique provient de ce que chaque femme ayant fait le rêve d'assassiner son époux, c'est l'angoisse de sa propre culpabilité qui, dans l'horreur du crime de Clytemnestre, se réveille et la submerge.

L'interprétation freudienne de la tragédie en général, d'*Œdipe-Roi* en particulier, n'a pas influencé les travaux des hellénistes. Ils ont continué leurs recherches comme si Freud n'avait rien dit. Aux prises avec les œuvres, ils ont eu sans doute le sentiment que Freud parlait « à côté », qu'il était resté en dehors des vraies questions, celles qu'impose le texte lui-même, dès lors qu'on vise à sa pleine et précise intelligence. Il est vrai qu'un psychanalyste pourrait, de cette méconnaissance ou de ce rejet des vues freudiennes, proposer une autre explication. Il y verrait volontiers la preuve d'un barrage psychologique, d'un refus de s'avouer le rôle du complexe œdipien dans sa vie personnelle comme dans le devenir de l'humanité. Le débat sur ce point se trouve de nouveau ouvert avec le récent article où Didier Anzieu entreprend de refaire, sur les données de 1966, le travail engagé par Freud au début du siècle[1]. Si armé des seules lumières de la psychanalyse, D. Anzieu peut s'aventurer sur le terrain de l'antiquité classique et y découvrir ce que les spécialistes continuent de n'y pas voir, n'est-ce pas la preuve qu'ils sont aveugles ou plutôt qu'ils se veulent, qu'ils se rendent aveugles par refus de reconnaître, dans la figure d'Œdipe, leur propre image ?

1. *Les Temps modernes*, octobre 1966, n° 245, p. 675-715.

Il nous faut donc examiner la valeur de cette clé universelle œdipienne dont le psychanalyste détient le secret et qui lui permettrait de déchiffrer sans autre préparation toutes les œuvres humaines. Cette clé ouvre-t-elle vraiment les portes de l'univers spirituel des Grecs ? ou en fausse-t-elle les serrures ?

De la longue étude d'Anzieu nous ne retiendrons ici que deux aspects, essentiels pour son propos, suffisants pour l'objet de la discussion présente. En une première étape, Anzieu relisant d'un trait toute la mythologie grecque croit pouvoir y découvrir presque à chaque page la fantasmatique œdipienne. S'il a raison, nous aurions donc eu tort de reprocher à Freud d'avoir privilégié un schème légendaire particulier — celui d'Œdipe — en ignorant les autres. Selon Anzieu, presque tous les mythes grecs reproduiraient sous forme d'infinies variantes le thème d'union incestueuse avec la mère, de meurtre du père. Œdipe ne ferait donc qu'accomplir la mythologie en formulant en langage clair ce qu'elle exprimait depuis toujours de façon plus ou moins partielle, camouflée, transposée.

Mais dans cette mythologie telle qu'Anzieu la présente : retouchée, coulée de force dans le moule œdipien — l'helléniste ne reconnaît plus les légendes qui lui sont familières. Elles ont perdu leur visage, leurs traits pertinents, leur caractère distinctif, leur domaine spécifique d'application. Un des savants qui les a le plus assidûment pratiquées pouvait poser comme règle de méthode qu'on ne trouve jamais deux mythes dont le sens est exactement le même. Si tous au contraire se répètent, si la synonymie est la loi du genre, la mythologie ne peut plus constituer, dans sa diversité, un système significatif. Impuissante à dire autre chose qu'Œdipe, encore et toujours Œdipe, elle ne veut plus rien dire.

Mais voyons par quels proédés le psychanalyste contraint la matière légendaire à se plier aux exigences du modèle qu'avant même d'en aborder l'étude il portait en lui comme un mage possède la vérité. Commençons avec Anzieu par le début : le mythe des origines, raconté par Hésiode dans la *Théogonie*. Les hellénistes ont rattaché le texte du poète béotien à une longue tradition de théogonies orientales. Ils ont montré aussi ce qu'Hésiode apportait de nouveau, comment il préparait, dans sa conception d'ensemble, dans les détails de son récit, dans son vocabulaire même, la problématique philosophique ultérieure : non plus seulement ce qui a été à l'origine, comment l'ordre a progressivement émergé du chaos mais, sous une forme encore non conceptualisée, les rapports de l'un et du multiple, de l'indéterminé et du défini, le conflit et l'union des opposés, leur mélange et équilibre éventuels, le contraste entre la permanence de l'ordre divin et la fugacité de la vie terrestre. Tel est le terrain sur lequel le mythe s'enracine et où il faut le situer pour le comprendre. Des auteurs orientés de façon aussi diverse que Cornford, Vlastos, Fraenkel, se sont rencontrés dans leurs commentaires pour explorer ces plans de signification. Mais il est vrai que si on isole de son contexte la légende de la mutilation d'Ouranos et si on la réduit à un pur schéma — c'est-à-dire si, au lieu de la lire dans Hésiode, on la lit dans un abrégé de mythologie à l'usage du grand public — on peut être tenté de dire, avec Anzieu, que la mère (= Gaia, la terre) réalisant deux fois l'inceste avec ses fils (avec Ouranos d'abord, puis indirectement avec Kronos), Kronos d'autre part châtrant son père pour le chasser de la couche maternelle, le récit a « un caractère proto-œdipien éclatant ». Voyons cependant les choses de plus près. A l'origine du monde, il y a *Cháos*, vide indifférencié, béance sans fond, sans direction, ou rien n'arrête l'errance d'un corps qui tombe. S'opposant à Cháos, Gaia : la stabilité. Dès que Gaia apparaît, quelque chose a pris forme ; l'espace a trouvé un début d'orientation. Gaia n'est pas seulement la stable ; elle est la Mère universelle, qui engendre tout ce qui existe, tout ce qui a forme. Gaia commence par créer à partir d'elle-même, sans le secours d'*Érōs*, c'est-à-dire en dehors de toute union sexuelle, son contraire masculin : Ouranos, le ciel mâle. Avec Ouranos, issu directement d'elle, Gaia s'accouple, cette fois au sens propre, pour produire une lignée d'enfants qui, mélange des deux principes opposés, ont déjà une individualité, une figure précise, mais restent cependant encore des êtres primordiaux, des puissances cosmiques. En effet, l'union du ciel et de la terre, ces deux opposés issus l'un de l'autre, se fait de façon désordonnée, sans règle, dans une quasi-confusion des deux principes contraires. Le ciel gît encore sur la terre, il la couvre toute ; et leur progéniture — faute de distanciation entre leurs deux parents cosmiques — ne peut se développer au jour. Le enfants restent ainsi « cachés » au lieu de révéler leur forme propre. C'est alors que Gaia s'irrite contre Ouranos ; elle invite un de ses fils, Kronos, à guetter son père et à le mutiler tandis qu'il s'épand sur elle dans la nuit. Kronos obéit à sa mère. Le grand Ouranos, châtré d'un coup de serpe, se retire de dessus Gaia en maudissant ses fils. Terre et ciel sont alors séparés, chacun demeurant immobile à la place qui lui revient. Entre eux s'ouvre le grand espace vide où la succession de *Jour* et *Nuit* révèle et masque alternativement toutes les formes. Terre et Ciel ne s'uniront plus dans une permanente confusion analogue à celle qui régnait, avant l'apparition de Gaia, quand il n'existait dans le monde que *Cháos*. Désormais c'est une fois l'an, au début de l'automne, que le ciel fécondera la terre de sa pluvieuse semence, que la terre enfantera la vie de la végétation, et que les hommes devront célébrer la hiérogamie des deux puissances cosmiques, leur union à *distance* dans un monde ouvert et ordonné où les contraires s'unissent mais en restant distincts l'un de l'autre. Cependant cette déchirure dans laquelle l'être va pouvoir s'inscrire a été obtenue au prix d'un forfait qu'il faudra payer. Désormais, point d'accord sans lutte ; dans le tissu de l'existence on ne pourra plus isoler les forces de conflit et celles de l'union. Les bourses sanglantes d'Ouranos sont en effet tombées en partie sur la terre, en partie dans l'eau ; elles ont donné naissance, sur terre, aux Erinnyes, aux Nymphes Méliennes et aux Géants, c'est-à-dire à toutes les puissances de « vengeance du sang » et de guerre, qui président à la lutte et à l'affrontement ; dans la mer elles ont donné naissance à Aphrodite, qui préside à l'union sexuelle et au mariage, aux forces de l'accord et de l'harmonie. La séparation du ciel et de la terre inaugure un univers où les êtres s'engendrent par union des contraires, un monde réglé par la loi de complémentarité entre des opposés, qui tout à la fois s'affrontent et s'accordent.

Ce simple rappel, un peu plus précis, des éléments signifiants du mythe, fait apparaître déjà plus incertain le rapprochement avec Œdipe. Gaia, nous dit-on, commet directement l'inceste avec son fils Ouranos. Mais Ouranos est son fils de façon très particulière, puisqu'elle l'a engendré sans union sexuelle, sans père, qu'elle le tire d'elle-même comme son double et tout à la fois son contraire. Il n'y a donc pas une situation œdipienne triangulaire — la mère, le père, le fils —, mais un schème de duplication à partir de l'un. Dans le cas de Kronos, il est vrai qu'il s'agit bien du fils de Gaia, au sens propre. Mais précisément Gaia ne s'unit pas du tout avec Kronos. Kronos ne prend pas la place de son père dans le lit maternel, il épouse *Rhéa*. Gaia provoque Kronos non à tuer son père, mais à le châtrer, c'est-à-dire à le reléguer immobile à sa place de ciel cosmique pour laisser le monde croître dans l'espace ainsi creusé et la diversité des êtres s'engendrer suivant un ordre régulier de naissance, succédant à la confusion sexuelle.

Ce premier « coup de pouce » opéré sur le mythe des origines, le psychanalyste peut donner libre cours à sa fantaisie. Ouranos a été castré, nous est-il dit, « comme le vieux de la horde primitive, dont Freud a forgé le mythe dans *Totem et Tabou*, aurait été *réellement* tué et dévoré par ses fils ». Au vrai, on ne trouve dans les mythes grecs aucun autre dieu, aucun autre héros émasculé par ses fils, ni même émasculé du tout. Qu'importe ! « Des substituts symboliques de la castration sont repérables : jeter d'en haut, couper, crever, prendre la place et le pouvoir. » Davantage, la dévoration des enfants par le père ou par les bêtes sauvages auxquelles il les a exposés constituerait une « forme première et radicale de la castration ». Ainsi les mythes de succession, de lutte pour la souveraineté — dont G. Dumézil a marqué les significations dans le monde indo-européen —, les légendes héroïques d'exposition, les divers thèmes de chute ou de précipitation, d'avalement et d'enveloppement — tout vient se télescoper et se confondre en une universelle castration (du père par le fils, ou inversement).

Prenons le cas d'Héphaïstos, personnage dont Anzieu affirme qu'il est « doté du complexe d'Œdipe ». Pourquoi ? « Il répond aux désirs de la mère d'être son phallus et d'évincer le père ; il prend le parti de celle-ci ; il est châtié par celui-là, châtiment qui est un substitut symbolique de la castration. » Anzieu ajoute à ce dossier encore un trait : le désir d'Héphaïstos se porte d'abord sur un substitut maternel, à savoir Aphrodite. Qu'en est-il en réalité ? Dans certaines versions, Héphaïstos a été conçu sans père, par Héra seule, qui voulait ainsi faire payer à Zeus la naissance d'Athéna conçue et enfantée en dehors d'elle, ou se venger de ses fredaines. Mais rien ne nous permet de supposer chez la déesse un désir de phallus ni la volonté d'installer son fils à la place de Zeus. La boiterie d'Héphaïstos signifie-t-elle la castration ? Il s'agit moins d'une boiterie que d'une divergence dans la direction des pieds, une démarche à double sens, en avant et en arrière, liée à ses pouvoirs de magicien. Zeus précipite en effet Héphaïstos du haut du ciel : vengeance du père menacé par le fils amoureux de sa mère ? Mais dans d'autres versions, c'est Héra qui lance, de dépit, sa progéniture sur la terre. Enfin ce n'est pas tant pour Aphrodite que flambe le désir d'Héphaïstos, que pour Cháris ; et on a pu montrer les liens de cette puissance de « charme » qu'incarne *Cháris* avec les prestiges magiques dont dispose Héphaïstos pour animer les ouvrages de son art et donner la vie à la matière morte. Mais acceptons les versions où Aphrodite est l'épouse du divin forgeron. En quoi jouerait-elle spécialement le rôle d'un substitut de la mère ? A moins de se vouer à la pédérastie, il fallait bien qu'Héphaïstos s'unisse à une divinité fémimine ; quelle qu'ait pu être cette déesse, le thème du substitut maternel ne s'en trouverait ni plus ni moins vrai, c'est-à-dire également faux. Héphaistos poursuit d'autre part Athéna. On crie de nouveau à l'inceste. Mais les dieux formant, sur l'Olympe, une seule et même famille, ils n'ont guère le choix qu'entre la mésalliance et l'endogamie. Au reste, dans le cas présent, Athéna n'est pas la sœur d'Héphaïstos. Elle est la fille de Zeus et de Métis. Héphaïstos est l'enfant d'Héra. Toujours est-il qu'Héphaïstos échoue dans ses entreprises de séduction. Athéna, on le sait, reste vierge. Elle réaliserait ainsi, nous dit-on, « le désir inconscient de Zeus à son égard ». Le père veut garder sa fille pour lui seul « comme objet imaginaire de son désir ». Cette explication n'est pas seulement toute gratuite. Elle n'explique rien. De toutes les divinités féminines, il n'en est que trois à demeurer vierges : Athéna, Artémis, Hestia. Pourquoi celles-là, non les autres ? Il faut donc expliquer cette virginité comme trait différentiel par rapport aux déesses qui, bien que filles elles aussi de leur père, ne s'en marient pas moins très normalement. Nous avons, dans une étude antérieure, tenté cette analyse en ce qui concerne Hestia.* Dans le cas d'Athéna, sa virginité ne tient pas à un prétendu désir inconscient de Zeus, mais à son statut de divinité guerrière : dans les rites d'adolescence, mariage et guerre apparaissent comme deux institutions complémentaires ; le mariage est à la fille ce que la guerre est au garçon ; il marque, pour la fillette au sortir de l'enfance, l'accomplissement normal de son sexe, l'accès à la pleine féminité. C'est pourquoi une fille qui se voue à la guerre — qu'il s'agisse d'une Amazone ou de la déesse Athéna — doit rester fixée dans son statut de *parthénos*, c'est-à-dire refuser cette bifurcation vers la pleine féminité que représente le mariage pour toute adolescente franchissant le seuil de la puberté.

Un autre procédé permettant d'« œdipiser » les thèmes légendaires les plus divers consiste à baptiser inceste des unions que les Grecs considéraient comme parfaitement légitimes et qui n'avaient donc aucun caractère incestueux. Le mariage d'une fille avec l'oncle ou les cousins paternels est ainsi régulièrement interprété comme un « substitut » d'inceste avec le père. Mais, dans le contexte de la civilisation antique, cette substitution est absolument impossible. Car si l'union avec le père constitue pour les Grecs un crime et une souillure abominables, le mariage avec l'oncle ou les cousins paternels est, dans certains cas comme celui

* *Mythe et pensée chez les Grecs*, 4e éd., Paris, 1971, t. I, p. 124-170.

de la fille épiclère, sinon obligatoire, du moins préférentiel. De quel droit mettre le signe égal entre deux types d'union dont l'un est formellement interdit, l'autre recommandé et qui s'opposent donc terme à terme sur ce plan précisément de l'inceste où on prétend les assimiler l'un à l'autre ?

L'identification des attachements familiaux à des désirs incestueux n'est pas moins arbitraire. Pour les Grecs, les liens familiaux définissent un domaine des rapports humains où sentiments personnels et attitudes religieuses sont indissociables. L'affection réciproque entre parents et enfants d'une part, frères et sœurs de l'autre, représente le modèle de ce que les Grecs nomment *philia*. Le mot *phílos*, qui a valeur de possessif et correspond au latin *suus*, désigne d'abord ce qui est sien, c'est-à-dire pour le parent son proche parent. Aristote, à plusieurs reprises et à propos en particulier de la tragédie, indique que cette *philia* repose sur une sorte d'identité entre tous les membres de la famille restreinte. Chaque parent est pour son parent un *alter ego*, un soi-même dédoublé ou multiplié. En ce sens la *philía* s'oppose à l'*érōs*, au désir amoureux, qui porte sur un « autre » que soi, autre par le sexe, autre par l'appartenance familiale. Pour les Grecs, fidèles sur ce point à la tradition hésiodique, le commerce sexuel unit des opposés, non des semblables. Identifier *a priori* — sans indication spéciale dans le texte — attachement familial et désir incestueux, c'est donc confondre deux types de sentiments que les Grecs ont très soigneusement distingués et même opposés. Ce contresens, comme on peut s'y attendre, ne favorise guère l'intelligence des œuvres anciennes. Prenons un exemple dans cette lignée des Labdacides à laquelle se rattache précisément Œdipe. Selon Anzieu, les filles d'Œdipe sont incestueuses comme leur père : « Elles rêvent de devenir ses compagnes. » Si par « compagnes » on entend qu'elles assistent et soutiennent leur père dans le malheur conformément à leur devoir filial, ce n'est pas un rêve, mais la réalité même. Si par « compagnes » on veut dire qu'elles désirent s'unir à Œdipe, c'est Anzieu qui rêve. Qu'on relise tous les Tragiques, qu'on épluche *Œdipe à Colone*, on ne trouvera rien qui justifie cette interprétation. Anzieu ajoute : « La vierge Antigone, malgré l'ordre formel de Créon, rend les devoirs funèbres à son frère maudit Polynice, celui qui attaque sa patrie. L'attachement incestueux pour le frère est le déplacement de l'attachement incestueux pour le père. » Ici nous ne nous heurtons plus au silence des textes ; ils parlent, et très clairement. Après la mort d'Œdipe et de ses deux fils, il n'existe plus de descendance mâle susceptible de perpétuer ici-bas la famille des Labdacides. En répandant la poussière sur le cadavre de Polynice, Antigone ne cède pas à une affection incestueuse pour celui de ses frères qu'on lui interdit d'enterrer ; elle proclame l'égalité du devoir religieux qui s'impose à l'égard de tous ses frères défunts, quelle qu'ait pu être leur vie. Pour Antigone, dont tous les *phíloi* sont descendus chez Hadès, la fidélité à la *philía* familiale passe par la fidélité au culte des morts qui seul peut perpétuer désormais l'être religieux du *génos*. Que cette attitude la condamne à mort ne fait que renforcer la résolution de la jeune fille. Ce qu'elle affirme, c'est que, dans sa situation, le domaine de la *philía* familiale et celui de la mort coïncident pour former un univers à part, fermé sur lui-même, ayant ses lois propres, sa propre *Díkē* infernale, différente de celle de Créon, des hommes, des cités, différente aussi peut-être de cette autre *Díkē* qui siège dans le ciel à côté de Zeus. Ne pas renier la *philía* signifie donc pour Antigone, suivant la formule de Créon, ne vouloir honorer aucun autre dieu qu'Hadès. C'est pourquoi, au terme de la tragédie, la jeune fille apparaît elle aussi condamnée. Non seulement en raison de ce que son caractère comporte d'entier, d'intraitable, de « non cuit » ; mais plus encore parce qu'enfermée dans la *philía* et dans la mort, elle méconnaît tout ce qui, dans l'univers, déborde ces domaines, en particulier ce qui relève de la vie et de l'amour. Les deux divinités qui sont invoquées par le chœur, Dionysos et Éros, ne condamnent pas seulement Créon. Rangés dans le camp d'Antigone en tant que dieux nocturnes, mystérieux, proches des femmes et étrangers au politique, ils se retournent contre la jeune fille parce qu'ils expriment, jusque dans leurs liens avec la mort, les puissances de vie et de renouvellement. Antigone n'a pas voulu entendre l'appel à se détacher des « siens » et de la *philía* pour s'ouvrir à l'autre, reconnaître Érōs et, dans l'union avec un « étranger », transmettre à son tour la vie. L'opposition *philía-érōs*, attachement familial — désir sexuel, tient donc une place majeure dans l'architecture du drame. En les confondant sous prétexte de « substitut », on ne rend pas le texte plus clair ; on détruit la pièce.

Mais venons-en au second aspect que nous avons voulu retenir de l'article d'Anzieu ; il concerne Œdipe en personne. Pour la clarté du débat, délimitons nettement le problème. Nous n'envisageons pas ici la mythologie œdipienne dans son ensemble, c'est-à-dire toutes les versions légendaires dont l'étude relève de l'histoire des religions. Nous ne traitons que de l'Œdipe d'*Œdipe-Roi*, tel que Sophocle l'a dessiné comme personnage tragique. L'interprétation psychanalytique est-elle, dans ce cas, pertinente ? Nous avons tout à l'heure manifesté le plus grand scepticisme à l'égard d'un Héphaïstos doté d'un complexe d'Œdipe. Mais Œdipe lui-même est-il intelligible dans son caractère, son *êthos*, sans le complexe qui porte son nom, et l'action tragique, le *drâma*, a-t-elle un sens si on ne reconnaît pas, avec Anzieu, que l'oracle révélant au fils de Laïos son destin de parricide et d'incestueux n'est rien d'autre que « la formulation du fantasme dont il est inconscient et qui détermine son agir » ?

Voyons comment Anzieu, guidé par ce fil d'Ariane, explore l'itinéraire d'Œdipe. « Le premier acte se joue sur la route de Delphes à Thèbes. Œdipe revient de consulter l'oracle qui lui a révélé son destin parricide et incestueux ; il a décidé de ne plus revenir à Corinthe pour échapper à ce destin (singulière méprise, s'il sait que ce sont là ses parents adoptifs ; c'est au contraire en retournant près d'eux qu'il n'aurait rien à craindre ; de même, si Œdipe avait décidé d'épouser une jeune fille, il se mettait à l'abri d'une union incestueuse avec sa mère). Au contraire, en partant à l'aventure (en s'abandonnant aux associations libres) Œdipe va réaliser son destin (c'est-à-dire son fantasme). » Ainsi tout semble commander à Œdipe, s'il veut éviter la prédiction, de revenir à Corinthe où il ne risque rien. Sa « singulière méprise » est un acte symptomatique révélant qu'il obéit inconsciemment à son désir d'inceste et de parricide. Mais pour que cette lecture soit fondée, il faut admettre avec Anzieu qu'Œdipe sait pertinemment que Mérope et Polybe, souverains de Corinthe qui l'ont élevé comme leur fils, ne sont pas sa mère ni son père, mais de simples parents adoptifs. Or tout au long de la pièce, jusqu'à ce que la vérité éclate, Œdipe apparaît persuadé du contraire. Ce n'est pas une fois, c'est à bien des reprises qu'Œdipe s'affirme sans le moindre doute fils de Mérope et de Polybe[2]. Loin d'avoir quitté Corinthe malgré la sécurité que ce séjour lui assurait, c'est au contraire pour tenter d'échapper à son destin qu'Œdipe a fui la ville où il croyait qu'habitaient ses parents : « Loxias a dit un jour qu'il fallait que je m'unisse à ma propre mère et que je verse de mes mains le sang paternel. Voilà pourquoi depuis longtemps

2. En 774-5 ; 824-7 ; 966-7 ; 985-5 ; 990 ; 995 ; 1001 ; 1015 ; 1017 ; 1021.

j'habite loin de Corinthe. J'ai eu raison. Pourtant c'est douce chose de voir le visage de ceux qui nous ont enfantés.[3] »

Sur quoi se fonde Anzieu pour faire ainsi dire au texte le contraire de ce qu'il énonce si clairement ? A s'en tenir à la lettre de son étude, on ne trouverait pas de réponse à cette question. Mais, en se faisant l'avocat du diable, on pourrait arguer d'un passage qui, interprété en termes de psychologie des profondeurs, viendrait étayer sa thèse et mettre en question la sincérité des affirmations d'Œdipe quant à son origine. Il s'agit des vers 774-793. Œdipe explique à Jocaste que son père est Polybe de Corinthe, sa mère Mérope, une Dorienne. On le considérait dans sa ville comme le premier des citoyens, l'héritier du trône occupé par son père. Un jour cependant, au cours d'un festin, un ivrogne l'insulte en l'appelant « fils supposé ». Indigné, Œdipe va trouver ses parents qui donnent libre cours à leur colère contre l'auteur de cet outrage. Cette colère est douce à Œdipe, mais le mot continue à le tourmenter. A l'insu de Polybe et Mérope, il se rend à Delphes pour interroger l'oracle sur son origine. Au lieu de répondre à sa question, l'oracle lui annonce qu'il couchera avec sa mère et tuera son père. C'est alors qu'Œdipe décide de quitter Corinthe.

Pourquoi, dira-t-on, Sophocle a-t-il introduit cet épisode ? N'est-ce pas pour suggérer qu'au fond de lui Œdipe sait déjà que ses parents ne sont pas ceux qui passent pour tels, mais qu'il refuse de se l'avouer pour mieux céder à son fantasme d'inceste et de parricide ? Il nous semble au contraire que les raisons de Sophocle sont étrangères à la psychologie des profondeurs. Elles répondent à d'autres ordres de nécessité. Esthétique d'abord. La découverte de la véritable origine d'Œdipe ne saurait apparaître comme une révélation soudaine et inattendue, un retournement imprévisible de la situation. Elle doit être préparée psychologiquement et dramatiquement. L'allusion d'Œdipe à cet incident de sa jeunesse, première fissure dans l'édifice de sa prétendue généalogie, est un élément indispensable de cette préparation.

Nécessité religieuse ensuite. Dans la tragédie, l'oracle est toujours énigmatique, jamais mensonger. Il ne trompe pas, il donne à l'homme l'occasion d'errer. Si le dieu de Delphes avait fait à Œdipe sa prédiction sans que celui-ci ait la moindre raison de s'interroger sur son origine, il serait coupable de l'avoir délibérément abusé ; il l'aurait lui-même chassé de Corinthe, jeté

3. 997 et s., et déjà 769 et s.

sur la route de Thèbes vers l'inceste et le meurtre. Mais à l'interrogation d'Œdipe : Polybe et Mérope sont-ils mes parents ? — Apollon ne répond rien. Il avance seulement une prédiction : tu coucheras avec ta mère, tu tueras ton père — et cette prédiction, dans son horreur, laisse ouverte la question posée. C'est donc Œdipe qui commet la faute de ne pas s'inquiéter du silence du dieu et d'interpréter sa parole comme si elle apportait la réponse au problème de son origine. Cette erreur d'Œdipe tient à deux traits de son caractère : trop sûr de lui, trop confiant dans sa *gnṓmē*, son jugement[4], il n'est pas porté à mettre en doute son interprétation des faits[5] ; d'un naturel orgueilleux, il se veut toujours et partout le maître, le premier[6]. Ici apparaissent les raisons d'ordre plus proprement psychologique auxquelles Sophocle a obéi. Œdipe se définit, avec une altière assurance : celui qui déchiffre les énigmes. Et tout le drame est d'une certaine façon une énigme policière qu'Œdipe se doit de débrouiller. Qui a tué Laïos ? L'enquêteur se découvrira lui-même l'assassin. Mais il est d'autant plus obstiné à poursuivre l'enquête que ses soupçons se sont dès le départ portés sur son beau-frère, ce Créon qu'il considère comme un rival, jaloux de son pouvoir et de sa popularité.

Projetant sur Créon son propre désir de puissance, il se persuade d'un même mouvement qu'animé par le *phthónos*, l'envie à l'égard des grands, son beau-frère cherche à prendre sa place sur le trône de Thèbes et qu'il a pu, dans le passé, guider la main des meurtriers de l'ancien roi. C'est cette *húbris* propre au tyran — pour l'appeler comme le chœur[7] — qui cause la perte d'Œdipe et constitue un des ressorts de la tragédie. Car l'enquête, par-delà le meurtre de Laïos, vise un autre objet : c'est Œdipe qu'elle met en question. Œdipe le clairvoyant, le déchiffreur d'énigmes, mais qui est pour lui-même cette énigme qu'en son aveuglement de roi il est incapable de déchiffrer. Œdipe est « double » comme la parole de l'oracle : roi « sauveur » qu'au début de la pièce tout un peuple implore comme s'il s'adressait à un dieu tenant dans ses mains le destin de sa cité ; mais aussi souillure abominable, monstre d'impureté, concentrant sur soi tout le mal, tout le sacrilège du monde, et qu'il faut chasser comme un *pharmakós*, un bouc émissaire, pour que la cité, redevenue pure, soit sauvée.

4. Cf. 398.
5. Cf. 642.
6. Cf. 1522.
7. 872.

Installé dans son personnage de roi divin, convaincu que les dieux l'inspirent et que la *Túchē* veille à ses côtés, comment Œdipe pourrait-il soupçonner que, demeurant le même, il sera aussi cette ignominie dont chacun va se détourner ? Il lui faudra au prix de ses yeux payer la clairvoyance ; par la souffrance il comprendra qu'au regard des dieux, celui qui s'élève au plus haut est aussi le plus bas[8]. Assagi par l'épreuve il gravira, dans *Œdipe à Colone*, le chemin inverse : à l'extrême pointe du malheur et du dénuement, l'excès même de sa souillure le qualifiera comme héros tutélaire d'Athènes. Mais dans *Œdipe-Roi*, toute la route reste encore à faire. Œdipe ne connaît pas cette part d'ombre qu'il porte en lui comme le sinistre reflet de sa gloire. C'est pourquoi il ne peut « entendre » le silence ambigu de l'oracle. Car la question qu'il pose au dieu de Delphes n'est rien d'autre que cette énigme même qu'il est incapable de déchiffrer : qui suis-je ? « Fils de Polybe et de Mérope » signifie, dans l'esprit d'Œdipe, fils de roi, né pour un grand destin. Et si le mot « fils supposé » le blesse plus qu'il n'est raisonnable, le tourmente comme une injure, c'est que, par-dessus tout, il craint une basse naissance, un sang dont il devrait rougir. L'oracle, qui lui apporte une horrible menace, le rassure au moins sur ce point. Aussi quitte-t-il Corinthe sans plus se demander si cette « terre natale » où le dieu lui interdit de porter ses pas est bien la cité où règnent ceux qui s'affirment ses parents. Quand, au cours du drame, un messager de Corinthe lui apprendra qu'il est un enfant trouvé, sa réaction sera la même. Jocaste, qui a désormais tout compris, l'implore d'en rester là et de ne pas pousser l'enquête plus avant. Il refuse. La reine atterrée se retire et lui adresse ces derniers mots : « Malheureux, puisses-tu ne jamais savoir *qui tu es* ! » Qui est Œdipe ? C'est la question même qu'il a posée à l'oracle, l'énigme sur laquelle, tout au long de la pièce, il ne cesse de buter. Mais cette fois encore, comme à Delphes, Œdipe se méprend sur le sens véritable de la formule. Et sa « méprise » n'a rien à voir avec la psychologie des profondeurs. Il croit que Jocaste lui déconseille cette enquête parce qu'elle risque de révéler sa basse extraction et de faire apparaître son mariage de reine comme une mésalliance avec un vilain, le fils d'un esclave. « Elle, laissez-la s'enorgueillir de son opulente famille (...) Fière comme une femme, elle rougit sans doute de ma basse naissance. » Mais cet « être » d'Œdipe que Jocaste vient de découvrir et qui la glace

8. Cf. 873-78 ; 1195 et s. ; 1524 et s.

de terreur, n'est pas la servitude ou la roture de son époux, ni la trop grande distance qui risque désormais de les séparer, mais tout au contraire sa haute lignée, ce sang royal qui, coulant identique dans leurs veines à l'un et l'autre, les rapproche de trop près, fait de leur mariage non une mésalliance mais un inceste et transforme Œdipe en une vivante souillure.

Pourquoi Anzieu est-il ainsi dès le départ conduit à fausser le sens du drame en supposant, contre l'évidence du texte, qu'Œdipe sait bien que ses parents ne sont pas ceux qui passent pour tels ? Cette « méprise » n'est pas le fait du hasard. Elle est une absolue nécessité pour l'interprétation psychanalytique. En effet, si le drame repose sur l'ignorance d'Œdipe quant à sa véritable origine, s'il se croit réellement, comme il l'affirme à tant de reprises, le fils aimant et chéri des souverains de Corinthe, il est clair que le héros d'*Œdipe-Roi* n'a pas le moindre complexe d'Œdipe. A sa naissance, Œdipe a été confié à un berger avec mission de le faire périr sur le Cithéron. Remis entre les mains de Mérope et de Polybe, qui n'ont pas d'enfant, il est élevé, traité, choyé par eux comme leur propre fils. Dans la vie affective d'Œdipe, le personnage maternel ne peut donc être que Mérope, et non cette Jocaste qu'il n'avait jamais vue avant son arrivée à Thèbes, qui n'est en rien pour lui une mère et qu'il épouse, non par inclination personnelle, mais parce qu'elle lui a été donnée sans qu'il la demande, comme ce pouvoir royal qu'il a gagné en devinant l'énigme du Sphinx, mais qu'il ne pouvait occuper qu'en partageant le lit de la reine en titre[9]. « Un point est assuré, écrit Anzieu, c'est qu'Œdipe dans le lit maternel connaît le bonheur : il a retrouvé par la re-possession de la mère le premier bonheur perdu, lorsqu'il fut tôt séparé d'elle et exposé sur le Cithéron. » Si Œdipe a trouvé, à côté de Jocaste, le bonheur, c'est que psychologiquement cette couche n'est pas pour lui le lit maternel, ce λέκτρον μητρός dont il parle au vers 976 pour désigner la couche de Mérope ; quand elle le deviendra, ce sera pour Jocaste et pour lui le signe même de leur malheur. L'union conjugale, que les Thébains lui offrent avec leur reine, ne peut signifier pour Œdipe une repossession de la mère, car Jocaste est pour lui une étrangère, une *xénē*, puisqu'il se croit lui-même à Thèbes,

9. Cf. 383-4.

selon la formule de Tirésias, un étranger domicilié, *xénos métoikos*[10]. Et la séparation d'avec la « mère » ne s'est pas produite pour lui à sa naissance, sur le Cithéron, mais le jour où il a dû quitter, en même temps que Corinthe, « le doux visage de ses parents[11] ». Dira-t-on que Jocaste est un « substitut » de Mérope et qu'Œdipe vit ses relations conjugales avec la reine de Thèbes *sur le mode* d'une union avec sa mère ? Tout s'inscrit en faux contre cette interprétation. Si Sophocle l'avait voulu, il lui était facile de la suggérer. Il a au contraire effacé tout ce qui pouvait, avant la révélation finale, évoquer dans les rapports personnels entre le mari et la femme, les liens d'un fils à sa mère. Jocaste est restée longtemps sans enfant ; elle a eu Œdipe tard. Elle est donc bien plus vieille que son fils. Mais rien dans la tragédie ne laisse supposer cette différence d'âge entre ceux qui sont devenus épouse et époux. Si Sophocle a effacé ce trait, ce n'est pas seulement qu'il aurait paru étrange aux yeux des Grecs (la femme étant toujours beaucoup plus jeune que son mari) mais parce qu'il aurait suggéré, dans les rapports du couple, sinon une infériorité d'Œdipe, du moins, de la part de Jocaste, une attitude « maternelle » qui ne cadrait pas avec le caractère dominateur, autoritaire et tyrannique du héros[12]. Des relations du type œdipien, au sens moderne du terme, entre Œdipe et Jocaste auraient été directement contre l'intention tragique de la pièce, centrée sur le thème du pouvoir absolu d'Œdipe et de *l'húbris* qui nécessairement en découle.

Au terme de son analyse de la tragédie, Anzieu propose, pour parfaire son interprétation, d'attribuer à son tour à Créon un attachement incestueux pour sa sœur Jocaste. Par-delà le trône, ce serait la même femme que se disputeraient les deux beaux-frères. « L'attachement incestueux entre Créon et Jocaste, la jalousie d'Œdipe envers le frère de sa femme et de sa mère est une hypothèse nécessaire pour achever de rendre compréhensible

10. 452.

11. 999.

12. Dans la *Psychopathologie de la vie quotidienne* (Petite Bibliothèque Payot, p. 191), Freud écrit : « Le fait assez bizarre que la légende grecque ne tient aucun compte de l'âge de Jocaste me semblait s'accorder très bien avec ma propre conclusion que dans l'amour que la mère inspire à son fils, il s'agit, non de la personne actuelle de la mère, mais de l'image que le fils a conservée d'elle et qui date de ses propres années d'enfance. » Mais précisément Œdipe ne pouvait, de ses années d'enfance, conserver *aucune* image de Jocaste.

le drame d'Œdipe. » L'hypothèse est nécessaire, sans aucun doute, non pour comprendre le drame mais pour le faire rentrer dans le cadre d'une interprétation préétablie. Il n'y a pas la moindre trace d'un attachement incestueux entre le frère et la sœur. Œdipe n'est pas jaloux de leur mutuelle affection ; s'il l'était, l'intervention de Jocaste en faveur de Créon serait inefficace : elle ne ferait qu'augmenter la fureur du jaloux. Œdipe est seulement convaincu que Créon est jaloux de lui — non au sens érotique du terme — mais au sens social que désigne le mot grec employé : *phthónos*, qui signifie l'envie à l'égard de celui qui est plus riche, plus puissant, plus avisé[13]. La rivalité entre les deux hommes — ou plutôt ce fantôme de rivalité que se forge l'esprit soupçonneux du tyran, car Créon n'est pas en réalité son rival : il ne désire aucune autre puissance que celle dont il dispose déjà de par son statut familial —, cette rivalité se situe tout entière sur le terrain d'une compétition pour le pouvoir[14]. Aux yeux d'Œdipe, Créon ne peut supporter sa victoire sur le Sphinx, sa popularité[15], sa souveraineté. Il le suspecte d'avoir dès le premier jour comploté contre lui[16] ; il lui reproche de vouloir maintenant attenter à sa vie et lui voler ouvertement le pouvoir. Convaincu que Créon cherche à l'abattre parce qu'il détient la royauté, il le soupçonne du même coup, dès l'ouverture de la pièce, en termes de moins en moins voilés, d'avoir été le véritable instigateur du meurtre de Laïos[17]. Ici encore, une vision « œdipienne » des personnages et de leurs rapports ne saurait éclairer le texte ; elle le fausse.

Il y a cependant dans *Œdipe-Roi* une réplique, que Freud déjà a notée, et qui a été souvent invoquée à l'appui de l'interprétation psychanalytique. A Œdipe qui s'inquiète devant elle de l'oracle, Jocaste réplique que « bien des gens déjà dans leurs rêves ont partagé la couche maternelle », et qu'il n'y a pas de quoi s'effrayer. Le débat entre le roi et la reine porte sur le crédit qu'il convient d'apporter aux oracles. Celui de Delphes a prédit à Œdipe qu'il partagerait le lit de sa mère. Y a-t-il lieu vraiment d'en être troublé ? Les rêves ont également, pour les Grecs, valeur oraculaire. Œdipe n'est donc pas le seul à avoir reçu ce « signe » des dieux. Or, selon Jocaste, ou bien ce signe ne veut

---

13. Cf. 380-1.
14. Cf. 382 ; 399 ; 535 ; 541 ; 618 ; 642 ; 658-9 ; 701.
15. Cf. 495 et 541.
16. Cf. 385.
17. Cf. 73 et s. ; 124-5 ; 288-9 ; 401-2.

rien dire que les hommes soient capables à l'avance d'interpréter[18] et il ne faut donc pas lui accorder trop d'importance, ou s'il annonce quelque chose, ce serait plutôt un événement favorable. Sophocle, qui connaît son Hérodote comme le public athénien auquel il s'adresse, pense ici à l'épisode d'Hippias, tel que l'historien le rapporte[19]. L'apprenti-tyran, marchant sur Athènes pour y reconquérir le pouvoir avec l'appui de l'armée perse, rêve qu'il s'unit avec sa mère. Il en conclut aussitôt tout joyeux « qu'il devait rentrer dans Athènes, restaurer son pouvoir, y mourir vieux ». Pour les Grecs en effet, comme Anzieu le note justement après Marie Delcourt, le rêve d'union avec la mère — c'est-à-dire avec la terre qui tout engendre, où tout retourne — signifie tantôt la mort, tantôt la prise de possession du sol, la conquête du pouvoir. Il n'y a pas trace, dans ce symbolisme, d'angoisse ni de culpabilité proprement œdipiennes. Ce n'est donc pas le rêve, posé comme une réalité anhistorique, qui peut contenir et livrer le sens des œuvres de culture. Le sens d'un rêve apparaît lui-même, en tant que phénomène symbolique, comme un fait culturel relevant d'une étude de psychologie historique. A cet égard on pourrait proposer aux psychanalystes de se faire davantage historiens et de rechercher, à travers les diverses *Clés des songes* qui se sont succédé en Occident, les constances et les transformations éventuelles de la symbolique des rêves.

18. Cf. 709.
19. VI, 107.

Fig.I L'hoplite, en partie masqué par son bouclier, décoré d'une triscèle, et accompagné de son chien, part à la chasse, entouré de deux archers scythes. Amphore à figures noires (fin du VIe siècle), *Musée du Louvre*, F (260) *C.V.A.*, Louvre, fasc.5, France, fasc.8, 111 He. 54, 4 ; M.F. Vos, *Scythian Archers*, n.166. Photo Chuzeville (Louvre).

Fig.II Chasse au sanglier de Calydon ; les chasseurs sont nommés, mais la nudité totale des jeunes gens et le parallélisme des attitudes soulignent l'aspect de chasse collective (d'éphèbes en voie d'intégration ?). L'autre face représente un exploit éphébique typique : Thésée tuant le Minotaure ; une telle liaison n'est pas un fait isolé. Le paradoxe est que dans le document précédent l'*hoplite chasseur* est seul, dans celui-ci, le groupe des jeunes gens est dénudé. Coupe de Munich, signée par Glaukitès et Archiclès (vers 540), *Museum Antiken Kleinkunst.*
n. 2443 ; Beazley A.B.V., Glaukitès n. 2, p. 163 ;
G. Daltrop, *Die Kalydonische Jagd in der Antike*, Hambourg-Berlin, 1968, p.18 et pl. 7. Photo M. Hirmer, d'après P.E; Arias et M. Hirmer, *Le vase grec*, Paris, 1960, pl. 50. Reproduit avec l'autorisation de Hirmer Fotoarchiv ; Munich.

Fig.III Cratère en cloche à figures rouges du musée de Syracuse (36319) ; *C.V.A.* Italia (*Museo Archeologico di Siracusa)* XVII, fasc.1, IV, 8 ; A.D. trendall, *The Red-figured Vases of Lucania, Campania and Sicily*, Oxford, 1967, Campanian, I, n° 32, p. 204. *(Photo du musée.)*

V

Ambiguïté et renversement. Sur la structure énigmatique d'« Œdipe-Roi »

Dans l'étude qu'il a consacrée en 1939 à l'ambiguïté dans la littérature grecque, W. B. Stanford[1] note que, du point de vue de l'amphibologie, *Œdipe-Roi* occupe une position spéciale : l'œuvre a valeur de modèle*. Aucun genre littéraire de l'Antiquité n'utilise en effet aussi largement que la tragédie les expressions à double sens et *Œdipe-Roi* comporte plus de deux fois autant de formules ambiguës que les autres pièces de Sophocle (cinquante d'après le répertoire qu'en dressait Hug en 1872)[2]. Le problème cependant est moins d'ordre quantitatif que de nature et de fonction. Tous les tragiques grecs ont recours à l'ambiguïté comme moyen d'expression et comme mode de pensée. Mais le double sens assume un rôle bien différent suivant sa place dans l'économie du drame et le niveau de langue où le situent les poètes tragiques.

Il peut s'agir d'une ambiguïté dans le vocabulaire, correspondant à ce qu'Aristote appelle *homōnumía* (ambiguïté lexicale) ; ce type d'ambiguïté est rendu possible par les flottements ou les contradictions de la langue[3]. Le dramaturge en joue pour traduire sa vision tragique d'un monde divisé contre lui-même, déchiré par les contradictions. Dans la bouche des divers personnages, les mêmes mots prennent des sens différents ou opposés, parce que leur valeur sémantique n'est pas la même dans la langue religieuse, juridique, politique, commune[4]. Ainsi, pour Antigone, *nómos* désigne le contraire de ce que Créon, dans les circonstances

---

* Sous une forme un peu modifiée, ce texte reproduit une étude publiée dans *Echanges et Communications*, Mélanges offerts à Claude Lévi-Strauss, Paris, 1970, tome II, p. 1253-1279.

1. *Ambiguity in Greek Literature*, Oxford, 1939, p. 163-173.

2. A. Hug, « Der Doppelsinn in Sophokles *Oedipus König* », *Philologus*, 31, 1872, p. 66-84.

3. « Les noms sont en nombre fini, tandis que les choses sont infinies. Aussi est-il inévitable qu'un nom unique ait plusieurs sens ». Aristote, *De Sophisticis Elenchis*, 1, 165a 11.

4. Cf. Euripide, *Phéniciennes*, 409 et s. « Si la même chose était également pour tous belle et sage, les humains ne connaîtraient pas la controverse des querelles. Mais pour les mortels il n'est rien de semblable ni d'égal, sauf dans les mots ; la réalité est toute différente. »

où il est placé, appelle lui aussi *nómos*[5]. Pour la jeune fille le mot signifie : règle religieuse ; pour Créon : édit promulgué par le chef de l'État. Et de fait, le champ sémantique de *nómos* est assez étendu pour couvrir, parmi d'autres, l'un et l'autre sens[6]. L'ambiguïté traduit alors la tension entre certaines valeurs senties comme inconciliables en dépit de leur homonymie. Les paroles échangées sur l'espace scénique, au lieu d'établir la communication et l'accord entre les personnages, soulignent au contraire l'imperméabilité des esprits, le blocage des caractères ; elles marquent les barrières qui séparent les protagonistes, elles dessinent les lignes de conflit. Chaque héros, enfermé dans l'univers qui lui est propre, donne au mot un sens et un seul. A cette unilatéralité se heurte violemment une autre unilatéralité. L'ironie tragique pourra consister à montrer comment, au cours de l'action, le héros se trouve littéralement « pris au mot », un mot qui se retourne contre lui en lui apportant l'amère expérience du sens qu'il s'obstinait à ne pas reconnaître[7]. C'est seulement, par-dessus la tête des personnages, entre l'auteur et le spectateur qu'un autre dialogue se noue où la langue récupère sa vertu de communication et comme sa transparence. Mais ce que transmet le message tragique, quand il est compris, c'est précisément qu'il existe dans les paroles échangées entre les hommes des zones d'opacité et d'incommunicabilité. Dans le moment où il voit sur la

5. La même ambiguïté apparaît dans les autres termes qui tiennent une place majeure dans la texture de l'œuvre : δίκη, φίλος et φιλία, κέρδος, τιμή, ὀργή, δεινός. Cf. R. F. GOHEEN, *The Imagery of Sophocles' Antigone*, Princeton, 1951, et Ch. P. SEGAL, « Sophocles' Praise of Man and the Conflicts of the Antigone », *Arion*, 3, 2, 1964, p. 46-66.

6. BENVENISTE (*Noms d'agent et noms d'action en indo-européen*, Paris, 1948, p. 79-80) a montré que *némein* retient l'idée d'une attribution régulière, d'un partage réglé par l'autorité de droit coutumier. Ce sens rend compte des deux grandes séries dans l'histoire sémantique de la racine **nem*. *Nómos*, attribution régulière, règle d'usage, coutume, rite religieux, loi divine ou civique, convention ; *nomós*, attribution territoriale fixée par la coutume, pacage, province. L'expression *tà nomizómena* désigne l'ensemble de ce qui est dû aux dieux ; *tà nómima* les règles à valeur religieuse ou politique ; *tà nomísmata* les coutumes ou la monnaie ayant cours dans une cité.

7. Dans *Antigone*, en 481, Créon condamne la jeune fille qui a transgressé « les *nómoi* établis ». Vers la fin de la pièce, en 1113, inquiet des menaces de Tirésias, il jure de respecter désormais « les *nómoi* établis ». Mais d'une formule à l'autre, *nómos* a changé de sens. En 481 Créon l'emploie comme synonyme de *kérugma*, édit public proclamé par le chef de la cité ; en 1113, le mot a retrouvé, dans la bouche de Créon, le sens que lui donnait au départ Antigone : loi religieuse, rituel funéraire.

scène les protagonistes adhérer exclusivement à un sens et, ainsi aveuglés, se perdre eux-mêmes ou se déchirer les uns les autres, le spectateur est conduit à comprendre qu'il y a en réalité deux sens possibles, ou davantage. Le message tragique lui devient intelligible dans la mesure où, arraché à ses certitudes et à ses limitations anciennes, il réalise l'ambiguïté des mots, des valeurs, de la condition humaine. Reconnaissant l'univers comme conflictuel, s'ouvrant à une vision problématique du monde, il se fait lui-même, à travers le spectacle, conscience tragique.

L'*Agamemnon* d'Eschyle fournirait de bons exemples d'un autre type d'ambiguïté tragique. Il s'agit de sous-entendus, utilisés de façon pleinement consciente par certains personnages du drame pour dissimuler dans le discours qu'ils adressent à leur interlocuteur un second discours, contraire au premier, et dont le sens n'est perceptible qu'à ceux qui disposent sur la scène et dans le public, des éléments d'information nécessaires[8]. Accueillant Agamemnon au seuil de son palais, Clytemnestre utilise ce langage à double clavier : il sonne agréablement aux oreilles de l'époux comme un gage d'amour et de fidélité conjugale ; mais déjà équivoque pour le chœur qui y pressent une obscure menace, il se révèle pleinement sinistre au spectateur qui y déchiffre en clair le projet de mort qu'elle a tramé contre son mari[9]. L'ambigu

8. Comme le dit le Veilleur : « Pour ceux qui savent, je parle ; pour ceux qui ne savent pas, exprès, je me cache (ou : j'oublie, λήθομαι). » (38-39) On trouvera un bel exemple de dextérité amphibologique au vers 137 : presque chaque mot est susceptible d'une double interprétation. On peut entendre : « Massacrant une tremblante hase avec sa portée avant qu'elle n'ait mis bas » et aussi : « Sacrifiant une pauvre créature tremblante, sa propre fille, sur le front de l'armée. »

9. Cf. W. B. Stanford, *op. cit.*, p. 137-162. Quelques exemples : dès les premiers mots, Clytemnestre, rappelant les angoisses qu'elle a connues en l'absence de son mari, déclare que si Agamemnon avait reçu autant de blessures que le bruit en a couru, « son corps aurait plus de plaies qu'un filet de mailles » (868). La formule est d'une ironie sinistre : c'est justement de cette façon que le roi va périr, pris dans le filet de mort (1115), le réseau sans issue (1382), le filet à poisson (1382) qu'elle tend avec Egisthe autour de lui (1110). — Les portes, *púlai* (604), les demeures *dō̃mata* (911) auxquelles elle fait à plusieurs reprises allusion ne sont pas celles du palais, comme le croient ceux qui l'écoutent, mais, suivant l'expression consacrée, celles d'Hadès (1291). Quand elle affirme que le roi retrouve en elle γυναῖκα πιστήν, δωμάτων κύνα, elle dit en réalité le contraire de ce qui semble : γυναῖκ'ἄπιστον, une femme infidèle, qui s'est comportée en chienne (606-7). Comme le remarque le scholiaste, κύων (la chienne) signifie une femme qui a plus d'un homme. Quand elle évoque Zeus *Téleios*, le Zeus par qui tout s'achève, pour qu'il accomplisse, τέλει, ses souhaits (973-974), ce n'est pas au Zeus du bon retour qu'elle pense,

ne marque plus le conflit des valeurs mais la duplicité d'un personnage. Duplicité presque démoniaque : le même discours, les mêmes mots qui engagent Agamemnon dans le piège, en lui en masquant le danger, proclament en même temps à la face du monde le crime qui va se perpétrer. Et parce que la reine, dans la haine qu'elle voue à son conjoint, se fait au cours du drame l'instrument de la justice divine, le discours secret qu'elle tient dissimulé dans ses propos de bienvenue a une valeur oraculaire. En disant la mort du roi, elle la rend, comme un prophète, inévitable. Ce qu'Agamemnon, dans les paroles de Clytemnestre ne peut entendre est donc en propre la vérité de ce qui est dit. Formulée à haute voix, cette parole acquiert toute la force exécutoire d'une imprécation : elle inscrit dans l'être à l'avance et pour toujours ce qui est par elle énoncé. A l'ambiguïté du discours de la reine répond exactement l'ambiguïté des valeurs symboliques attachées au tapis de pourpre étendu par ses soins devant le roi et où elle le persuade de marcher. Quand il pénètre dans son palais comme Clytemnestre l'y invite en des termes qui évoquent en même temps une tout autre demeure, ce sont bien les portes d'Hadès que franchit sans le savoir Agamemnon. Quand il pose son pied nu sur les « somptueuses étoffes » dont le sol a été jonché, le « chemin de pourpre » qu'on a fait naître sous ses pas n'est nullement, comme il l'imagine, la consécration presque trop haute de sa gloire, mais une façon de le livrer aux puissances infernales, de le vouer sans rémission à la mort, cette mort « rouge » qui vient à lui dans la même « somptueuse étoffe » préparée par Clytemnestre pour l'y prendre au piège comme dans un filet[10].

L'ambiguïté qu'on trouve dans *Œdipe-Roi* est bien différente. Elle ne concerne ni l'opposition des valeurs ni la duplicité du personnage qui mène l'action et se plait à jouer avec sa victime. Dans le drame dont il est la victime, c'est Œdipe, et Œdipe seul, qui mène le jeu. Rien, sinon sa volonté têtue de démasquer le coupable, la haute idée qu'il se fait de sa charge, de ses capacités, de

---

comme on pourrait l'imaginer, mais au Zeus funéraire, maître de la mort « qui tout achève ».

10. On comparera 910, 921, 936, 946, 949 d'une part et 960-961, 1383, 1390 de l'autre ; on notera le sinistre jeu de mots εἱμάτων βαφάς (960), teinture des étoffes, qui évoque αἱμάτων βαφάς, teinture de sang (cf. *Choéphores*, 1010-1013). On sait que chez Homère le sang et la mort sont appelés πορφύρεοι. Selon ARTÉMIDORE, *Clef des songes*, 1, 77 (p. 84, 2-4, Pack) : « La couleur pourpre a une certaine affinité avec la mort » ; cf. L. GERNET, in *Problèmes de la couleur*, Paris, 1957, p. 321-324.

son jugement (sa *gnômē*), son désir passionné de connaître à tout prix la vérité — rien ne l'oblige à pousser l'enquête à son terme. Tirésias, Jocaste, le berger tentent successivement de l'arrêter. En vain. Il n'est pas homme à se contenter de demi-mesures, à s'accommoder d'un compromis. Œdipe va jusqu'au bout. Et au bout du chemin qu'il a envers et contre tous tracé, Œdipe découvre qu'en menant le jeu du début à la fin c'est lui-même du début à la fin, qui a été joué. Aussi pourra-t-il dans le moment où il se reconnaît responsable d'avoir de ses propres mains forgé son malheur, accuser les dieux d'avoir tout préparé et tout fait[11]. L'équivoque dans les propos d'Œdipe correspond au statut ambigu qui lui est conféré dans le drame et sur lequel toute la tragédie est construite. Quand Œdipe parle, il lui arrive de dire autre chose ou le contraire de ce qu'il dit. L'ambiguïté de ses propos ne traduit pas la duplicité de son caractère, qui est tout d'une pièce, mais plus profondément la dualité de son être. Œdipe est double. Il constitue par lui-même une énigme dont il ne devinera le sens qu'en se découvrant en tout point le contraire de ce qu'il croyait et paraissait être. Le discours secret qui s'institue, sans qu'il le sache, au sein de son propre discours, Œdipe ne l'entend pas. Et nul témoin du drame sur la scène, en dehors de Tirésias, n'est non plus capable de le percevoir. Ce sont les dieux qui renvoient à Œdipe, en écho à certaines de ses paroles, son propre discours déformé ou retourné[12]. Et cet écho inverse, qui

---

11. Cf. R. P. Winnington-Ingram, « Tragedy and Greek Archaïc Thought », *Classical Drama and its Influence, Essays Presented to H. D. F. Kitto*, 1965, p. 31-50.

12. Ici encore on renverra le lecteur à l'ouvrage de W. B. Stanford, aux commentaires de R. Jebb, *Œdipus Tyrannus*, 1887 et de J. C. Kamerbeeck, *The Plays of Sophocles*, IV, *The Œdipus Tyrannus*, 1967. Nous ne retiendrons que quelques exemples. Créon vient de parler des brigands, au pluriel, qui tuèrent Laios. Œdipe répond : comment *le* meurtrier ὁ λῃστής, aurait-il pu commettre cet acte sans complicité ? (124) Le scholiaste note : « Œdipe pense à son beau-frère. » Mais par ce singulier, Œdipe, sans le savoir, se condamne lui-même. Comme il le reconnaîtra un peu plus loin (842-847) s'il y a eu *des* meurtriers, il n'est pas coupable ; mais s'il y a eu un homme, unique et seul, le crime lui est évidemment imputable. — En 137-141, il y a trois ambiguïtés : 1. En chassant la souillure, il ne le fait pas pour de lointains amis, mais lui-même pour lui-même. — Il ne croit pas si bien dire. 2. Le meurtrier du roi pourrait être tenté de porter la main contre lui. — Effectivement, Œdipe se crèvera les yeux. 3. En venant au secours de Laïos, il sert sa propre cause. — Non, il se détruira lui-même. Tout le passage 258-265, avec sa conclusion : « Pour ces raisons, *comme si Laïos était mon père*, je combattrai pour lui », est ambigu. La phrase : « Si sa descendance n'avait

sonne comme un éclat de rire sinistre, est en réalité un redressement. Ce que dit Œdipe sans le vouloir, sans le comprendre, constitue la seule vérité authentique de ses propos. La double dimension du langage œdipien reproduit donc, sous une forme inversée, la double dimension du langage des dieux, tel qu'il s'exprime dans la formule énigmatique de l'oracle. Les dieux savent et disent la vérité, mais ils la manifestent en la formulant dans des mots qui paraissent aux hommes dire tout autre chose. Œdipe ne sait ni ne dit la vérité, mais les mots dont il se sert pour dire autre chose qu'elle, la manifestent à son insu de façon éclatante pour qui a don de double oreille, comme le devin a double vue. Le langage d'Œdipe apparaît ainsi comme le lieu où se nouent et s'affrontent dans la même parole deux discours différents : un discours humain, un discours divin. Au début, les deux discours sont bien distincts et comme coupés l'un de l'autre ; au terme du drame, quand tout est éclairci, le discours humain s'inverse et se transforme en son contraire ; les deux discours se rejoignent : l'énigme est résolue. Sur les gradins du théâtre, les spectateurs occupent une situation privilégiée qui leur permet, comme les dieux, d'entendre en même temps les deux discours opposés et d'en suivre d'un bout à l'autre, à travers le drame, la confrontation.

On comprend alors pourquoi, du point de vue de l'amphibologie, *Œdipe-Roi* a une portée exemplaire. Aristote, rappelant que les deux éléments constitutifs de l'affabulation tragique sont, en dehors du « pathétique », la reconnaissance (ἀναγνώρισις) et la péripétie (περιπέτεια), c'est-à-dire le renversement de l'action en son contraire (εἰς τὸ ἐναντίον τῶν πραττομένων μεταβολή) note que, dans *Œdipe-Roi*, la reconnaissance est la plus belle parce qu'elle coïncide avec la péripétie[13]. La reconnaissance qu'opère

---

pas avorté » signifie aussi bien : « Si sa descendance n'avait pas été vouée à un destin de malheur. » En 551, la menace d'Œdipe à Créon : « Si tu crois que tu attaqueras un parent sans le payer, tu te trompes », se retourne contre lui-même ; il paiera le meurtre de son père. — En 572-573, double-sens : « Il n'aurait pas prétendu que j'ai tué Laios », mais aussi : « Il n'aurait pas révélé que j'ai tué Laios. » — En 928, la place de ἥδε, entre μήτηρ et τῶν τέκνων, rapproche γυνή et μήτηρ : sa femme, qui est aussi sa mère. En 955-956 : « Il t'annonce que ton père Polybe est mort », mais aussi : « Il t'annonce que ton père n'est pas Polybe, mais un mort. » En 1183, Œdipe souhaite la mort et s'écrie : « O lumière, puissé-je te voir pour la dernière fois ! » Mais φῶς a deux sens en grec : lumière de la vie, lumière du jour. C'est le sens qu'Œdipe ne veut pas dire qui deviendra le vrai.

13. *Poétique*, 1452a 32-33.

Œdipe ne porte en effet sur personne d'autre que sur Œdipe. Et cette identification finale du héros par lui-même constitue un renversement complet de l'action, dans les deux sens qu'on peut donner à la formule d'Aristote (qui n'est pas non plus exempte d'ambiguïté) : la situation d'Œdipe, du fait même de la reconnaissance, se révèle contraire à ce qu'elle était auparavant ; l'action d'Œdipe aboutit à un résultat inverse de celui qu'il avait visé. A l'ouverture du drame, l'étranger corinthien, déchiffreur d'énigmes, sauveur de Thèbes, installé à la tête de la cité et que le peuple vénère à l'égal d'un dieu pour son savoir et son dévouement à la chose publique, doit faire face à une nouvelle énigme, celle de la mort de l'ancien roi .Qui a tué Laios ? Au terme de l'enquête, le justicier se découvre identique à l'assassin. Derrière l'élucidation progressive de l'énigme policière, qui forme la trame de l'action tragique, ce qui se joue en fait c'est la reconnaissance par Œdipe de son identité. Quand il apparaît pour la première fois, à l'ouverture de la pièce, pour annoncer aux suppliants sa résolution de découvrir coûte que coûte le criminel et sa certitude d'y parvenir, il s'exprime en des termes dont l'ambiguïté souligne que derrière la question à laquelle il se flatte de répondre (qui a tué Laios ?) se dessine en filigrane un autre problème (qui est Œdipe ?). « En remontant à mon tour, déclare fièrement le roi, à l'origine (des événements demeurés inconnus), c'est moi qui les mettrai en lumière, ἐγὼ φανῶ[14] ». Le scholiaste ne manque pas d'observer qu'il y a dans cet *egṑ phanô̂* quelque chose de dissimulé, qu'Œdipe ne veut pas dire, mais que comprend le spectateur « puisque tout sera découvert dans Œdipe lui-même, ἐπεὶ τὸ πᾶν ἐν αὐτῷ φανήσεται ». *Egṑ phanô̂* : c'est moi qui mettrai en lumière le criminel — mais aussi : je me découvrirai moi-même criminel.

Qu'est donc Œdipe ? Comme son propre discours, comme la parole de l'oracle, Œdipe est double, énigmatique. Du début à la fin du drame il reste psychologiquement et moralement le même : un homme d'action et de décision, au courage que rien ne peut abattre, à l'intelligence conquérante, et auquel on ne peut imputer aucune faute morale, aucun manquement délibéré à la justice. Mais sans qu'il le sache, sans l'avoir voulu ni mérité, ce personnage œdipien se révèle, dans toutes ses dimensions sociale, religieuse, humaine, inverse de ce qu'il apparaît à la tête de la cité. L'étranger corinthien est en réalité natif de Thèbes ; le déchiffreur

14. *Œdipe-Roi*, 132.

d'énigmes, une énigme qu'il ne peut déchiffrer ; le justicier, un criminel ; le clairvoyant, un aveugle ; le sauveur de la ville, sa perdition. Œdipe, celui qui pour tous est célèbre[15], le premier des humains[16], le meilleur des mortels[17], l'homme du pouvoir, de l'intelligence, des honneurs, de la richesse, se retrouve le dernier, le plus malheureux[18] et le pire des hommes[19], un criminel[20], une souillure[21] objet d'horreur pour ses semblables[22], haï des dieux[23], réduit à la mendicité et à l'exil[24].

Deux traits soulignent la portée de ce « renversement » de la condition œdipienne. Dans les premiers mots qu'il lui adresse, le prêtre de Zeus fait d'Œdipe en quelque façon l'égal des dieux : ἰσούμενος θεοῖσι [25]. Quand l'énigme est résolue, le chœur reconnaît en Œdipe le modèle d'une vie humaine qui, à travers ce paradigme, lui apparaît égal au néant, ἴσα καὶ τὸ μηδέν[26]. Au départ Œdipe est l'esprit clairvoyant, l'intelligence lucide qui, sans l'aide de personne, sans le secours d'un dieu ni d'un présage, a su deviner, par les ressources de sa seule *gnōmē*, l'énigme de la Sphinx. Il n'a que mépris pour le regard aveugle du devin dont les yeux sont fermés à la lumière du soleil et qui, selon sa propre expression, « ne vit que de ténèbres[27] ». Mais quand les ténèbres sont dissipées, que tout est devenu clair[28], que la lumière est faite sur Œdipe, c'est alors précisément qu'il voit le jour pour la dernière fois. Dès qu'Œdipe est « élucidé », mis à découvert[29], offert aux yeux de tous en spectacle d'horreur[30], il ne lui est plus possible ni de voir ni d'être vu. Les Thébains détournent de lui leurs yeux[31], incapables de contempler en face ce mal « effrayant à regarder[32] », cette détresse dont on ne peut supporter le récit

---

15. *Œdipe-Roi*, 8.
16. *Ibid.*, 33.
17. *Ibid.*, 46.
18. *Ibid.*, 1204-06, 1297 et s., 1397.
19. *Ibid.*, 1433.
20. *Ibid.*, 1397.
21. *Ibid.*
22. *Ibid.*, 1306.
23. *Ibid.*, 1345.
24. *Ibid.*, 455-56, 1518.
25. *Ibid.*, 31.
26. *Ibid.*, 1187-88.
27. *Ibid.*, 374.
28. *Ibid.*, 1182.
29. *Ibid.*, 1213.
30. *Ibid.*, 1397.
31. *Ibid.*, 1303-05.
32. *Ibid.*, 1297.

ni la vue[33]. Et si Œdipe aveugle ses paupières, c'est, comme il l'explique[34], parce qu'il lui est devenu impossible de soutenir le regard d'aucune créature humaine, chez les vivants et chez les morts. S'il l'avait pu, il se serait aussi bouché les oreilles pour se murer dans une solitude qui le retranche de la société des hommes. La lumière que les dieux ont projetée sur Œdipe est trop éclatante pour qu'un œil mortel puisse la fixer. Elle rejette Œdipe de ce monde-ci, fait pour la clarté du soleil, le regard humain, le contact social. Elle le restitue au monde solitaire de la nuit, où vit Tirésias, qui, lui aussi, a payé de ses yeux, avec le don de double vue, l'accès à l'autre lumière, la lumière aveuglante et terrible du divin.

Envisagé du point de vue des hommes, Œdipe est le chef clairvoyant, égal aux dieux ; considéré du point de vue des dieux il apparaît aveugle, égal à rien. Le retournement de l'action, comme l'ambiguïté de la langue, marque la duplicité d'une condition humaine qui, sur le mode de l'énigme, prête à deux interprétations opposées. Le langage humain s'inverse quand les dieux parlent à travers lui. La condition humaine s'inverse — si grand, si juste, si heureux qu'on soit— dès lors qu'on la toise à la mesure des dieux. Œdipe « avait lancé sa flèche plus loin qu'un autre, il avait conquis la félicité la plus fortunée[35] ». Mais, au regard des Immortels, qui s'élève au plus haut est aussi le plus bas. Œdipe le bienheureux touche le fond du malheur : « Quel homme, chante le chœur, a connu d'autre bonheur que celui qu'il imagine pour retomber dans l'infortune après cette illusion ? Avec ton destin pour exemple, oui ton destin, malheureux Œdipe, je n'estime heureuse aucune vie des humains[36]. »

Si tel est bien, comme les hellénistes s'accordent à le penser[37], le sens de la tragédie, on reconnaîtra qu'*Œdipe-Roi* n'est pas seulement centré sur le thème de l'énigme, mais que dans sa présentation, son développement, son dénouement, la pièce est elle-même construite en énigme. L'ambiguïté, la reconnaissance, la péripétie, homologues les unes aux autres, s'intègrent également

33. *Œdipe-Roi*, 1312.
34. *Ibid.*, 1370 et s.
35. *Ibid.*, 1196-96.
36. *Ibid.*, 1189 et s. En ce sens la tragédie, dès avant Platon, prend le contrepied du point de vue de Protagoras et de la « philosophie des lumières » développée par les sophistes au ve siècle. Bien loin que l'homme soit la mesure de toute chose, c'est dieu qui est la mesure de l'homme, comme du reste ; cf. KNOX, *op. cit.*, p. 150 et s., 184.
37. Cf. encore, en dernier lieu F. R. DODDS, « On Misunderstanding the *Œdipus Rex* », *Greece and Rome*, 2nd series, 13, 1966, p. 37-49.

dans la structure énigmatique de l'œuvre. La clé de voûte de l'architecture tragique, le modèle qui sert comme de matrice à son organisation dramatique et à sa langue, c'est le renversement, c'est-à-dire le schème formel d'après lequel les valeurs positives s'inversent en valeurs négatives, quand on passe de l'un à l'autre des deux plans, humain et divin, que la tragédie unit et oppose, comme l'énigme, d'après la définition d'Aristote, joint ensemble des termes inconciliables[38].

A travers ce schème logique de l'inversion, correspondant au mode de penser ambigu propre à la tragédie, un enseignement d'un type particulier est proposé aux spectateurs : l'homme n'est pas un être qu'on puisse décrire ou définir ; il est un problème, une énigme dont on n'a jamais fini de déchiffrer les doubles sens. La signification de l'œuvre ne relève ni de la psychologie ni de la morale ; elle est d'ordre spécifiquement tragique[39]. Le parricide, l'inceste, ne correspondent ni au caractère d'Œdipe, à son *êthos*, ni à une faute morale, *adikía*, qu'il aurait commise. S'il tue son père, s'il couche avec sa mère, ce n'est pas que, plus ou moins obscurément, il haïsse le premier, il soit amoureux de la seconde. A l'égard de ceux qu'il croit être ses vrais, ses seuls parents, Mérope et Polybe, Œdipe éprouve des sentiments d'égale tendresse filiale. Quand il tue Laios, c'est en état de légitime défense contre un étranger qui l'a frappé le premier ; quand il épouse Jocaste, c'est un mariage sans inclination que la cité de Thèbes lui impose avec une étrangère pour le faire accéder au trône, en récompense de son exploit : « A un fatal hymen, à une union maudite, la cité m'a lié et je n'en savais rien (...) J'ai reçu ce don que je n'aurais jamais dû recevoir de Thèbes, après lui avoir été si utile[40]. » Comme Œdipe le proclame : en commettant le parricide et l'inceste, ni sa personne *(sôma)*, ni ses actes *(érga)* ne sont en cause ; en réalité, lui-même n'a rien fait (οὐκ ἔρεξα)[41]. Ou plutôt, tandis qu'il commettait un acte, le sens de son action, à son insu et sans qu'il y soit pour rien, s'inversait. La légitime défense devenait parricide ; le mariage, consacrant sa gloire, inceste. Innocent et pur du point de vue du droit humain, il est coupable

38. *Poétique*, 1458a 26. On rapprochera ce schème du renversement de celui qu'on trouve dans la pensée d'Héraclite, spécialement fr. 88, exprimé par le verbe μεταπίπτειν. Cf. Clémence Ramnoux, *Héraclite ou l'homme entre les choses et les mots*, 1959, p. 33 et s. et 392.
39. Concernant cette spécificité du message tragique, cf. *supra*, p. 23.
40. *Œdipe à Colone*, 525 et 539-540.
41. *Ibid.*, 265 et s., 521 et s., 539.

et souillé du point de vue religieux. Ce qu'il a accompli, sans le savoir, sans intention mauvaise ni volonté délictueuse, n'en est pas moins la plus terrible atteinte à l'ordre sacré qui gouverne la vie humaine. Semblable à ces oiseaux qui mangent chair d'oiseaux, pour reprendre l'expression d'Eschyle[42], il s'est deux fois repu de sa propre chair, d'abord en versant le sang paternel, puis en s'unissant au sang maternel. Œdipe se trouve ainsi, par une malédiction divine aussi gratuite que l'élection dont bénéficient d'autres héros de la légende, retranché du lien social, rejeté hors humanité. Il est désormais *ápolis* ; il incarne la figure de l'exclu. Dans sa solitude, il apparaît à la fois en deçà de l'humain, bête fauve, monstre sauvage, et au-delà de l'humain, porteur d'une qualification religieuse redoutable, comme un *daímōn*. Sa souillure, son *ágos*, n'est que l'envers de la puissance surnaturelle qui s'est concentrée en lui pour le perdre : en même temps que souillé, il est sacré et saint, *hierós* et *eusebḗs*[43]. A la cité qui l'accueillera, à la terre qui retiendra son cadavre, il apportera le gage des plus grandes bénédictions.

Ce jeu d'inversion s'exprime, parallèlement aux expressions ambiguës, par d'autres procédés stylistiques et dramatiques. En particulier par ce que B. Knox[44] appelle un renversement *(reversal)* dans l'emploi des mêmes termes au cours de l'action tragique. On ne peut ici que renvoyer à sa belle étude dont on retiendra seulement quelques exemples. Une première forme de ce renversement consiste à utiliser, pour caractériser le statut d'Œdipe, un vocabulaire dont on inverse systématiquement les valeurs en passant de l'actif au passif. Œdipe est présenté comme un chasseur pistant, traquant et débusquant le fauve[45] qui erre dans la montagne, que sa course précipite dans la fuite[46], relègue loin des humains[47]. Mais, dans cette chasse, le chasseur se retrouve finalement le gibier : chassé par l'imprécation terrible de ses parents[48], Œdipe erre et mugit comme un fauve[49], avant de se crever les yeux et de fuir dans les sauvages montagnes du

42. *Suppliantes*, 226.
43. *Œdipe à Colonne*, 287.
44. *Œdipus at Thebes. Sophocles' Tragic Hero and his Time*, 1957, 2e éd., 1966, p. 138.
45. *Œdipe-Roi*, 109-110, 221, 354, 475 et s.
46. *Ibid.*, 469.
47. *Ibid.*, 479.
48. *Ibid.*, 419.
49. *Ibid.*, 1255, 1265.

Citheron[50]. Œdipe mène une enquête, à la fois judiciaire et scientifique, que souligne l'emploi répété du verbe *zētein*[51]. Mais l'enquêteur est aussi l'objet de l'enquête, le *zētōn* est aussi le *zētoúmenon*[52], comme l'examinateur, le questionneur[53] est aussi la réponse à la question[54]. Œdipe est le découvreur[55] et l'objet de la découverte[56], celui-là même qui est découvert[57]. Il est le médecin employant pour parler du mal dont souffre la cité un vocabulaire médical, mais aussi le malade[58] et la maladie[59].

Une autre forme du renversement est la suivante : les termes qui qualifient Œdipe au sommet de sa gloire se détachent tour à tour de lui pour se fixer sur des personnages divins ; la grandeur d'Œdipe s'anéantit au fur et à mesure que s'affirme plus clairement, en contraste avec la sienne, celle des dieux. Au vers 14, le prêtre de Zeus, dans ses premiers mots, s'adresse à Œdipe comme souverain : *kratúnōn* ; en 903, le chœur implore Zeus comme souverain : *ō kratúnōn*. En 48 les Thébains appellent Œdipe sauveur : *sōtḗr* ; en 150, c'est Apollon qui est invoqué comme sauveur, pour faire cesser *(paustḗrios)* le mal, comme Œdipe autrefois a fait « cesser » la sphinx[60]. En 237, Œdipe donne des ordres en tant qu'il est le maître de la puissance et du trône (ἐγὼ κράτη τε καὶ θρόνους νέμω) ; en 201 le chœur implore Zeus « maître de la puissance de la foudre » (ἀστραπᾶν κράτη νέμων). En 441, Œdipe rappelle l'exploit qui l'a fait grand *(mégas)* ; en 871, le chœur rappelle que dans les lois célestes réside un dieu grand *(mégas)*, qui ne vieillit pas. La domination *(arkhḗ)* qu'Œdipe se flatte d'exercer[61], le chœur la reconnaît à jamais immortelle entre les mains de Zeus[62]. Le secours *(alkḗ)* que le prêtre en 42 demande à Œdipe, le chœur implore Athéna, en 189, de le lui accorder. Au premier vers de la tragédie, Œdipe s'adresse aux suppliants comme un père parle à ses enfants ;

50. *Œdipe-Roi*, 1451.
51. *Ibid.*, 278, 362, 450, 658-659, 1112.
52. Cf. Plutarque, *De curiositate*, 522 c et *Œdipe-Roi*, 362, 450, 658-659, 1112.
53. *Œdipe-Roi*, *skopeîn* : 68, 291, 407, 964 ; *historeîn* : 1150.
54. *Ibid.*, 1180-1181.
55. *Ibid.*, *heureîn*, *heuretḗs* : 68, 108, 120, 440, 1050.
56. *Ibid.*, 1026, 1108, 1213.
57. *Ibid.*, 1397 : *heurískomai*.
58. *Ibid.*, 674.
59. *Ibid.*, 1293, 1387-1388, 1396.
60. *Ibid.*, 397.
61. *Ibid.*, 259, 383.
62. *Ibid.*, 905.

mais en 202, pour détruire la pestilence de la cité, c'est à Zeus que le chœur confère son titre de père : *ô Zeû páter.*

Il n'est pas jusqu'au nom d'Œdipe qui ne prête à ces effets de renversement. Ambigu, il porte en lui le même caractère énigmatique qui marque toute la tragédie. Œdipe, c'est l'homme au pied enflé *(oîdos)*, infirmité qui rappelle l'enfant maudit, rejeté par ses parents, exposé pour y périr dans la nature sauvage. Mais Œdipe, c'est aussi l'homme qui sait *(oîda)* l'énigme du pied, qui réussit à déchiffrer, sans le prendre à rebours[63], l'« oracle[64] » de la sinistre prophétesse, de la Sphinx au chant obscur[65]. Et ce savoir intronise dans Thèbes le héros étranger, l'établit sur le trône à la place des rois légitimes. Le double sens de *Oidípous* se retrouve à l'intérieur du nom lui-même dans l'opposition entre les deux premières syllabes et la troisième. *Oîda* : je sais, un des maîtres mots dans la bouche d'Œdipe triomphant, d'Œdipe tyran[66]. *Poús* : le pied — marque imposée dès la naissance à celui dont le destin est de finir comme il a commencé, en exclu, semblable à la bête sauvage que son *pied* fait fuir[67], que son *pied* isole des humains, dans l'espoir vain d'échapper aux oracles[68], poursuivi par la malédiction au *pied* terrible[69] pour avoir enfreint les lois sacrées au *pied* élevé[70], et incapable désormais de se sortir le *pied* des maux où il s'est précipité en se hissant au faîte du pouvoir[71]. Toute la tragédie d'Œdipe est donc comme contenue dans le jeu auquel se prête l'énigme de son nom. Au très savant maître de Thèbes, que protège l'Heureuse Chance, semble s'opposer en tout point l'enfant maudit, le *Pied enflé* rejeté de sa patrie. Mais pour qu'Œdipe sache réellement qui il est, il faut que le premier des

63. *Scholie à Euripide, Phéniciennes*, 45.
64. *Œdipe-Roi*, 1200.
65. *Ibid.*, 130, 191 et s. ; *Phéniciennes*, 1505-1506.
66. *Œdipe-Roi*, 58-59, 84, 105, 397 ; cf. aussi 43.
67. *Ibid.*, 468.
68. *Ibid.*, 479 et s.
69. *Ibid.*, 418.
70. *Ibid.*, 866.
71. *Ibid.*, 878. Cf. Knox, *op. cit.*, p. 182-184. A son arrivée, le messager de Corinthe interroge : Savez-vous où est Œdipe ? Comme l'observe Knox, les trois vers 924-926 se terminent sur le nom d'Œdipe et sur l'adverbe interrogatif *hópou*, ce qui donne : μάθοιμ' ὅπου —, Οἰδίπου —, ὅπου. « These violent puns, écrit Knox, suggesting a fantastic conjugation of a verb « to know where » formed from the name of the hero who, as Tiresias told him, does not know where he is (413-414) — this is the ironic laughter of the gods whom Œdipus ' excludes ' in his search for the truth. »

deux personnages qu'il a tout d'abord endossé s'inverse jusqu'à venir coïncider avec le second.

Le savoir d'Œdipe, quand il déchiffre l'énigme de la Sphinx, porte déjà d'une certaine façon sur lui-même. Quel est l'être, interroge la sinistre chanteuse, qui est à la fois *dípous*, *trípous*, *tetrápous* ? Pour *Oi-dípous*, le mystère n'en est un qu'en apparence : il s'agit bien sûr de lui, il s'agit de l'homme. Mais cette réponse n'est un savoir qu'en apparence ; elle masque le vrai problème : qu'est alors l'homme, qu'est Œdipe ? La pseudo-réponse d'Œdipe lui ouvre toutes grandes les portes de Thèbes. Mais en l'installant à la tête de l'État, elle réalise, en la lui dissimulant, sa véritable identité de parricide et d'incestueux. Pénétrer son propre mystère, c'est pour Œdipe reconnaître dans l'étranger qui règne à Thèbes l'enfant du pays autrefois rejeté. Cette identification, au lieu d'intégrer définitivement Œdipe à la patrie qui est la sienne, de le fixer au trône qu'il occupe désormais non comme un tyran étranger mais comme le fils légitime du roi, en fait un monstre qu'il faut expulser pour toujours de la ville, retrancher du monde humain.

Vénéré à l'égal d'un dieu, maître incontesté de justice, tenant entre ses mains le salut de toute la cité, tel est, placé au-dessus des autres hommes, le personnage d'Œdipe le Savant, qui à la fin du drame se renverse pour se projeter en une figure contraire : au dernier échelon de la déchéance apparaît Œdipe-Pied enflé, abominable souillure, concentrant sur soi toute l'impureté du monde. Le roi divin, purificateur et sauveur de son peuple, rejoint le criminel souillé qu'il faut expulser comme un *pharmakós*, un bouc émissaire, pour que la ville, redevenue pure, soit sauvée.

C'est bien en effet suivant l'axe dont le roi divin occupe le sommet et le *pharmakós* la base que s'opère la série des renversements qui affectent le personnage d'Œdipe et font du héros le « paradigme » de l'homme ambigu, de l'homme tragique.

L'aspect quasi divin de la majestueuse figure qui s'avance sur le seuil de son palais, au début de la tragédie, n'a pas échappé aux commentateurs. Déjà le scholiaste ancien notait dans son commentaire au vers 16 que les suppliants s'en viennent aux autels de la maison royale comme à des autels d'un dieu. L'expression dont se sert le prêtre de Zeus : « Tu nous vois assemblés près de *tes* autels » apparaît d'autant plus lourde de sens qu'Œdipe lui-même interroge : « Pourquoi vous tenez-vous ainsi accroupis dans une attitude rituelle de supplication envers moi, avec vos rameaux couronnés de bandelettes ? » Cette vénération à l'égard d'un homme qu'on place plus haut que l'homme parce qu'il a sauvé la ville « avec l'aide d'un dieu[72] », qu'il s'est révélé, par une faveur surnaturelle, la *Túchē*, la Bonne Chance de la cité[73], ne se relâche pas d'un bout à l'autre de la pièce. Après même qu'a été révélée la double souillure d'Œdipe, le chœur n'en célèbre pas moins comme son sauveur celui qu'il appelle « mon roi » et qui s'est « dressé comme une tour contre la mort[74] ». Au moment même où il évoque les crimes inexpiables du malheureux, le chœur conclut : « Et cependant, pour dire la vérité, grâce à toi j'ai pu reprendre souffle et repos[75]. »

Mais c'est au moment crucial du drame, quand le sort d'Œdipe repose sur le fil du rasoir, que la polarité entre le statut de demi-dieu et celui de bouc émissaire se révèle le plus clairement. Quelle est alors la situation ? On sait déjà qu'Œdipe est peut-être le meutrier de Laios ; la symétrie des oracles rendus d'une part à Œdipe, de l'autre à Laios et Jocaste, rend plus oppressante encore l'angoisse qui étreint le cœur des protagonistes et des notables thébains. Le messager de Corinthe arrive sur ces entrefaites ; il annonce qu'Œdipe n'est pas le fils de ceux qu'il croit ses parents ; c'est un enfant trouvé ; il l'a lui-même recueilli des mains d'un berger sur le Cithéron. Jocaste, pour qui tout est clair désormais, implore Œdipe de ne pas pousser l'enquête plus avant. Œdipe refuse. La reine lui adresse alors cet ultime avertissement : « Malheureux, puisses-tu ne jamais savoir qui tu es ! ». Mais cette fois encore le tyran de Thèbes se méprend sur le sens de ce qui est Œdipe. Il croit que la reine redoute que ne soit divulguée la basse origine de l'« enfant trouvé » et que son mariage ne se révèle une mésalliance avec un moins que rien, un esclave, fils d'esclave à la troisième génération[76]. C'est alors précisément qu'Œdipe se redresse. Dans son âme abattue, l'annonce du messager fait naître un fol espoir que le chœur partage et qu'il exprime joyeusement dans son chant. Œdipe se proclame fils de la *Túchē*, de l'Heureuse Chance, qui renversant sa situation au cours des ans, de « petit » qu'il était l'a fait « grand[77] », c'est-à-dire a transformé l'enfant trouvé et contrefait dans le savant maître de Thèbes. Ironie des mots : Œdipe n'est pas le fils de la *Túchē* ; comme l'a prédit

72. *Œdipe-Roi*, 38.
73. *Ibid.*, 52.
74. *Ibid.*, 1951.
75. *Ibid.*, 1207.
76. *Ibid.*, 1065.
77. μικρὸν καὶ μέγαν, *ibid.*, 1083.

Tirésias[78], il est sa victime ; et le « renversement » se produit en sens inverse, ramenant le grand Œdipe à ce qu'il y a de plus petit, l'égal au dieu à un égal à rien.

Pourtant l'illusion d'Œdipe et du chœur se comprend. L'enfant exposé peut être un rebut dont on veut se débarrasser, monstre difforme ou vil esclave. Mais il peut être aussi un héros au destin exceptionnel. Sauvé de la mort, vainqueur de l'épreuve qui lui est imposée dès sa naissance, l'exclu se révèle un élu, investi de pouvoirs surnaturels[79]. Revenu triomphant dans la patrie qui l'a expulsé, il y vivra non plus comme un citoyen ordinaire, mais en maître absolu, règnant sur ses sujets à la façon d'un dieu au milieu des hommes. C'est pourquoi le thème de l'exposition figure dans presque toutes les légendes grecques de héros. Si donc Œdipe a été à sa naissance rejeté, coupé de sa lignée humaine, c'est sans doute, comme l'imagine le chœur, qu'il est le fils de quelque dieu, des nymphes du Cithéron, de Pan ou d'Apollon, d'Hermès ou de Dionysos[80].

Cette image mythique du héros exposé et sauvé, rejeté et revenant en vainqueur, se prolonge au ve siècle, sous une forme transposée, dans une certaine représentation du *túrannos*. Comme le héros, le tyran accède à la royauté par une voie indirecte, en dehors de la descendance légitime ; comme lui, il se qualifie pour le pouvoir par ses actes, ses exploits. Il règne, non par la vertu de son sang, mais par les siennes propres ; il est le fils de ses œuvres en même temps que de l'Heureuse Chance. Le pouvoir suprême qu'il a su conquérir en dehors des normes ordinaires le place, pour le bien et pour le mal, au-dessus des autres hommes, au-dessus des lois[81]. Selon la juste remarque de B. Knox, la comparaison de la tyrannie avec le pouvoir des dieux (ces dieux qui se définissent aux yeux des Grecs comme « les plus forts », « les plus puissants ») est un lieu commun de la littérature des ve et ive siècles.

---

78. *Ibid.*, 442.

79. Cf. Marie DELCOURT, *Œdipe ou la légende du conquérant*, 1944, où ce thème est largement développé et où est bien marquée sa place dans le mythe d'Œdipe.

80. *Œdipe-Roi*, 1086-1109.

81. Y compris des lois matrimoniales reconnues comme la norme par la cité. Dans « Mariages de tyrans », *Hommage à Lucien Febvre*, 1954, p. 41-53, L. GERNET, rappelant que le prestige du tyran procède du passé par bien des aspects et que sa démesure a des modèles dans la légende, observe que « pour Périandre a été réédité le thème mythique de l'inceste avec la mère ». Cette mère s'appelle *Krateia*, qui veut dire souveraineté.

Euripide[82] et Platon[83] se rencontrent pour parler de la τυραννὶς ἰσόθεος, de la tyrannie égale au dieu, en tant qu'elle est pouvoir absolu de faire tout ce qu'on veut, de tout se permettre[84].

L'autre face d'Œdipe, complémentaire et opposée (son aspect de bouc émissaire) n'a pas été aussi nettement dégagée par les commentateurs. On a bien vu qu'Œdipe, au terme de la tragédie, est chassé de Thèbes comme on expulse l'*homo piacularis* afin d'« écarter la souillure », τὸ ἄγος ἐλαύνειν.[85]. Mais c'est Louis Gernet qui a su établir de façon précise la relation du thème tragique avec le rituel athénien du *pharmakós*[86].

Thèbes souffre d'un *loimós* qui se manifeste suivant le schéma traditionnel par un tarissement des sources de la fécondité : la terre, les troupeaux, les femmes n'enfantent plus, cependant qu'une pestilence décime les vivants. Stérilité, maladie, mort, sont ressenties comme une même puissance de souillure, un *miasma* qui a déréglé tout le cours normal de la vie. Il s'agit donc de découvrir le criminel qui *est* la souillure de la cité, son *ágos*, afin de chasser le mal à travers lui. C'est, on le sait, ce qui se produisit à Athènes, au VIIe siècle, pour expier le meurtre impie de Kylon, quand on chassa les Alcméonides, déclarés impurs et sacrilèges, ἐναγεῖς καὶ ἀλιτήριοι[87].

Mais il existe aussi à Athènes, comme en d'autres cités grecques, un rite annuel qui vise à expulser périodiquement la souillure accumulée au cours de l'année écoulée. « C'est l'usage à Athènes, rapporte Helladios de Byzance, de processionner deux *pharmakoí* en vue de la purification, un pour les hommes, l'autre pour les femmes[88]... ». D'après la légende, le rite trouverait son origine dans le meurtre impie commis par les Athéniens sur la personne d'Androgée le Crétois : pour chasser le *loimós* déclenché par le crime, on institua la coutume d'une purification constante par les *pharmakoí*. La cérémonie avait lieu le premier jour de la fête des

82. *Les Troyennes*, 1169.

83. *La République*, 568 b.

84. Cf. PLATON, *La République*, 360 bd.

85. Sur Œdipe *ágos*, cf. 1426 ; et aussi 1121, 656, 921 ; avec les commentaires de KAMERBEECK. *op. cit.*, à ces passages.

86. Dans un cours professé à l'École des Hautes Etudes et qui n'a pas été publié ; voir maintenant J. P. Guépin, *The Tragic Paradox*, Amsterdam, 1968, p. 89 sq. — Marie DELCOURT, *op. cit.*, p. 30-37, a souligné les rapports entre le rite de l'exposition et celui du bouc émissaire.

87. HÉRODOTE. 5, 70-71 ; THUCYDIDE, 1, 126-127.

88. PHOTIUS, *Bibliothèque*, p. 534 (Bekker) ; cf. HESYCHIUS, s.v., φαρμακοί.

Thargélies, le 6 du mois *Thargeliōn*[89]. Les deux *pharmakoí* portant des colliers de figues sèches (noires ou blanches suivant le sexe qu'ils représentaient) étaient promenés à travers toute la ville ; on les frappait sur le sexe avec des oignons de scille, des figues et d'autres plantes sauvages[90], puis on les expulsait ; peut-être même, au moins à l'origine, étaient-ils mis à mort par lapidation, leur cadavre brûlé, leurs cendres dispersées[91]. Comment étaient choisis les *pharmakoí* ? Tout laisse à penser qu'on les recrutait dans la lie de la population, parmi les *kakoûrgoi*, gibier de potence que leurs méfaits, leur laideur physique, leur basse condition, leurs occupations viles et répugnantes, désignaient comme des êtres inférieurs, dégradés, *phaûloi*, le rebut de la société. Aristophane, dans *Les Grenouilles*, oppose aux citoyens bien nés, sages, justes, bons et honnêtes qui sont comme la bonne monnaie de la cité, les mauvaises pièces de cuivre « étrangers, rouquins, gueux issus de gueux, derniers venus, que la cité n'eût pas pris facilement au hasard même comme *pharmakoí*[92] ». Tzetzès, citant des fragments du poète Hipponax, note que, quand un *loimós* s'abattait sur la cité, on choisissait le plus vilain de tous *(amorphóteron)* comme *katharmós* et *pharmakós* de la cité malade[93]. A Leucade, on prenait en vue de la purification un condamné à mort. A Marseille, un pauvre hère s'offrait pour la guérison de tous. Il y gagnait un an de vie, entretenu aux frais du public. Au terme de l'année écoulée on le promenait autour de la ville avec des exécrations solennelles pour que retombent sur lui toutes les fautes de la communauté[94]. Aussi l'image du *pharmakós* vient-elle tout naturellement à l'esprit de Lysias quand il veut dénoncer aux

89. Le 6 de Thargélion, jour de la naissance de Socrate, est, nous dit Diogène Laërce (2, 44), celui où les Athéniens « purifient la ville ».

90. PHOTIUS, *op. cit.* ; HESYCHIUS, s.v. κραδίης νόμος ; TZETZÈS, *Chiliades*, V, 729 ; HIPPONAX, fr. 4 et 5, Bergk.

91. *Scholie à Aristophane, Grenouilles*, 730 ; *Cavaliers*, 1133 ; SOUDA, s.v. φαρμακούς ; HARPOCRATION, citant ISTROS, s.v., φαρμακός ; TZETZÈS, *Chiliades*, V, 736.

92. ARISTOPHANE, *Les Grenouilles*, 730-734.

93. TZETZÈS, *op. cit.* ; le scholiaste à Aristophane, *Cavaliers*, 1133, écrit que les Athéniens entretenaient, pour leur servir de *pharmakoi*, des gens au plus haut point ἀγενεῖς καὶ ἀχρήστους, de basse origine et malfaisants ; le schol. à *Grenouilles*, 703, qu'ils sacrifiaient, pour repousser la famine, τοὺς φαύλους καὶ παρὰ τῆς φύσεως ἐπιβουλευομένους, des êtres dégradés et disgraciés (littéralement : ceux qui ont été maltraités par la nature) ; cf. M. DELCOURT, *op. cit.*, p. 31, n. 2.

94. Leucade : STRABON, 10, 9, p. 452 ; PHOTIUS, s.v. Λευκάτης. — Massilia : Petronius in SERVIUS, *ad En.*, 3, 57 ; LACTANCE PLACIDE, *Comment. Stat. Theb.*, 10, 793.

juges la répugnante vilenie d'un personnage comme Andocide, impie, sacrilège, dénonciateur et traître, chassé de ville en ville et comme marqué, dans ses malheurs, du doigt de dieu. Condamner Andocide, « c'est purifier la ville, la libérer de la souillure, expulser le *pharmakós*[95] ».

Les Thargélies athéniennes comportaient un second volet. A l'expulsion du *pharmakós*, elles associaient un autre rituel qui se déroulait le 7 du mois, jour dédié à Apollon. On consacrait à la divinité les prémices des fruits de la terre sous forme du *thárgēlos*, d'une galette et d'un pot empli de semences de toutes espèces[96]. Mais l'élément central de la fête était le port de l'*eiresiṓnē*, rameau d'olivier ou de laurier enrubanné de laine, garni de fruits, de gâteaux, de petites fioles d'huile et de vin[97]. De tout jeunes garçons promenaient à travers la ville ces « arbres de mai. » Ils en déposaient au seuil du temple d'Apollon, ils en accrochaient aux portes des demeures privées, πρὸς ἀποτροπὴν λιμοῦ, pour écarter la famine[98]. L'*eiresiṓnē* en Attique, à Samos, Délos, et Rhodes,

---

95. *Contre Andocide*, 108, 4 : "τὴν πόλιν καθαίρειν καὶ ἀποδιοπομπεῖσθαι καὶ φαρμακὸν ἀποπέμπειν... ». Lysias emploie un vocabulaire religieux. Sur διοπομπεῖν, ἀποδιοπομπεῖσθαι, ἀποπέμπειν et les rites d'expulsion, les πομπαῖα —, cf. EUSTATHE, *ad Odys.*, 22, 481. Dans *O.R.*, en 696, le Coryphée, après la querelle qui a opposé Créon et Œdipe, souhaite que ce dernier demeure « l'heureux guide » de la cité, εὔπομπος. Sur ce point encore, le retournement sera complet : le conducteur sera reconduit, l'*eúpompos* sera l'objet des *pompaîa*, de l'*apópempsis*.

96. PLUTARQUE, *Quaest. Conv.*, 717 d ; HESYCHIUS, s.v. Θαργήλια ; *Schol. Aristophane, Ploutos*, 1055 et *Cavaliers*, 729 ; ATHÉNÉE, 114 a ; EUSTATHE, *ad Il.*, 9, 530.

97. Sur l'*eiresiṓnē*, cf. EUSTATHE, *ad Il.* 1283, 7 ; *Schol. Aristophane, Ploutos*, 1055 ; *Et. Magnum*, s.v. Εἰρεσιώνη ; HESYCHIUS, s.v. Κορυθαλία ; *Souda*, s.v. Διακόνιον ; PLUTARQUE, *Vie de Thésée*, 22.

98. *Sch. Aristophane, Ploutos*, 1055 ; *sch. Aristophane, Cavaliers*, 728 : οἱ μὲν γάρ φασιν ὅτι λιμοῦ, οἱ δὲ ὅτι καὶ λοιμοῦ ; EUSTATHE, *ad Il.*, 1283, 7 : ἀποτροπῇ λιμοῦ.

Dans le calendrier religieux, l'*eiresiṓnē* intervient encore au mois *Puanepsiṓn*, lors de la fête des Oschophories. Le mois *Puanepsiṓn* marque la fin de la saison d'été comme le mois *Thargeliṓn* (ou le mois immédiatement précédent *Mounichiṓn*) marque son ouverture. L'offrande rituelle du *púanion* (Athénée, 648 b) le sept du mois d'automne, répond à l'offrande du *thárgelos*, le sept du mois de printemps : dans les deux cas, il s'agit d'une *panspermía*, d'une bouillie de toutes les semences des fruits de la terre. De la même façon, dans le mythe, la procession printanière de l'*eiresiṓnē* correspond au départ de Thésée (PLUTARQUE, *Vie de Thésée*, 18, 1 et 2), sa procession automnale au retour du même héros (*Ib.*, 22, 5-7). Cf. L. DEUBNER, *Attische Feste*, Berlin, 1932, p. 198-201 et 224-6 ; H. JEANMAIRE, *Couroi et Courètes*, Paris, 1939, p. 312-3 et 347 et s. ; J. et L. ROBERT, *Revue des études grecques*, 62, 1949, Bulletin épigraphique, nº 45, p. 106.

la *kōpṓ* à Thèbes ont valeur de renouveau printanier. Accompagnée de chants et d'une quête de cadeaux, leur procession consacre la fin de la vieille saison et inaugure la jeune année nouvelle sous le signe du don, de l'abondance, de la santé[99]. Cette nécessité, pour le groupe social, de revigorer les forces de fécondité dont dépend sa vie en congédiant celles qui se sont comme flétries au cours de l'année, apparaît clairement dans le rite athénien. L'*eiresiṓnē* reste accrochée aux portes des maisons où elle se fane et se dessèche jusqu'à ce jour des Thargélies où la remplace celle qu'a fait verdir l'an neuf[100].

Mais le renouveau que symbolise l'*eiresiṓnē* ne peut se produire que si toutes les souillures du groupe ont été chassées, si la terre et les hommes ont été rendus purs. Comme le rappelle Plutarque[101], les prémices de toutes sortes qui décorent l'*eiresiṓnē* commémorent la fin de l'*aphoría*, la stérilité qui frappa le sol d'Attique en punition du meurtre d'Androgée, ce meurtre que doit précisément expier l'expulsion du *pharmakós*. Le rôle majeur de l'*eiresiṓnē* dans les Thargélies explique qu'Hésychius glose Θάργηλος : ἡ ἱκετηρία, car, dans sa forme et sa fonction, l'*eiresiṓnē* n'est rien d'autre qu'un rameau de suppliant[102].

---

99. Talisman de fertilité, l'*eiresiṓnē* est appelée parfois, comme le *thárgelos*, εὐετηρία, ὑγίεια, prospérité et santé. Le scholiaste à Aristophane *Cavaliers*, 728, note que les saisons, αἱ ὧραι, sont « attachées aux rameaux. » Platon, *Banquet*, 188a, écrit que quand les saisons comportent dans leur ordonnance (rapports du sec et de l'humide, du chaud et du froid) juste mesure, elles apportent aux hommes, aux animaux, aux plantes, *euetēría* et *hugíeia* ; quand il y a au contraire *húbris* dans leurs rapports mutuels, surgissent les *loimoí*, des maladies nombreuses, qui atteignent aussi les bêtes et les plantes. — Le *loimós* manifeste un dérèglement des saisons assez proche du dérèglement des conduites humaines pour que le second puisse entraîner aussi bien le premier ; le rite du *pharmakós* réalise l'expulsion du désordre humain ; l'*eiresiṓnē* symbolise le retour au bon ordre des saisons. Dans les deux cas, c'est *l'anomía* qui est écartée.

100. Aristophane, *Cavaliers*, 728 et la scholie ; *Ploutos*, 1054 : « La moindre étincelle la ferait flamber comme une vieille *eiresiṓnē* », *Guêpes*, 399. On rapprochera le dessèchement du rameau printanier du dessèchement de la terre et des hommes, en cas de *limós* (le *limós*, la famine, est souvent associée à l'*auchmós*, la sécheresse). Hipponax, maudissant son ennemi Boupalos, cet *ágos* dont il souhaite l'expulsion, le voudrait voir ξηρὸς λιμῷ, desséché par la faim, processionné comme un *pharmakós* et comme lui fouetté sept fois sur les parties.

101. Plutarque, *Vie de Thésée*, 22, 6-7. Cf. 18, 1 : après le meurtre d'Androgée « la divinité ruinait le pays en le frappant de stérilité et de maladies, et en tarissant les fleuves ».

102. Hesychius, s.v. Θαργήλια : " ... καὶ τὴν ἱκετηρίαν ἐκάλουν Θάργηλον " ; cf. aussi Plutarque, *Vie de Thésée*, 22, 6 et 18, 1 ; Eustathe, *ad Il.* 1283, 6.

Ce sont précisément ces *hiketeríai*, ces rameaux de suppliants couronnés de laine, qu'à l'ouverture du drame de Sophocle les représentants de la jeunesse thébaine, groupés en classes d'âge, enfants et très jeunes gens, processionnent jusqu'aux portes du palais royal et déposent devant l'autel d'Apollon pour conjurer le *loimós* dont la ville est accablée. Une autre indication permet de définir plus précisément le scénario rituel qu'évoque la première scène de la tragédie. A deux reprises[103], il est rappelé que la ville retentit de « péans mêlés aux pleurs et aux gémissements ». Le péan est normalement un chant joyeux de victoire et d'action de grâce. Il s'oppose au thrène, chant de deuil, mélodie plaintive. Mais nous savons par un scholiaste de l'*Iliade* qu'il existe un autre type de péan, celui que l'on chante pour « faire cesser les maux ou pour qu'il n'en arrive pas[104] ». Ce péan cathartique, dont les pythagoriciens ont spécialement retenu le souvenir, apparaît aussi bien, suivant le scholiaste, comme un thrène. C'est le péan mêlé de sanglots dont parle la tragédie. Ce chant purificateur est pratiqué à un moment très précis du calendrier religieux, en ce tournant de l'année que représente la saison du printemps quand, au seuil de l'été, s'ouvre la période des entreprises humaines : récoltes, navigation, guerre[105]. Situées en mai, avant le début des moissons, les Thargélies appartiennent à ce complexe de fêtes printanières.

103. *Œdipe-Roi*, 5 et 186.

104. *Schol. Victor. ad Iliad.*, 10, 391 ; « Péan : celui que l'on chante pour faire cesser les maux ou pour qu'il n'en arrive pas. La musique primitive ne se rapportait pas seulement aux banquets et à la danse, mais aussi aux thrènes. Elle était en honneur encore à l'époque des Pythagoriciens qui l'appelaient purification (κάθαρσις) ». Cf. aussi ESCHYLE, *Agam.*, 645 ; *Choéphores*, 150-151 ; *Sept*, 868 et 915 et s. Cf. L. DELATTE, « Note sur un fragment de Stésichore », *L'Antiquité classique*, 7, fasc. 1, 1938, p. 23-29. A. SEVERYNS, *Recherches sur la chrestomathie de Proclus*, 1, t. 2, 1938, p. 125 et s.

105. L. DELATTE, *op. cit.* ; STÉSICHORE, Fr. 37, Bergk = 14 Diehl ; JAMBLIQUE, *V.P.*, 110, Deubner ; ARISTOXÈNE DE TARENTE, fr. 117 Wehrli : « Aux habitants de Locres et de Rhegium qui consultèrent l'oracle pour connaître le moyen de guérir la folie de leurs femmes, le dieu répondit qu'il fallait chanter des péans au printemps pendant soixante jours. » Sur la valeur du printemps, qui est moins une saison comme les autres qu'une coupure du temps, marquant à la fois le renouveau des produits du sol et l'épuisement des réserves humaines en ce moment critique de « soudure » d'une année agricole à l'autre, cf. ALCMAN, fr. 56 D = 137 Ed. : « Les saisons (Zeus), les a faites trois, été, hiver, automne la troisième, et une quatrième le printemps, quand tout fleurit et pousse mais qu'on ne peut manger à satiété. »

Ces détails devaient d'autant plus aisément imposer aux spectateurs de la tragédie le rapprochement avec le rituel athénien qu'Œdipe est présenté, de façon explicite, comme l'*ágos*, la souillure qu'il faut expulser[106]. Dès ses premiers mots il se définit lui-même, sans le vouloir, en des termes qui évoquent le personnage du bouc émissaire : « Je sais bien, dit-il aux suppliants, que vous souffrez tous ; et, souffrant ainsi, il n'y en a pas un qui souffre autant que moi. Car votre douleur n'atteint chacun d'entre vous qu'en tant qu'il est seul par lui même, et personne d'autre, mais ma personne *(psuchḗ)* gémit à la fois sur la ville, sur moi et sur toi[107] ». Et un peu plus loin : « Je porte le malheur de tous ces hommes davantage que s'il était le mien propre[108] ». Œdipe se trompe : ce mal, auquel Créon donne aussitôt son vrai nom en l'appelant *míasma*[109] est précisément le sien propre. Mais en se trompant, il dit à son insu la vérité : parce qu'il est lui-même, en tant que *míasma*, l'*ágos* de la cité, Œdipe porte effectivement le poids de tout le malheur qui accable ses concitoyens.

Roi divin-pharmakós : telles sont donc les deux faces d'Œdipe, qui lui confèrent son aspect d'énigme en réunissant en lui, comme dans une formule à double sens, deux figures inverses l'une de l'autre. A cette inversion dans la nature d'Œdipe, Sophocle prête une portée générale : le héros est le modèle de la condition humaine. Mais la polarité entre le roi et le bouc émissaire (polarité que la tragédie situe au sein même du personnage œdipien), Sophocle n'a pas eu à l'inventer. Elle était inscrite dans la pratique religieuse et dans la pensée sociale des Grecs. Le poète lui a seulement prêté une signification nouvelle en en faisant le symbole de l'homme et de son ambiguïté fondamentale. Si Sophocle choisit le couple *túrannos-pharmakós* pour illustrer ce que nous avons appelé le thème du renversement, c'est que dans leur opposition ces deux personnages apparaissent symétriques et à certains égards interchangeables. L'un et l'autre se présentent comme des *individus* responsables du salut *collectif* du groupe. Chez Homère et Hésiode, c'est de la personne du roi, rejeton de Zeus, que dépend la fécondité de la terre, des troupeaux, des femmes. Qu'il se montre, en sa justice de souverain, *amúmōn*, irréprochable, tout prospère dans sa cité[110] ; qu'il s'égare, c'est *toute la ville* qui

106. *Œdipe-Roi*, 1426 ; cf. *supra*, n. 85, p. 117.
107. *Ibid.*, 59-64.
108. *Ibid.*, 93-94.
109. *Ibid.*, 97.
110. Homère, *Od.*, 19, 109 et s. ; Hésiode, *Travaux*, 225 et s.

paie pour la faute d'*un seul*. Le Cronide fait retomber sur tous le malheur, *limós* et *loimós*, famine et peste tout ensemble : les hommes se meurent, les femmes cessent d'enfanter, la terre reste stérile, les troupeaux ne se reproduisent plus[111]. Aussi la solution normale, quand s'abat sur un peuple le fléau divin, est-elle de sacrifier le roi. S'il est le maître de la fécondité et qu'elle se tarit, c'est que sa puissance de souverain s'est en quelque sorte inversée ; sa justice s'est faite crime, sa vertu souillure, le meilleur *(áristos)* est devenu le pire *(kákistos)*. Les légendes de Lycurgue, d'Athamas, d'Oinoclos comportent ainsi, pour chasser le *loimós*, la lapidation du roi, sa mise à mort rituelle, ou, à défaut, le sacrifice de son fils. Mais il arrive aussi qu'on délègue à un membre de la communauté le soin d'assumer ce rôle de roi indigne, de souverain à rebours. Le roi se décharge sur un individu qui est comme son image retournée de tout ce que son personnage peut comporter de négatif. Tel est bien le *pharmakós* : double du roi, mais à l'envers, semblable à ces souverains de carnaval qu'on couronne le temps d'une fête, quand l'ordre est mis sens dessus dessous, les hiérarchies sociales inversées : les interdits sexuels sont levés, le vol devient licite, les esclaves prennent la place des maîtres, les femmes échangent leurs vêtements avec les hommes ; — alors le trône doit être occupé par le plus vil, le plus laid, le plus ridicule, le plus criminel. Mais la fête terminée, le contre-roi est expulsé ou mis à mort, entraînant avec lui tout le désordre qu'il incarne et dont il purge du même coup la communauté.

Dans l'Athènes classique, le rite des Thargélies laisse encore transparaître dans le personnage du *pharmakós* certains traits qui évoquent la figure du souverain, maître de la fécondité[112]. L'horrible personnage qui doit incarner la souillure est entretenu aux frais de l'État, nourri de mets spécialement purs : fruits, fromage, galette consacrée de *mâza*[113] ; s'il est au cours de la procession décoré, comme l'*eiresiṓnē*, de colliers de figues et de rameaux, frappé sur les parties sexuelles d'oignons de scille, c'est qu'il possède une vertu bienfaisante de fertilité. Sa souillure est une qualification religieuse qui peut être utilisée dans un sens bénéfique. Comme celui d'Œdipe, son *ágos* fait de lui un *katharmós*, un

111. HÉSIODE, *Travaux*, 238 et s.

112. Sur ce double aspect du *pharmakós*, cf. R. L. FARNELL, *Cults of the Greek States*, 1907, 4, p. 280-281.

113. *Souda*, s.v. φαρμακούς ; HIPPONAX, Fr. 7 (Bergk) ; SERVIUS, *ad Aen.*, 3, 57 ; LACTANCE PLACIDE, *Comment. Stat. Theb.* 10, 793 : « (...) *publicis sumptibus alebatur purioribus cibis...* ».

kathársios, un purificateur. Au reste l'ambiguïté du personnage se marque jusque dans les récits étiologiques qui prétendent expliquer la fondation du rite. A la version d'Helladios de Byzance que nous avons citée s'oppose celle de Diogène Laërce et d'Athénée[114] : au temps où Epiménide purifiait Athènes du *loimós* causé par le meurtre de Kylon, deux jeunes gens, dont l'un s'appelait Cratinos, auraient fait don volontairement de leur personne pour purifier la terre qui les avait nourris. Ces deux jeunes gens sont présentés, non comme des rebuts de la société, mais comme la fleur de la jeunesse athénienne. Selon Tzetzès, nous l'avons vu, on choisissait pour *pharmakós* un être particulièrement laid, ἀμορφότερος : selon Athénée, Cratinos était au contraire μειράκιον εὔμορφον, un très bel adolescent.

La symétrie du *pharmakós* et du roi légendaire, le premier assumant par en bas un rôle analogue à celui que joue le second par le haut, éclaire peut-être une institution comme l'ostracisme dont J. Carcopino a souligné le caractère à bien des égards étrange[115]. Dans le cadre de la cité grecque, il n'y a plus place, on le sait, pour le personnage du roi, maître de la fécondité. Quand est institué l'ostracisme athénien, à la fin du VIe siècle, c'est la figure du tyran qui a hérité, en les transposant, de certaines des valeurs religieuses propres à l'ancien souverain. L'ostracisme vise en principe à écarter celui des citoyens qui, s'étant élevé trop haut, risque d'accéder à la tyrannie. Mais, sous cette forme toute positive, l'explication ne saurait rendre compte de certains traits archaïques de l'institution. Elle fonctionne tous les ans, sans doute entre la sixième et la huitième prytanie, et suivant des règles contraires aux procédures ordinaires de la vie politique et du droit. L'ostracisme est une condamnation qui vise à « écarter de la cité » un citoyen par un exil temporaire de dix ans[116]. Elle est prononcée en dehors des tribunaux, par l'assemblée, sans qu'il y ait eu dénonciation publique ni même accusation formulée contre quiconque. Une première séance préparatoire décide à main levée s'il y aura lieu ou non d'utiliser, pour l'année en cours, la procédure d'ostracisme. Aucun nom n'est prononcé,

---

114. DIOGÈNE LAERCE, I, 110 ; ATHÉNÉE, 602 cd.

115. J. CARCOPINO, *L'Ostracisme athénien*, 1935. On trouvera les principaux textes commodément rassemblés dans l'ouvrage d'A. CALDERINI, *L'Ostracismo*, Côme, 1945. Nous devons à L. Gernet l'idée du rapprochement entre l'institution de l'ostracisme et le rite du *pharmakós*.

116. μεθίστασθαι τῆς πόλεως ; cf. *Et. Magnum*, s.v. ἐξοστρακισμός ; PHOTIUS, s.v. ὀστρακισμός.

aucun débat n'intervient. Si les votants s'y sont déclarés favorables, l'assemblée se réunit de nouveau en séance exceptionnelle quelque temps plus tard. Elle siège sur l'Agora et non comme d'ordinaire sur la Pnyx. Pour procéder au vote proprement dit, chaque participant inscrit sur un tesson de poterie le nom de son choix. Cette fois encore aucun débat ; aucun nom n'est proposé ; il n'y a ni accusation ni défense. Le vote se produit sans qu'il soit fait appel à aucun ordre de raison, soit politique, soit juridique. Tout est organisé pour donner au sentiment populaire que les Grecs nomment *phthónos*[117] (à la fois envie et méfiance religieuse à l'égard de qui monte trop haut, réussit trop bien) l'occasion de se manifester sous la forme la plus spontanée et la plus unanime (il faut au moins 6 000 votants), en dehors de toute règle de droit et de toute justification rationnelle. Que reproche-t-on à l'ostracisé, sinon ses supériorités mêmes qui l'élèvent au-dessus du commun et sa trop grande chance qui risque d'attirer sur la ville la vindicte divine. La crainte de la tyrannie se confond avec une appréhension plus profonde, d'ordre religieux, à l'égard de qui met tout le groupe en péril. Comme l'écrit Solon : « Une cité périt de ses hommes trop grands, ἀνδρῶν δ'ἐκ μεγάλων πόλις ὄλλυται. »[118]

Le développement qu'Aristote consacre à l'ostracisme est à cet égard caractéristique[119]. Si un être, dit-il, dépasse le niveau commun, en vertu et en capacité politique, on ne saurait l'admettre sur un pied d'égalité avec les autres citoyens : « Un tel être en effet sera naturellement comme un dieu parmi les hommes. » C'est pourquoi, ajoute Aristote, les États démocratiques ont institué l'ostracisme. Ce faisant, ils ont suivi l'exemple du mythe : les Argonautes abandonnèrent Héraclès pour un motif analogue. Le navire Argo refusa de le porter comme les autres passagers à cause de on excessive pesanteur. Et Aristote conclut qu'il en est en cette matière comme dans les arts et les sciences : « Un maître de chœur n'admettrait pas parmi ses chanteurs celui dont la voix surpasserait en force et en beauté tout le reste du chœur. »

Comment la cité pourrait-elle admettre en son sein celui qui, comme Œdipe, « a lancé sa flèche plus loin qu'un autre » et est devenu *isótheos* ? Quand elle fonde l'ostracisme, elle crée une

117. On notera, dans *Œdipe-Roi*, la présence du thème du *phthónos* à l'égard de celui qui est à la tête de la cité, cf. 380 et s.

118. « C'est de la nuée que s'abattent la neige et la grêle. Le tonnerre sort de l'éclair resplendissant. C'est des hommes trop grands que vient la perte de la cité », SOLON, Fr. 9-10 (Edmonds).

119. *Politique*, 3, 1284a3-b13.

institution dont le rôle est symétrique et inverse du rituel des Thargélies. Dans la personne de l'ostracisé, la cité expulse ce qui en elle est trop élevé et incarne le mal qui peut lui venir par le haut. Dans celle du *pharmakós*, elle expulse ce qu'elle comporte de plus vil et qui incarne le mal qui la menace par le bas[120]. Par ce double et complémentaire rejet, elle se délimite elle-même par rapport à un au-delà et à un en deçà. Elle prend la mesure propre de l'humain en opposition d'un côté au divin et à l'héroïque, de l'autre au bestial et au monstrueux.

Ce que la cité réalise ainsi spontanément dans le jeu de ses institutions, Aristote l'exprime de façon pleinement consciente et réfléchie dans sa théorie politique. L'homme, écrit-il, est par nature un animal politique ; celui donc qui se trouve par nature *ápolis* est ou bien *phaûlos*, un être dégradé, un sous-homme, ou bien κρείττων ἢ ἄνθρωπος, au-dessus de l'humanité, plus puissant que l'homme. Un tel homme, continue Aristote, est « comme un pion isolé au jeu de dames (ἅτε περ ἄζυξ ὢν ὥσπερ ἐν πεττοῖς) ». Et le philosophe revient sur la même idée un peu plus loin, quand il note que celui qui ne peut vivre en communauté « ne fait en rien partie de la cité et se trouve par conséquent soit une bête brute, soit un dieu (ἢ θηρίον ἢ θεός)[121] ».

C'est le statut même d'Œdipe, dans son double et contradictoire aspect, qui se trouve ainsi défini : au-dessus et au-dessous de l'humain, héros plus puissant que l'homme, égal au dieu, et du

---

120. Dans une conférence qu'il donnait en février 1958 au Centre d'études sociologiques, et qui n'a pas été publiée, Louis Gernet notait qu'entre les deux pôles opposés du *pharmakós* et de l'ostracisé s'est produit parfois, dans le jeu des institutions, comme un court-circuit. Tel fut le cas lors de la dernière application qu'Athènes a connue de l'ostracisme. En 417, il y avait deux personnages de premier plan, Nicias et Alcibiade, qu'on pouvait s'attendre à voir désignés par le vote. Les deux compères s'étant entendus, ils réussirent à faire retomber l'ostracisme sur un troisième larron, Hyperbolos, démagogue de bas étage, généralement haï et méprisé. Hyperbolos fut donc ostracisé mais, comme le faisait observer Louis Gernet, l'ostracisme ne s'en est pas remis : atterrés par cette « erreur d'aiguillage », qui souligne à la fois la polarité et la symétrie du *pharmakós* et de l'ostracisé, les Athéniens ont été à tout jamais dégoûtés de l'institution.

121. *Politique*, I, 1253 a 2-7. Pour définir l'être dégradé, le sous-homme, Aristote emploie le même terme φαῦλος dont le scholiaste se sert pour caractériser le *pharmakós*. Sur l'opposition bête brute — héros ou dieu, cf. *Ethique à Nic.*, 7, 1145 a 15 et s. : « Quant à l'état opposé à la bestialité, on ne saurait sans doute faire mieux que de parler de vertu surhumaine, héroïque et divine, en somme. (...) S'il est rare de trouver un homme divin (...), la bestialité n'est pas moins rare parmi les hommes. »

même coup bête brute rejetée dans la solitude sauvage des montagnes.

Mais la remarque d'Aristote va plus loin. Elle nous permet de comprendre le rôle du parricide et de l'inceste dans le renversement qui fait coïncider dans la personne d'Œdipe l'égal au dieu et l'égal à rien. Ces deux crimes constituent en effet une atteinte aux règles fondamentales d'un jeu de dames où chaque pièce se situe, par rapport aux autres, à une place définie sur l'échiquier de la cité[122]. En s'en rendant coupable, Œdipe a brouillé les cartes, mêlé les positions et les pions : il se trouve désormais hors jeu. Par son parricide suivi d'inceste, il s'installe à la place occupée par son père ; il confond en Jocaste la mère et l'épouse ; il s'identifie à la fois à Laios (comme mari de Jocaste) et à ses propres enfants (dont il est en même temps le père et le frère), mêlant ensemble les trois générations de la lignée. Sophocle souligne cette égalisation, cette identification de ce qui doit rester distinct et séparé avec une insistance qui a parfois choqué les modernes mais dont l'interprète doit tenir pleinement compte. Il le fait par un jeu verbal centré sur les mots *homós* et *ísos*, semblable et égal, avec leurs composés. Avant même de rien connaître de sa véritable origine, Œdipe se définit, dans son rapport avec Laios, comme partageant le même lit et ayant une épouse *homósporon*[123]. Dans sa bouche le mot veut dire qu'il ensemence la même femme que Laios a ensemencée avant lui ; mais au vers 460, Tirésias reprend le terme pour lui donner sa vraie valeur : il

122. Dans la formule d'Aristote que nous avons citée conformément à la traduction usuelle « comme un pion isolé au jeu de dames », il n'y a pas seulement opposition entre *ázux*, jeton dépareillé, et *pettoí* ou *pessoí*, les pions normaux dont se servent les joueurs. (Cf. J. Tréheux, « Sur le sens des adjectifs περίζυξ et περίζυγος ", *Revue de philologie*, 1958, p. 89.) En effet, dans la catégorie des jeux que les Grecs désignaient par le verbe *pesseúein*, il en est un auquel ils donnaient le nom de *pólis*. Selon Suétone, « la *pólis* est aussi un genre de dés dans lequel les adversaires se prenaient des pions, placés comme aux dames (*petteutikôs*) sur des cases délimitées par des lignes entrecroisées. Non sans esprit on appelait cités (*póleis*) les cases ainsi délimitées et chiens (*kúnes*) les pions qui s'opposaient les uns aux autres ». Selon Pollux « le jeu où l'on déplace beaucoup de pions est un tablier, pourvu de cases, délimitées par des lignes. On appelle le tablier *pólis*, les pions *kúnes* ». Cf. J. Taillardat, *Suétone : Des termes injurieux. Des jeux grecs*, Paris, 1957, p. 154-5. Si Aristote, pour définir l'individu *ápolis*, se réfère aux dames, c'est que, dans le jeu grec, le damier qui délimite les positions et les mouvements respectifs des pions est susceptible, comme son nom l'indique, de figurer l'ordre de la *pólis*.

123. *Œdipe-Roi*, 260.

annonce à Œdipe qu'il se découvrira à la fois le meurtrier de son père et son *homósporos*, son co-semeur[124]. *Homósporos* a d'ordinaire un autre sens : né de la même semence, parent de même souche. De fait, Œdipe, sans le savoir, est de même souche tant de Laios que de Jocaste. L'égalisation d'Œdipe et de ses fils s'exprime en une série d'images brutales : le père a ensemencé les fils là même où il a été semé ; Jocaste est une épouse, non-épouse mais mère dont le sillon a produit en une double récolte et le père et les enfants ; Œdipe a ensemencé celle qui l'a engendré, d'où il a été lui-même ensemencé, et de ces mêmes sillons, de ces sillons « égaux », il a obtenu ses enfants[125]. Mais c'est Tirésias qui donne à ce vocabulaire d'égalité tout son poids tragique quand il s'adresse à Œdipe en ces termes : viendront les maux qui « te feront égal à toi-même en te faisant égal à tes enfants[126] ». L'identification d'Œdipe avec son propre père et ses propres enfants, l'assimilation en Jocaste de la mère et de l'épouse, rendent Œdipe égal à lui-même, c'est-à-dire en font un *ágos*, un être *ápolis*, sans commune mesure, sans égalité avec les autres hommes, et qui se croyant égal au dieu se retrouve finalement égal à rien[127]. Car le tyran *isótheos*, pas plus que la bête fauve, ne reconnaît les règles du jeu qui fondent la cité humaine[128]. Chez les dieux, qui forment une seule famille, l'inceste n'est pas prohibé ; Cronos et Zeus ont attaqué et détrôné leur père. Comme eux le tyran peut se croire tout permis ; Platon l'appelle « parricide[129] », il le compare à un homme qui, par la vertu d'un anneau magique, aurait liberté d'enfreindre impunément les règles les plus sacrées : tuer qui il veut, s'unir à qui lui plaît, « maître de tout faire comme un dieu parmi les hommes[130] ». Les bêtes sauvages

124. Cf. *Ibid.*, 1209-1212.

125. Cf. 1256-7 ; 1485 ; 1496-8 : "κἀκ τῶν ἴσων ἐκτήσαθ' ὑμᾶς, ὧνπερ αὐτὸς ἐξέφυ".

126. Cf. 425.

127. Sur cette « non-égalité » d'Œdipe par rapport aux autres Thébains, dont certains, comme Tirésias et Créon, revendiquent, en face de lui, le droit à un statut égal, cf. 61, 408-409 ; 544 ; 579 et 581 ; 630. Au coup que lui porte Laios avec son fouet, Œdipe répond aussi « non également » (810). Et le souhait final qu'exprime Œdipe déchu concernant ses enfants est que Créon « n'égale pas leurs malheurs aux siens » (1507).

128. « On ne saurait parler de vertu à propos de dieu pas plus que de vice à propos d'une bête : la perfection de dieu a plus d'honneur que la vertu et la méchanceté de la bête est d'un autre genre que le vice. » ARISTOTE, *Eth. à Nic.*, 7, 1145 a 25.

129. *République*, 569 b.

130. *Ibid.*, 360 c. C'est dans ce contexte qu'il faut, croyons-nous, comprendre le second *stásimon* (863-911) dont on a proposé des inter-

n'ont pas non plus à respecter les interdits sur lesquels repose la société des hommes. Ils ne sont pas, comme les dieux, au-dessus des lois par surcroît de puissance ; ils sont au-dessous des lois, par défaut de *lógos*[131]. Dion Chrysostome rapporte l'ironique remarque de Diogène au sujet d'Œdipe : « Œdipe se lamente d'être à la fois le père et le frère de ses enfants, le mari et le fils de son épouse ; mais de cela les coqs ne s'indignent pas, ni les chiens, ni aucun oiseau[132]. » Car il n'y a chez eux ni frère, ni père, ni mari, ni fils, ni épouse. Comme des pièces isolées au jeu de dames, ils vivent sans règles, sans connaître ni la différence, ni l'égalité[133], dans la confusion de l'*anomía*[134].

---

prétations très diverses. C'est le seul moment où le chœur adopte une attitude négative à l'égard d'Œdipe-Tyran ; mais les critiques qu'il associe à l'*húbris* du tyran apparaissent tout à fait déplacées dans le cas d'Œdipe, qui serait bien le dernier par exemple à profiter de sa situation pour « faire d'injustes gains » (889). En fait, les paroles du chœur concernent non la personne d'Œdipe, mais son statut « à part » dans la cité. Les sentiments de vénération quasi-religieuse à l'égard de celui qui est plus qu'un homme se transforment en horreur aussitôt qu'Œdipe se révèle celui qui a pu jadis commettre un crime et qui semble aujourd'hui ne plus ajouter foi aux oracles divins. Dans ce cas, l'*isótheos* n'apparaît plus comme le guide auquel on peut s'abandonner, mais comme une créature sans frein ni loi, un maître qui peut tout oser, tout se permettre.

131. Le *lógos*, parole et raison, est ce qui fait de l'homme le seul animal « politique' ». Les bêtes n'ont que la voix, alors que « le discours sert à exprimer l'utile et le nuisible, et, par suite aussi, le juste et le non-juste : car c'est le caractère propre de l'homme par rapport aux autres animaux d'être le seul à avoir le sentiment du juste et du non-juste, et des autres notions morales, et c'est la communauté de ces sentiments qui engendre famille et cité ». ARISTOTE, *Politique*, 1, 1253 a 10-18.

132. D. CHRYSOST., 10, 29 ; cf. B. KNOX, *op. cit.*, p. 206 ; cf. aussi OVIDE, *Métamorphoses*, 7, 386-7 : « Ménéphron devait s'accoupler à sa mère, comme le font les bêtes sauvages ! » Cf. aussi 10, 324-331.

133. Au début de la tragédie, Œdipe s'efforce de s'intégrer à la lignée des Labdacides, dont, en tant qu'étranger, il se sent trop éloigné (cf. 137-141 ; 258-268) ; comme l'écrit B. KNOX : « The resounding, half-envious recital of Laius' royal genealogy emphasizes Œdipus' deep-seated feeling of inadequacy in the matter of birth (...) And he tries, in his speech, to insert himself into the honorable line of Theban Kings. » (*op. cit.*, p. 56). Mais son malheur ne réside pas dans la trop grande différence qui le sépare de la lignée légitime, mais dans son appartenance à cette lignée même. Œdipe s'inquiète aussi d'une basse origine qui le rendrait indigne de Jocaste. Mais là encore son malheur ne provient pas d'une distance trop grande mais d'une trop étroite proximité, de l'absence complète de différence entre les lignées des conjoints. Pis qu'une mésalliance, son mariage est un inceste.

134. La bestialité n'implique pas seulement absence de *lógos* et de *nómos* ; elle se définit comme un état de « confusion » où tout est brouillé

Hors jeu, exclu de la cité, rejeté de l'humain par l'inceste et le parricide, Œdipe se révèle, au terme de la tragédie, identique à l'être monstrueux qu'évoquait l'énigme dont il s'imaginait, en son orgueil de « savant », avoir trouvé la solution. Quel est, interrogeait la Sphinge, l'être à une voix qui a deux, trois et quatre pieds ? La question présentait confondus et mêlés ensemble les trois âges que l'homme parcourt successivement et ne peut connaître que l'un après l'autre : enfant quand il marche à quatre pattes, adulte quand il se tient ferme sur ses deux jambes, vieillard s'aidant de son bâton. En s'identifiant tout à la fois à ses jeunes enfants et à son vieux père, Œdipe, l'homme à deux pieds, efface les frontières qui doivent tenir le père rigoureusement séparé des fils et de l'aïeul pour que chaque génération humaine occupe dans la suite du temps et dans l'ordre de la cité la place qui lui revient. Dernier renversement tragique : c'est sa victoire sur la sphinge qui fait d'Œdipe, non la réponse qu'il a su deviner, mais la question même qui lui a été posée, non pas un homme comme les autres, mais un être de confusion et de chaos, le seul, nous est-il dit, de tous ceux qui vont sur la terre, dans l'air et les eaux, à « changer sa nature » au lieu de la conserver bien distincte[135]. Formulée par la sphinge, l'énigme de l'homme comporte donc une solution mais qui se retourne contre le vainqueur du monstre, le déchiffreur d'énigmes, pour le faire apparaître lui-même comme un monstre, un homme en forme d'énigme, et d'énigme cette fois sans réponse.

De notre analyse d'*Œdipe-Roi* nous pouvons dégager quelques conclusions. En premier lieu, il existe un modèle que la tragédie met en œuvre sur tous les plans où elle se déploie : dans la langue, par des procédés stylistiques multiples ; dans la structure du récit dramatique où reconnaissance et péripétie coïncident ; dans le thème du destin d'Œdipe ; dans la personne même du héros. Ce modèle n'est pas donné quelque part sous forme d'une image, d'une notion, d'un complexe de sentiments. C'est un pur schème opératoire de renversement, une règle de logique ambiguë. Mais cette forme a dans la tragédie un contenu. Pour prendre le visage d'Œdipe, paradigme de l'homme double, de l'homme inversé, la règle s'incarne dans le retournement qui transforme le roi divin en bouc émissaire.

---

et mêlé au hasard ; cf. ESCHYLE, *Prométhée enchaîné*, 450 ; EURIPIDE, *Suppliantes*, 201.

135. Cf. argument des *Phéniciennes* d'EURIPIDE : ἀλλάσσει δὲ φυὴν μόνον...

Deuxième point : si l'opposition complémentaire, sur laquelle joue Sophocle, entre le *túrannos* et le *pharmakós* est bien, comme il nous a semblé, présente dans les institutions et dans la théorie politique des Anciens, la tragédie fait-elle autre chose que refléter une structure déjà donnée dans la société et dans la pensée commune ? Nous croyons au contraire que, loin d'en présenter un reflet, elle la conteste, elle la met en question. Car dans la pratique et dans la théorie sociales, la structure polaire du sur-humain et du sous-humain vise à mieux cerner dans ses traits spécifiques le champ de la vie humaine définie par l'ensemble des *nómoi* qui la caractérisent. L'en deçà et l'au-delà ne se répondent que comme les deux lignes qui dessinent nettement les frontières à l'intérieur desquelles l'homme se trouve inclus. Au contraire, chez Sophocle, sur-humain et sous-humain se rejoignent et se confondent dans le même personnage. Et comme ce personnage est le modèle de l'homme, toute limite s'efface qui permettrait de cerner la vie humaine, de fixer sans équivoque son statut. Quand il veut, à la façon d'Œdipe, mener jusqu'au bout l'enquête sur ce qu'il est, l'homme se découvre énigmatique, sans consistance ni domaine qui lui soit propre, sans point d'attache fixe, sans essence définie, oscillant entre l'égal à dieu et l'égal à rien. Sa vraie grandeur consiste dans cela même qui exprime sa nature d'énigme : l'interrogation.

Dernier point enfin. Le plus difficile n'est peut-être pas de restituer à la tragédie, comme nous avons tenté de le faire,son sens authentique, celui qu'il avait pour les Grecs du cinquième siècle, mais de comprendre les contre-sens auxquels elle a prêté, ou plutôt comment elle s'est prêtée à tant de contre-sens. D'où vient cette relative malléabilité de l'œuvre d'art, qui fait aussi sa jeunesse et sa pérennité ? Si le ressort véritable de la tragédie est en dernière analyse cette forme de l'inversion qui joue comme un schème logique, on comprend que le récit dramatique reste ouvert à des interprétations diverses et qu'*Œdipe-Roi* ait pu se charger d'un sens nouveau au fur et à mesure qu'à travers l'histoire de la pensée occidentale le problème de l'ambiguïté dans l'homme s'est déplacé, a changé de terrain et que s'est formulée en d'autres termes que pour les Tragiques grecs l'énigme de l'existence humaine.

VI

Chasse et sacrifice dans l'« Orestie » d'Eschyle

L'*Orestie* s'ouvre par l'apparition du flambeau qui, de Troie détruite à Mycènes, apporte le « jour en pleine nuit », « en hiver un retour de l'été[1] », mais qui présage en réalité des épisodes inverses par rapport à leur apparence ; elle se clôt par une procession nocturne « à la clarté des torches éclatantes[2] » (φέγγει λαμπάδων σελασφόρων), dont l'éclat n'est pas, cette fois, trompeur, mais illumine un univers réconcilié — ce qui ne signifie pas, bien entendu, un univers dont les tensions ont disparu. Au prix de l'action tragique, le désordre fait place à l'ordre, chez les dieux, jeunes et vieux, dont la querelle est évoquée dès le début de l'*Agamemnon* sous la forme du conflit des Ouranides[3], et qui s'affrontent devant le tribunal d'Athènes, aussi bien que chez les hommes. Du début à la fin de la trilogie, cependant, deux thèmes semblent courir, celui du sacrifice et celui de la chasse. Les *Euménides* se terminent par l'appel du cortège au cri rituel que poussent les femmes quand l'animal sacrificiel est abattu, l'ὀλολυγή[4] : « Et maintenant lancez le cri rituel en réponse à notre chant (ὀλολύξατε νῦν ἐπὶ μολπαῖς). » Mais la première image sacrificielle apparaît dès le vers 65 de l'*Agamemnon*, où l'entrée au combat est comparée au sacrifice introductif du mariage, les προτέλεια, et, aussitôt après, survient le thème du sacrifice dont les dieux ne veulent pas, ou, comme on l'a dit, du « sacrifice corrompu » : « Nourris ton feu, de bois par-dessous, d'huile par-dessus, rien n'apaisera l'inflexible courroux des offrandes dont la flamme ne veut pas[5]. »

---

* Première publication : *Parola del Passato*, 129, 1969, p. 401-425. Cette étude reprend et développe des communications faites au séminaire de J. P. Vernant à l'École pratique des hautes études et au colloque sur le « Moment d'Eschyle » organisé à Bièvres en juin 1969, par M. Gilbert Kahn. Je remercie les participants de leurs observations.

1. *Agamemnon*, 22, 522, 969.
2. *Euménides*, 1022 (trad. Mazon) ; cf. aussi πυριδάπτῳ λαμπάδι, *ibid.*, 1041-42.
3. *Agamemnon*, 169-175.
4. *Euménides*, 1043, 1047.
5. *Agamemnon*, 68-71.

Non moins présente est l'image de la chasse : le présage qui sous-tend l'*Agamemnon* tout entier et, par-delà la pièce, le passé, le présent et l'avenir des Atrides, est une scène de chasse animale où deux aigles dévorent une hase pleine. Les *Euménides* évoquent, elles, une chasse à l'homme, dont Oreste est le gibier, les Erinyes les chiennes. Ces « images » de chasse ont été rassemblées dans une monographie utile, mais où l'analyse ne dépasse pas un niveau très banalement littéraire[6]. Quant au thème du sacrifice, dont l'importance avait complètement échappé à un chercheur comme E. Fraenkel qui parle simplement d'un « travesti de langage rituel destiné à provoquer un effet sinistre[7] », il a fait l'objet, au cours de ces dernières années, de travaux beaucoup plus approfondis, qu'il s'agisse avec Froma I. Zeitlin d'en dégager les significations à travers la trilogie[8] ou, de façon plus ambitieuse et parfois plus contestable, de lier l'étude du sacrifice à celle de la tragédie grecque tout entière, comme le font W. Burkert et J.-P. Guépin[9].

Cela dit, qu'un lien existe entre chasse et sacrifice, que les deux thèmes soient, dans l'*Orestie*, non pas simplement entrelacés mais directement superposés, qu'il vaille la peine dans ces conditions de les étudier conjointement, ne semble pas avoir été aperçu jusqu'à maintenant[10]. Ce sont pourtant les mêmes personnages :

6. J. DUMORTIER, *Les Images dans la poésie d'Eschyle*, Paris, 1935 ; cf. p. 71-87 ; 88-100 ; 101-111 ; 134-155, etc. Le thème du sacrifice est au contraire extrêmement négligé ; cf. p. 217-220.

7. *Aeschylus, Agamemnon edited with a commentary by* E. FRAENKEL, Oxford, 1950, III, p. 653.

8. F. I. ZEITLIN, « The Motif of the Corrupted Sacrifice in Aeschylus' Oresteia », *Trans. and Proc. of the Amer. Phil. Assoc.*, 96, 1965, p. 463-508 ; « Postscript to Sacrificial Imagery in the Oresteia (Ag., 1235-37) », *ibid.*, 97, 1966, p. 645-653.

9. W. BURKERT, « Greek Tragedy and Sacrificial Ritual », *Greek, Roman and Byzantine Studies*, 7 (1966), p. 87-122 ; J.-P. GUÉPIN, *The Tragic Paradox : Myth and Ritual in Greek Tragedy*, Amsterdam, 1968. Ce dernier livre est très riche, mais J.-P. Guépin aurait fait œuvre encore plus utile s'il avait moins sacrifié à l'impossible étude des *origines* rituelles (dionysiaques notamment) de la tragédie. Le résultat est que, décrivant la tragédie comme « fête de la moisson et des vendanges » (p. 195-200), il omet de décrire ce qu'*est* la tragédie pour tenter d'expliquer ce dont elle vient, et ne déborde guère sur les hypothèses déjà très anciennes de J. E. Harrison et de F. M. Cornford.

10. J.-P. Guépin a pressenti l'intérêt d'une telle étude ; cf. *op. cit.*, p. 24-32 notamment ; il dit même (p. 26) : « Of course hunting metaphors are extremely common in ancient Greek, especially in the spheres of war and love. A mere enumeration of these hunting metaphors would not help us. But sometimes one feels that something more, a ritual allusion, may be intended. » Il cite nombre de textes qui peuvent effectivement se référer à une chasse rituelle.

Agamemnon, Oreste qui sont successivement chasseurs et chassés, sacrificateurs et sacrifiés (ou menacés de l'être). Dans le présage de la hase pleine dévorée par les aigles, la chasse est l'image d'un sacrifice monstrueux, celui d'Iphigénie.

Domaine encore relativement peu exploré, la chasse grecque évoque pourtant tout un monde de représentations. C'est d'abord une activité sociale qui se différencie en fonction des étapes de la vie ; j'ai pu ainsi distinguer et opposer chasse éphébique et chasse hoplitique, chasse rusée et chasse héroïque[11]. Mais elle est aussi quelque chose de plus ; dans un très grand nombre de textes tragiques, philosophiques ou mythographiques, la chasse est une des expressions du passage de la nature à la culture. A ce titre sans doute, elle se rencontre avec la guerre. Pour ne donner qu'un exemple, dans le mythe du *Protagoras* de Platon[12], quand le Sophiste décrit le monde humain avant l'invention de la politique, il dit : « Les humains vécurent d'abord dispersés, et aucune cité n'existait. Aussi étaient-ils détruits par les animaux, toujours et partout plus forts qu'eux, et leur industrie, suffisante pour les nourrir, demeurait impuissante pour la guerre contre les animaux sauvages (πρὸς δὲ τὸν τῶν θηρίων πόλεμον ἐνδεής). Car ils ne possédaient pas encore l'art politique, dont l'art de la guerre est une partie[13]. »

Entre la chasse et le sacrifice, c'est-à-dire entre les deux modes dont disposaient les Grecs de se procurer l'alimentation carnée, les rapports ne sont pas moins étroits. S'agit-il, comme l'a soutenu K. Meuli, d'un rapport de filiation, les rites sacrificiels dérivant lointainement des rites des chasseurs préhistoriques tels qu'ils sont encore pratiqués notamment en Sibérie[14] ? Pour prouver

---

11. Cf. P. VIDAL-NAQUET, « Le Chasseur noir et l'origine de l'éphébie athénienne », *Annales E.S.C*, 1968, p. 947-964, paru aussi en anglais dans les *Proceedings of the Cambridge Philological Society*, 194, 1968, p. 49-64.

12. Cf. 322 b.

13. De même, ARISTOTE, *Politique*, 1, 1256 b 23 ; sur ce thème dans la littérature grecque des « origines » de la civilisation, cf. TH. COLE, *Democritus and the Sources of Greek Anthropology*, Ann Arbor, 1967, p. 34-36, 64-65, 83-84, 92-93, 115, 123-26.

14. K. MEULI, « Griechische Opferbräuche », *Phyllobolia für Peter von der Mühll*, Bâle, 1946, p. 185-288. Si discutable que soit cette étude, elle n'en fournit pas moins un prodigieux répertoire de faits et d'idées, et c'est le travail majeur sur le sacrifice chez les Grecs. Parmi les travaux récents sur ce sujet, j'ai également largement utilisé J. RUDHARDT, *Notions fondamentales de la pensée religieuse et actes constitutifs du culte dans la Grèce classique*, Genève, 1958, et J. CASABONA, *Recherches sur le*

historiquement sa thèse, K. Meuli est obligé d'admettre que les rites des chasseurs, avant de devenir ceux des sacrificateurs, ont traversé une double épaisseur historique, la civilisation agricole des Grecs succédant à une civilisation pastorale et celle-ci étant issue d'une civilisation de la chasse[15]. Supposons ces faits démontrés, on voit mal comment ils nous informeraient sur les relations entre chasse et sacrifice chez les Grecs de l'époque classique, c'est-à-dire chez un peuple qui n'était pas essentiellement un peuple chasseur mais qui pratiquait toujours la chasse[16] et à qui la chasse continuait à fournir en abondance des mythes et des représentations sociales. Dans la circonstance, même à l'historien — surtout à l'historien qui n'est pas un amateur d'antiquités — c'est l'étude synchronique qui s'impose.

De part et d'autre de l'autel sur lequel s'accomplit le sacrifice « olympien » se répartissent, suivant le mythe rapporté par Hésiode, « aux temps où se réglait la querelle des dieux et des hommes mortels à Méconé[17] », habitants du ciel et hôtes de la terre. Aux uns vont les os et la fumée, aux autres la chair cuite. Le mythe de Prométhée est étroitement lié à celui de Pandore : la possession du feu nécessaire au repas sacrificiel, c'est-à-dire, sur le plan du mythe, au repas tout court, a pour contrepartie, issue de Zeus, « la race, l'engeance maudite des femmes[18] », et la dévorante sexualité. Ainsi est tracé le destin de l'homme de l'âge du fer, ce laboureur que seuls les travaux des champs peuvent sauver.

La fonction de la chasse est à la fois complémentaire et opposée à celle du sacrifice. Disons d'un mot qu'elle définit les rapports de l'homme avec la nature sauvage. Le chasseur est à la fois l'animal prédateur, le lion ou l'aigle, l'animal rusé, serpent ou loup — chez Homère la plupart des images de chasse sont des images animales[19] — et le possesseur d'un art *(téchnē)* que ne possèdent précisément ni le lion ni le loup. C'est ce qu'exprime — entre

---

vocabulaire des sacrifices en grec, Aix-Gap, 1966, sans parler du vieux et toujours très utile recueil de P. Stengel. *Opferbräuche der Griechen*, Leipzig-Berlin, 1910.

15. Cf. ce qu'il en dit lui-même, *op. cit.*, p. 223-24.

16. Aussi bien K. Meuli ne traite-t-il que très brièvement de la question ; cf. p. 263.

17. *Travaux*, 535-36.

18. *Ibid.*, 591.

19. Voir quelques exemples *infra*, p. 141 et, pour un répertoire et une comparaison avec l'art contemporain, R. Hampe, *Die Gleichnisse Homers und die Bildkunst seiner Zeit*, Tübingen, 1952, notamment p. 30 et s.

cent autres textes — le mythe de Prométhée, tel que le commente le *Protagoras* de Platon.

L'acte sacrificiel est un acte culinaire, l'animal sacrifié par excellence est le bœuf de labour. Ce sacrifice qui, à la limite, est un crime et que, du reste, certains textes déclarent interdit[20], est dramatisé dans la cérémonie des *Bouphonies*, en l'honneur de Zeus Polieus à Athènes, lorsque l'animal sacrifié, rembourré de paille, est attelé à une charrue, tandis que chacun de ses « meurtriers », du prêtre au couteau sacrificiel, est « jugé[21] », mais le lien entre le sacrifice et le monde des champs cultivés est beaucoup plus fondamental que ne pourrait le suggérer une fête que l'on peut être tenté de juger comme marginale. En voici un bel exemple archaïque : lorsque les compagnons d'Ulysse, leurs vivres épuisés, décident de sacrifier les bœufs du Soleil, il leur manque précisément les produits de la culture ; au lieu de l'orge dont on grillait les grains, ils prennent le feuillage d'un chêne, au lieu de vin pour les libations, de l'eau. Le résultat est un désastre : « Les chairs cuites et crues meuglaient autour des broches[22]. » L'alternative à ce sacrifice impie existait pourtant et Ulysse l'indique lui-même, c'était la chasse et la pêche[23].

Vue globalement, la chasse se situe en effet à l'opposé du sacrifice olympien classique. On sait que le sacrifice d'animaux chassés est un phénomène rare (on se l'explique d'autant plus facilement que l'animal sacrifié doit être vivant), que d'une façon générale il est lié à des divinités rebelles à la cité, divinités de la nature sauvage comme Artémis et Dionysos[24]. Très souvent, comme dans le mythe d'Iphigénie, le sacrifice d'un animal chassé apparaît comme le substitut d'un sacrifice humain, la sauvagerie de la victime relayant en quelque sorte la sauvagerie de l'acte.

---

20. Cf. *Schol.* ARAT. *Phaen.*, 132 ; ELIEN, *N.A.*, 12, 34 ; *Schol. Odyssée*, 12, 353 ; NICOLAS DE DAMAS, fr. 103, i Jacoby ; ELIEN, *Var. Hist.*, 5, 14 ; VARRON, *De re rustica*, 2, 5, 4 ; COLUMELLE, 6, *Praef.* ; PLINE, *N.H.*, 8, 180. Ces textes débordent largement le monde grec.

21. PAUSANIAS, 1, 28, 10 ; ELIEN, *Var. Hist.*, 8, 3 ; PORPHYRE, *De Abstinentia*, 2, 28 ; pour l'ensemble de la tradition, cf. L. DEUBNER, *Attische Feste*, Berlin, 1932, p. 158.

22. *Odyssée*, 356-396.

23. *Ibid.*, 329-333 ; voir sur ce point mon article « Valeurs religieuses et mythiques de la terre et du sacrifice dans l'Odyssée », *Annales E.S.C.*, 1970, p. 1288-89.

24. Un relevé qui devrait être complété notamment par une enquête archéologique précise a été effectué par P. STENGEL, « Über die Wild und Fischopfer der Griechen », *Hermes*, 1887, p. 94-100, repris dans *Opferbräuche...*, p. 197-202.

Il existe cependant entre ces domaines opposés des zones d'interférence que précisément la tragédie met à profit. Les *Bacchantes* d'Euripide donnent une description saisissante de l'omophagie (dépècement de la viande crue) dionysiaque, acte dans lequel chasse et sacrifice sont confondus. Penthée sera la victime d'une telle chasse sacrificielle.

Mon propos n'est pas ici d'énumérer tous les passages de l'*Orestie* où il est question de sacrifice, de chasse et parfois de pêche, mais plus simplement de mettre l'accent sur les lignes de force des trois pièces, dont on verra qu'elles s'opposent d'une certaine manière terme à terme.

Ouvrons le ban avec le chœur qui suit immédiatement la *párodos* de l'*Agamemnon*[25] et l'évocation du présage qui se manifesta aux Achéens à Aulis. Plus encore que de la grande scène de Cassandre, on peut dire que le poète y « groupe en un tout (...) le passé le plus lointain et le futur qui suivra[26] », mais précisément parce que nous sommes à l'orée de la pièce, tout y est beaucoup plus voilé[27].

« Deux rois des oiseaux apparaissent aux rois des nefs, l'un tout noir (κελαινός), l'autre au dos blanc. Ils apparurent près du palais, du côté du bras qui brandit la lance, perchés bien en vue, en train de dévorer, avec toute sa portée, une hase pleine, frustrée des chances d'une dernière course. » Calchas en déduit aussitôt que les aigles sont les Atrides, que ceux-ci prendront Troie, qu'Artémis, insultée par le meurtre de la hase, risque d'exiger une rançon beaucoup plus lourde (Iphigénie), ce qui entraînera à son tour d'autres catastrophes : « Car prête à se redresser un jour terrible, une intendante perfide garde la maison, la Colère qui se souvient et veut venger un enfant (μίμνει / γὰρ φοβερὰ παλίνορτος / οἰκονόμος δολία μνάμων Μῆνις τεκνόποινος)[28]. » Ainsi est annoncée sous une forme à peine abstraite la vengeance rusée de Clytemnestre.

Vocabulaire de la chasse et vocabulaire du sacrifice sont ici étroitement mêlés. La hase est « frustrée des chances d'une dernière course », (λοισθίων δρόμων[29]) ce qui est une expression

25. Cf. *Agamemnon*, 105-159.

26. J. de Romilly, *Revue des études grecques*, 1967, p. 95 ; cf. aussi *Le Temps dans la tragédie grecque*, Paris, 1971, p. 73-74.

27. J'ai connu seulement après la rédaction de ces pages l'excellente étude de J. J. Peradotto, « The *Omen* of the Eagles and the ἦθος of Agamemnon », *Phoenix* 23, 1969, p. 237-263.

28. *Agamemnon*, 151-55.

29. *Ibid.*, 120.

technique qu'on retrouve ailleurs[30]. Faut-il insister sur le lièvre, le type même de l'animal chassé, le seul, dit Hérodote, dont la femelle conçoive alors qu'elle est pleine, tellement la nature a besoin de ces victimes[31], l'antithèse du lion et de l'aigle ; Homère évoque Achille : « Il a l'élan de l'aigle noir, l'aigle chasseur, le plus fort ensemble et le plus vite des oiseaux » (αἰετοῦ οἴματ' ἔχων μέλανος τοῦ θηρητῆρος / ὅς θ' ἅμα κάρτιστός τε καὶ ὤκιστος πετεηνῶν), tel, encore, que « l'aigle de haut vol qui s'en va vers la plaine, à travers les nues ténébreuses, pour ravir un tendre agneau ou un lièvre qui se terre » (πτῶκα λαγωόν), « l'aigle le plus sûr des oiseaux, le chasseur sombre qu'on appelle le Noir[32] » (μόρφνον θηρητῆρ', ὃν καὶ περκνὸν καλέουσιν). Mais il ne s'agit pas de n'importe quelle chasse. On l'a bien noté[33], un règlement de chasse signalé par Xénophon recommande aux « sportifs » de laisser les petits à la déesse : τὰ μὲν οὖν λίαν νεογνὰ οἱ φιλοκυνηγέται ἀφιᾶσι τῇ θεᾷ[34]. La chasse des aigles est à la fois chasse royale et chasse déloyale, empiétant sur le domaine d'Artémis.

Mais cette chasse est aussi un sacrifice, Calchas le dit en propres termes, craignant qu'Artémis n'exige « un autre sacrifice monstrueux, dont la victime lui reste tout entière » (θυσίαν ἑτέραν ἄνομόν τιν' ἄδαιτον[35]), et surtout, cette identité est affirmée dans l'extraordinaire vers 136, chef-d'œuvre de l'ambiguïté eschyléenne, exprimant la colère d'Artémis contre les « chiens ailés de son père » (αὐτότοκον πρὸ λόχου μογερὰν πτάκα θυομένοισιν) ce qui signifie tout à la fois « ayant sacrifié, avant sa délivrance, la malheureuse hase avec sa portée » et « ayant

30. XÉNOPHON, *Cynégétique*, 5, 14 ; 9, 10 ; ARRIEN, *Cynégétique*, 17, évoquent la « première course » de l'animal traqué. Le rapprochement est fait notamment par P. MAZON, p. 14 de l'édition Budé.

31. HÉRODOTE, 3, 108. Sur le lièvre dans le culte d'Artémis, notamment à Brauron en Attique, voir l'article cité *supra* de J. J. PERADOTTO, p. 244.

32. *Iliade*, 21, 252-53 ; 22, 310 ; 24, 315-316, trad. P. Mazon ; cf. aussi 17, 674-77 où c'est Ménélas qui est l'objet de la comparaison, ou encore le μελανάετος καὶ λαγωφόνος d'ARISTOTE, *H.A.*, 9, 32,2. Pour d'autres références et l'identification zoologique de ces aigles (le blanc et le noir), cf. le commentaire d'E. FRAENKEL, II, p. 67-70.

33. MAZON, p. 15 de l'édition Budé.

34. *Cynégétique*, 5, 14.

35. *Agamemnon*, 150, « un autre sacrifice » plutôt que « n'exige à son tour un sacrifice » (MAZON). Le sacrifice est ἄδαιτος, c'est-à-dire sans repas sacrificiel : c'est un sacrifice d'anéantissement.

sacrifié leur propre enfant, pauvre être blotti, sur le front des troupes[36] ».

Peut-on préciser, mieux que ne le fait Calchas, la signification du présage ? Le devin en souligne lui-même le caractère ambivalent. Les éléments favorables sont parfaitement clairs. Les aigles apparaissent « du côté du bras qui brandit la lance[37] », c'est-à-dire du côté droit, l'un d'entre eux a le dos blanc, couleur religieusement bénéfique[38]. La chasse des aigles est un succès. En un sens, la hase pleine : c'est Troie[39], qui sera prise dans un filet dont ni enfant ni homme fait ne pourra s'évader[40], Troie dont la capture sera une chasse[41]. Mais la hase est également, on l'a vu, Iphigénie sacrifiée par son père. Artémis la toute belle, la bienveillante (εὔφρων ἁ Καλά du vers 140) étend sa dangereuse protection « aussi bien sur les faibles fruits des lions farouches que sur les tendres nourrissons de toutes les bêtes des champs[42] ». Agamemnon est aussi un lion[43] ; victime des aigles sous la forme de la hase pleine, victime d'Artémis comme fille du lion, Iphigénie sera toujours la victime de son père. Déesse de la nature sauvage dont Calchas met en avant le nom lorsqu'il propose le sacrifice d'Iphigénie[44], Artémis n'intervient que parce qu'Agamemnon, sous la forme de l'aigle, est déjà entré dans le monde

---

36. Je renvoie pour la démonstration détaillée à W. B. Stanford, *Ambiguity in Greek Tragedy*, Oxford, 1939, p. 143. Le commentaire de Fraenkel est muet à ce propos.

37. *Agamemnon*, 116.

38. Cf. G. Radke, *Die Bedeutung der Weissen und der Schwarzen Farbe im Kult und Brauch der Griechen und Römern*, Berlin, 1936, notamment p. 27 et s.

39. Bien que le symbole soit très différent, l'auditeur d'Eschyle devait évoquer la scène fameuse où Calchas interprète le présage fourni par un serpent dévorant huit passereaux et leur mère et changé en pierre, ce qui annonce la prise de Troie après neuf années de combat (*Iliade*, 2, 301-329). Mais chez Homère le présage une fois interprété est parfaitement transparent et il n'en est pas de même chez Eschyle.

40. *Agamemnon*, 357-60.

41. Cf. *infra*, p. 145.

42. *Agamemnon*, 140-43.

43. Cf. au moins *Agamemnon*, 1259, et selon toute vraisemblance 827-28. Voir la brillante démonstration de B. M. W. Knox, « The Lion in the House », *Classical Philology*, 47, 1957, p. 17-25, qui prouve sans doute possible que dans la fameuse image du lionceau qui grandit (*Agamemnon*, 717-736), il faut reconnaître non seulement Pâris mais bien le fils d'Atrée lui-même.

44. προφέρων Ἄρτεμιν, 201-02.

du sauvage[45], et bien avant la scène d'Aulis, d'autres petits que ceux de la hase avaient été sacrifiés et dévorés au cours du festin impie qu'évoque la grande scène de Cassandre ; plus tard Clytemnestre dira que c'est « l'âpre génie vengeur d'Atrée » qui a « immolé, cette victime adulte pour venger des enfants », τόνδ' ἀπέτεισεν / τέλεον νεαροῖς ἐπιθύσας[46]. La hase peut aussi s'identifier aux enfants massacrés.

Les aigles sont les Atrides, mais le premier nommé d'entre eux, l'aigle noir, chasseur sombre voué définitivement au malheur[47], ne peut être que le héros du drame, Agamemnon. Celui-ci n'est-il pas comparé, plus loin dans la pièce, à un « taureau aux cornes noires[48] » ?

La couleur blanche, ainsi attribuée implicitement à Ménélas, rappelle sans doute que pour lui l'affaire se terminait bien. Méné-

45. C'est en somme ce qu'on peut retenir, à quelques nuances près, de l'étude de W. WHALLON, « Why is Artemis angry ? », *American Journal of Philology*, 82, 1961, p. 78-88. E. FRAENKEL (*op. cit.*, II, p. 97-98) a montré d'autre part combien Eschyle s'était gardé de rappeler les traditions suivant lesquelles les Atrides auraient violé un enclos réservé à Artémis ou tué une bête à elle consacrée. En fait un tel acte n'a nul besoin d'intervenir parce que, dans l'optique tragique, Agamemnon en tant qu'Atride est déjà coupable, tout en restant à tout moment libre de ne pas l'être. On est au premier abord tenté de voir dans le vers 141 une allusion à la légende du salut d'Iphigénie transportée par la déesse en Tauride : Artémis n'est-elle pas « émue de pitié » (134) ? Mais aucun texte d'Eschyle ne permet de l'affirmer.

46. *Agamemnon*, 1502-03.

47. Le chasseur noir éphébique qui fait l'objet de mon étude citée *supra* n'est « noir » que provisoirement, pendant le temps de sa retraite rituelle ; il s'agit ici de tout autre chose : Agamemnon est un chasseur maudit.

48. τὸν ταῦρον ἐν πέπλοισιν / μελάγκερων λαβοῦσα μηχανήματι / τύπτει : « Dans le piège d'un voile elle a pris le taureau aux cornes noires ; elle frappe » (1126-28). Je traduis ainsi malgré FRAENKEL (*op. cit.*, II, p. 511-19) suivi notamment par THOMSON et par J. D. DENNISTON et D. PAGE, dans leurs éditions de l'*Agamemnon*, Oxford, 1957, p. 171-73. Ces auteurs, comme Fraenkel, accordent μελαγκέρῳ avec μηχανήματι. De son côté, J.-P. GUÉPIN, *op. cit.*, p. 24-25, pense que c'est le voile lui-même qui est « une machination à corne noire ». Des cornes vont cependant mieux à un taureau qu'à une ruse ou à un voile. Je garde donc avec Mazon, le μελάγκερων des manuscrits Tr, F, V et M (avant correction) et je n'adopte pas la correction de M μελαγκέρωι. Fraenkel traduit : « With black contrivance of the horned one », ce qui est assez bizarre, et explique que μηχανήματι exige un adjectif qualificatif ; cette remarque est pour le moins contestable ; cf. *Choéphores*, 980-981 : Ἴδεσθε δ' αὖτε. τῶνδ' ἐπήκοοι κακῶν / τὸ μηχάνημα, δεσμὸν ἀθλίῳ πατρί, « Contemplez, vous qui n'avez qu'ouï nos maux, contemplez enfin le piège, lien qui enserra mon malheureux père » (trad. Mazon modifiée) : δεσμόν a toutes chances d'être ici un nom apposé, non un adjectif.

las est le héros survivant du drame satyrique qui termine la pièce, le *Proteus*[49]. Mais, pour compliquer encore la tâche de l'interprète, ces *aigles* sont aussi des vautours (αἰγυπιοί) que, au début de la pièce, le Coryphée montre tournoyant au-dessus de leur aire déserte, réclamant — et obtenant — justice pour leurs petits dérobés, c'est-à-dire pour Hélène enlevée[50]. Cette opposition est-elle absolument sans importance ? Eschyle a-t-il employé deux mots pour désigner le même oiseau ? C'est ce qui a été généralement soutenu[51], et il est vrai que les deux oiseaux sont parfois confondus[52]. Il est tout de même singulier que ce soit l'animal noble, royal, l'aigle des hauteurs qui soit présenté comme accomplissant une action horrible et l'animal ignoble, le charognard, qui réclame justice[53]. Le vautour n'est-il pas l'animal qui, contrairement à l'aigle, est attiré par le pourri, par l'odeur des cadavres, et qui crève au contact des aromates[54]? Cette « contradiction » n'est-elle pas, au contraire, un des ressorts de la pièce ? Après tout le pourri est bien présent dans la pièce. Dans la grande scène de Cassandre, la devineresse s'écrie : « Ce palais sent le meurtre et le sang répandu. — Dis qu'il sent les

49. Dans son commentaire, E. FRAENKEL cite (II, p. 67) plusieurs textes qui caractérisent l'aigle « à dos blanc » par la δειλία, la lâcheté. Cette interprétation n'est pas contradictoire avec celle que nous défendons ici ; en faveur de celle-ci, rappelons que l'heureux achèvement du destin de Ménélas, qui a disparu dans la tempête du retour, est discrètement annoncé par le héraut aux vers 674-679.

50. *Agamemnon*, 49-54.

51. Ainsi W. G. HEADLAM et G. THOMSON, *The Oresteia of Aeschylus*, Cambridge, 1938, p. 16 ; W. WHALLON, qui a pourtant vu très clairement l'importance du bestiaire d'Eschyle pour l'interprétation de l'œuvre : « The repeated beast symbols of the Oresteia are the Aeschylean counterpart of the Sophoclean dramatic irony » (*op. cit.*, p. 81) conclut dans le même sens : « The generic difference between the vulture and the eagle are unimportant here ; the eagle might well have been the bird of vengeance, the vulture might have been the bird of predacity » (*ibid.*, p. 80). Le problème est mieux posé par F. I. ZEITLIN, *The Motif...*, p. 482-83.

52. Cf. G. D'ARCY W. THOMPSON, *A Glossary of Greek Birds*, Oxford, 1936, p. 5-6 et 26.

53. Sur l'opposition — et parfois la confusion — entre le vautour et l'aigle, cf. les textes rassemblés par J. HEURGON, « Vultur », *Revue des études latines*, 14, 1936, p. 109-118. On trouvera toutes les références désirables dans D'ARCY W. THOMPSON, *op. cit.*

54. Pour cette opposition, comparez par exemple ÉSOPE, fable 6 ; ÉLIEN, *N.A.*, 3, 7 ; 18, 4 ; ANTONINUS LIBERALIS, 12, 5-6 ; DIONYSIOS, *De Aucupio*, 1, 5 (Garzya). Voir D'ARCY W. THOMPSON, *op. cit.*, p. 84. Je remercie Marcel Detienne, dont le livre, *Les Jardins d'Adonis*, Paris, 1972 (voir p. 48-56), était alors en préparation, de m'avoir éclairé sur ce point ; Manolis Papathomopoulos m'a signalé le dernier texte cité.

offrandes brûlées sur le foyer. — On dirait le souffle qui sort d'un tombeau. — Tu lui prêtes un parfum qui n'a rien de l'encens[55]. »

En un sens, toute la pièce va nous montrer comment ce sacrifice corrompu qu'est le meurtre d'Iphigénie succède à d'autres et en entraîne d'autres, de même que le festin des aigles, cette chasse monstrueuse, succède à d'autres et en entraîne d'autres.

La guerre de Troie elle-même est une chasse, et le chœur évoque « ces innombrables chasseurs armés du bouclier (πολύανδροί τε φεράσπιδες κυναγοί) [qui] s'élançaient sur la trace évanouie de [la] nef [d'Hélène][56] ». Ces chasseurs ne sont pas « étranges[57] », ils sont simplement identiques à ces nombreux chasseurs équipés en hoplites, ou portant à tout le moins le bouclier, que les vases attiques représentent et qu'ils opposent aux chasseurs éphébiques nus[58]. Mais, comme le suggère, immédiatement après, la parabole du lionceau, ces chasseurs hoplitiques ne se conduisent pas comme des hoplites. Du monde de la bataille (*máchē*) on va passer à celui de la chasse animale, sauvage et impie. Le héraut le dit en terminant son discours d'arrivée : « Les Priamides ont payé deux fois leurs fautes[59]. »

Clytemnestre l'avait suggéré cyniquement : une guerre qui ne respecte pas les dieux des vaincus serait une guerre dangereuse pour les vainqueurs[60]. Agamemnon le dira plus clairement encore en décrivant la prise de Troie : la vengeance a été ὑπερκότως[61], sans commune mesure avec le rapt d'Hélène. Ce sont bien des hoplites, un ἀσπιδηστρόφος λεώς, une « troupe aux boucliers agiles[62] », qui l'emportent, mais ces hoplites combattent de nuit[63],

55. *Agamemnon*, 1309-12.

56. *Ibid.*, 694-95.

57. Comme le veut P. Mazon qui traduit ainsi en ajoutant un mot au texte.

58. Dans son mémoire de maîtrise sur les thèmes de chasse dans les vases attiques des VIe et Ve siècles (1968), Alain Schnapp a rassemblé à ce sujet un important dossier qu'il publiera, je l'espère, un jour : voir en attendant les planches I et II.

59. *Agamemnon*, 537.

60. *Ibid.*, 338-344.

61. Toutefois ὑπερκότως (822) est une correction de Kayser, adoptée par Mazon au lieu de l'impossible ὑπερκότους des manuscrits. Si l'on adopte avec Fraenkel, Thomson et Denniston-Page la correction de Heath, ὑπερκόπους, les vers 822-23 se traduiront : « Nous avons obtenu paiement (ἐπραξάμεσθα) de rapts (χἀρπαγάς) présomptueux » ; χἀρπαγάς est du reste également une correction.

62. *Agamemnon*, 825.

63. Vers le coucher des Pléiades ἀμφὶ Πλειάδων δύσιν ; ces trois mots du vers 826 ont été, depuis la Renaissance, un *tummelplatz* de l'érudition ; on

chose contraire à la morale grecque de la bataille. La troupe, progéniture du cheval, est « le monstre dévorant d'Argos[64] » qui bondit et « ainsi qu'un lion cruel a tout son soûl léché le sang royal[65] ». La guerre répète donc le meurtre de la hase, le lion, autre animal royal, ayant remplacé les aigles. La grande scène de Cassandre et le meurtre d'Agamemnon répèteront à leur tour et le sacrifice d'Iphigénie et la guerre et la mort des enfants de Thyeste. A peine est-il besoin de rappeler que le vocabulaire est, ici encore, constamment celui du sacrifice[66] et de la chasse. Cassandre est une chienne de chasse[67]. Agamemnon est à la fois un homme abattu dans un sacrifice d'autant plus monstrueux qu'il est accompagné de serments et du cri rituel de l'Erinys familiale[68], et une bête prise au filet, traquée avant d'être

trouvera l'essentiel de la discussion in FRAENKEL, *op. cit.*, p. 380-82, et THOMSON, *The Oresteia of Aeschylus*, Prague, 1966, p. 68. Pour les uns, δύσις désigne, comme le veut le scholiaste de T, le coucher *héliaque* des Pléiades (14 novembre), qui marquait traditionnellement le début de la mauvaise saison. Cette indication concorderait assez bien avec la tempête racontée par le héraut au vers 650 et, symboliquement, avec la *péripétie* dangereuse que représente en réalité la prise de Troie et le retour d'Agamemnon. Ainsi raisonnent, à quelques nuances près, THOMSON et DENNISTON-PAGE (p. 141), ces derniers auteurs pensant même que l'indication est purement gratuite. D'autres estiment que δύσις désigne simplement le coucher *nocturne* de cette constellation, et Fraenkel rappelle qu'au moment des grandes Dionysies (fin mars) les Pléiades se couchent vers dix heures du soir. Sans qu'il soit besoin de faire appel, comme le fait Fraenkel, aux habitudes alimentaires du lion, habitudes que connaissait Homère (*Iliade*, 17, 657-60), il faut avouer que, à suivre le mouvement du récit, on imagine beaucoup plus aisément un lion, même métaphorique, bondissant *de nuit* qu'un lion bondissant *au début de la saison hivernale*. Toute la tradition plaçait la prise de Troie pendant la nuit. Wilamowitz, suivi par Mazon et Fraenkel, a apporté un argument de poids à cette thèse en rapprochant [SAPHO], fr. 52 (Bergk) : δέδυκε μὲν ἀ Σελάνα καὶ Πληιάδες, μέσαι δὲ νύκτες, « la Lune et les Pléiades se sont couchées, il est minuit ».

64. 'Αργεῖον δάκος, ἵππου νεοσσός (823-24). Δάκος (cf. δάκνω, mordre) est employé ailleurs par Eschyle pour désigner le Sphinx qui figure sur le bouclier de Parthénopée (*Sept*, 558), ou les monstres marins (*Prométhée*, 583).

65. *Agamemnon*, 827-28.

66. Je renvoie pour le détail des textes aux articles déjà cités de F. I. Zeitlin.

67. *Agamemnon*, 1093-94 - 1184-85.

68. Cf. 1056, 1115-17 (le cri rituel), 1431 (les serments). Je ne crois pas comme F. I. ZEITLIN (*The motif...*, p. 477) que ces serments se réfèrent au passé. Clytemnestre est fort consciente du caractère monstrueux du sacrilège qu'elle vient d'accomplir, puisqu'elle envisage même un sur-sacrilège, verser une libation sur un cadavre, ἐπισπένδειν νεκρῷ (1395),

tuée[69], victime à la fois de la lionne Clytemnestre et du lion-lâche qui est aussi un loup — animal à la fois cruel et rusé pour les Grecs — Egisthe[70]. Il est aussi le sacrificateur sacrifié[71], et cette chasse-sacrifice répète à son tour le meurtre originel;

---

ce qui ne fait pas partie, comme elle le dit, des convenances (πρέποντα). Cette expression doit se comprendre par référence aux libations répandues sur une victime *avant* son exécution, et sans doute aussi à celle qui accompagne la victoire ; cf. D. W. LUCAS, « Ἐπισπένδειν νεκρῷ, *Agamemnon* 1393-8 », *Proc. of the Cambr. Phil. Soc.*, 195, 1969, p. 60-68, dont j'accepte pour l'essentiel la démonstration.

69. Images du filet et du piège de chasse : pour Cassandre, 1048, pour Agamemnon, 1115, 1375, 1382 (filet à poisson), 1611. Le thème du filet, de la « robe de trahison », est-il ou non antérieur à Eschyle ? Aucun texte littéraire ne permet de répondre à cette question. Quant aux documents iconographiques, ils font l'objet d'une âpre discussion. E. Vermeule, qui a publié récemment un magnifique cratère du musée de Boston sur lequel Clytemnestre enveloppe son époux d'un drap pendant qu'Egisthe tue (« The Boston Oresteia Krater », *American Journal of Archaeology*, 70, 1966, p. 1-22 ; cf. H. METZGER, « Bulletin archéologique, Céramique », *Revue des études grecques*, 81, 1968, p. 165-166) s'appuie précisément sur ce silence des sources littéraires pour dater ce document *après* la représentation de l'*Orestie* (458). D'autres auteurs et notamment M. I. Davies qui vient de reprendre l'ensemble du dossier (« Thoughts on the Oresteia before Aischylos », *Bulletin de correspondance hellénique*, 93, 1969, p. 214-260) pensent retrouver au moins un témoignage antérieur sur un pinax de Gortyne du second quart du VIIe siècle (fig. 9 et 10, p. 228-229 de l'étude de Davies), qui représenterait le meurtre d'Agamemnon. A suivre cette interprétation, Clytemnestre frapperait tandis qu'Egisthe tendrait un filet au-dessus de la tête du roi, mais l'existence même de ce filet paraît sujette à caution. Quant au cratère de Boston, M. I. Davies le date des années 470 en s'appuyant notamment sur le fait que c'est Egisthe qui, contrairement à ce qui se passe dans la pièce d'Eschyle, joue le premier rôle (*loc. cit.*, p. 258).

70. Egisthe lion-lâche : 1224 ; Egisthe loup compagnon de la lionne, 1258-59. Le loup des Grecs était à la fois perfide et féroce, alors que la ruse n'est certes pas le trait qui le caractérise dans notre propre culture. « Ueberhaupt gilt er als ein schlaues Tier », comme l'écrivait justement O. KELLER, *Thiere des classischen Alterthums...*, Innsbrück, 1887, p. 162 ; cf. e.g. ARISTOTE, *H.A.*, I, I, 488 b où les loups sont rangés dans les animaux à la fois γενναῖα καὶ ἄγρια καὶ ἐπίβουλα, (à la fois courageux, sauvages et insidieux), et ARISTOPHANE DE BYZANCE, *Epitome*, I, 11 (Lambros) : τὰ δὲ ἐπίβουλα καὶ ἐπιθετικὰ ὡς λύκος. « Les animaux insidieux et entreprenants, tel le loup. » Sur l'utilisation de cette ruse de du loup dans certains rites, cf. L. GERNET, « Dolon le loup », *Mélanges F. Cumont*, Bruxelles, 1936, p. 189-208, repris dans *Anthropologie de la Grèce ancienne*, Paris, 1968, p. 154-172.

71. L'expression célèbre παθεῖν τὸν ἔρξαντα,, « au coupable le châtiment » (*Agamemnon*, 1564) que les *Choéphores* (313) reprennent sous la forme δράσαντι παθεῖν, joue peut-être, chez Eschyle, sur le double sens de ἔρδω, accomplir et sacrifier.

celui qui prit la forme horrible d'un sacrifice humain accompagné d'un serment[72], et de quelque chose de pis qu'un sacrifice humain puisqu'il est une οἰκεία βορά, une pâture familiale, le résultat d'un cannibalisme domestique[73]. Le cru et le cuit[74], la chasse et le sacrifice se rejoignent précisément au point où l'homme n'est plus qu'un animal. L'οἰκεία βορά, c'est en somme l'équivalent de l'inceste.

Fait remarquable, et qui confirme, je crois, l'analyse qui précède, tandis que, dans l'*Agamemnon*, la capture de l'être humain qui sera sacrifié est décrite avec des métaphores de chasse, l'exécution elle-même est le plus souvent évoquée avec des métaphores d'animaux d'élevage. Iphigénie est successivement chèvre et

---

72. Le père porte à la bouche les viscères de ses enfants (1221) ; sur le rôle des chairs coupées et des σπλάγχνα dans le serment, cf. J. RUDHARDT, *op. cit.*, p. 203.

73. Βορά, *nomen actionis* de βιβρώσκω (cf. P. CHANTRAINE, *Dictionnaire étymologique*, s.v.), dévorer, désigne à proprement parler la pâture de l'animal. Ce mot n'est, en général, employé pour la nourriture humaine que lorsque les hommes sont réduits à l'état sauvage ou comparés aux animaux ; cf. les exemples rassemblés par CH. P. SEGAL, p. 297-99 de son étude « Euripides, Hippolytus 108-112 : Tragic Irony and Tragic Justice », *Hermes*, 97, 1969, p. 297-305. Je ne sais pourquoi Segal a affaibli sa démonstration en écrivant (p. 297) : « The noun βορά can be used of ordinary human food. » Les exemples cités en note ne vont certes pas dans ce sens ; ESCHYLE, *Perses*, 490 : il s'agit de la nourriture des soldats perses affamés, donc réduits à l'état animal ; SOPHOCLE, *Philoctète*, 274, 308, deux exemples admirables de la nourriture d'un homme ensauvagé ; HÉRODOTE, I, 119, 15, il s'agit du festin cannibale offert à Harpage par Astyage, exemple parallèle à celui de l'*Orestie* ; ID., 2,65, 15, concerne les nourritures données par les Égyptiens *aux animaux* ; ID., 3, 16, 15, le feu est comparé à une bête qui dévore ses aliments ; EURIPIDE, *Oreste*, 189, le héros devenu fou, c'est-à-dire sauvage, n'a même pas de πόθον βορᾶς, je traduirais, le désir de satisfaire la bête. Un exemple peut prêter à équivoque : SOPHOCLE, *Œdipe-Roi*, 1463, texte du reste difficile que certains ont proposé de corriger et qui a suscité des interprétations très diverses (cf. J. C. KAMERBEEK, *The Plays of Sophocles*, IV, *Commentary*, Leyde, 1967, p. 262). Œdipe, après avoir dit à Créon que ses *fils*, étant des hommes, ne risquaient pas de manquer de ce qui est nécessaire à la vie (τοῦ βίου) évoque ses filles, αἰν οὔποθ' ἡμὴ χωρὶς ἐστάθη βορᾶς / τράπεζ' ἄνευ τοῦδ' ἀνδρός « pour qui jamais ma table n'a été dressée sans nourriture et sans que je sois présent ». Œdipe ne compare-t-il pas ici, implicitement, ses filles à des animaux familiers qui goûtent à la même nourriture que lui ? Quand, dans l'*Hippolyte*, 952, Thésée parle de l'ἀψύχου βορᾶς de son fils, il suggère clairement que sous ses allures de végétarien, celui-ci était cannibale et incestueux.

74. Rappelons que les enfants de Thyeste ont été rôtis ; cf. *Agamemnon*, 1097.

brebis[75] ; Agamemnon, que Clytemnestre avait décrit comme le chien de l'étable[76], comme elle en est la chienne[77], est capturé dans un filet mais abattu comme un taureau[78]. C'est une autre façon d'exprimer le sacrilège, puisque les animaux d'élevage, qui sont précisément les victimes normales du sacrifice, doivent indiquer d'un signe leur assentiment[79], ce qui est exactement le contraire d'une mort piégée. Les *Bacchantes* d'Euripide fournissent peut-être un intéressant point de comparaison. Quand Agavé revient de sa chasse, porteuse de la tête de son fils Penthée[80], elle s'imagine d'abord rapporter de la montagne le lierre de Dionysos, « heureuse chasse », μακάριον θήραν, puis un lionceau pris sans filet, exploit cynégétique réel celui-là, enfin, avant de découvrir la vérité, un jeune veau, νέος μόσχος, cependant velu comme une bête sauvage, ὥστε θὴρ ἄγραυλος[81] ; et Agavé de louer Bakkhios l'habile chasseur, le grand veneur, ἄναξ ἀγρεύς[82]. L'habileté de Dionysos a précisément consisté à faire en sorte qu'Agavé *chasse* son fils, quitte à ce qu'elle le traite ensuite en animal domestique, sans savoir précisément à quel point il lui était proche. Ce qu'Agavé fait inconsciemment, les chasseurs sacrificateurs de l'*Agamemnon* le font consciemment. Cet animal sauvage qu'ils immolent comme un animal domestique, c'est ce qu'ils ont de plus proche, leur fille, leur mari.

L'*Agamemnon* aboutit ainsi à un renversement total, à une inversion des valeurs : la femelle a tué son mâle[83], et le désordre est installé dans la cité, le sacrifice a été un anti-sacrifice, une

---

75. Cf. *Agamemnon*, 232, 1415.

76. *Ibid.*, 896.

77. *Ibid.*, 607. Le veilleur de nuit est lui aussi comparé à un chien (3).

78. *Agamemnon*, 1126.

79. ARISTOPHANE, *Paix*, 960, et *Scholies* ; PORPHYRE, *De Abstinentia*, 2, 9 (Théophraste) ; PLUTARQUE, *Quaest. Conv.*, 8, 8, 279 a et s. ; *De Defect. Orac.*, 435 b ; *Sylloge*³, 1025, 20 ; cf. K. MEULI, *loc. cit.*, p. 267. Agamemnon ne donne pas son assentiment, bien entendu, il est frappé trois fois (1384-86) alors qu'on s'efforçait d'abattre l'animal d'un coup, et sans douleur (K. MEULI, *ibid.*, p. 268). J.-P. GUÉPIN, *op. cit.*, p. 39, compare e meurtre d'Agamemnon au sacrifice des *Bouphonies*. Cette assimilation me paraît indéfendable. Il n'y a pas dans l'immolation de l'animal domestique par excellence l'ombre d'une chasse préalable.

80. Le récit du messager fait alterner les images de chasse et de sacrifice : cf. les vers 1108, 1114, 1142, 1146. Je compte consacrer prochainement une étude à ce double thème dans l'*Hippolyte* et les *Bacchantes*.

81. *Bacchantes*, 1188.

82. *Ibid.*, 1192.

83. *Agamemnon*, 1231.

chasse pervertie. Sans doute le dernier vers, prononcé par la reine, évoque-t-il le rétablissement de l'ordre, mais cet ordre mensonger, inversé, sera détruit dans les *Choéphores*.

Dans une étude récente du premier stasimon des *Choéphores*, Mlle A. Lebeck a montré que la seconde pièce de la trilogie n'avait pas seulement la même structure fondamentale que l'*Agamemnon*[84] mais qu'elle en formait l'exacte contrepartie[85]. Là où une victime est reçue par son meurtrier, un meurtrier est reçu par sa victime, la femme qui l'accueille dupe l'homme qui revient dans le premier cas, tandis que dans le second c'est l'homme qui revient qui dupe la femme qui l'accueille. Tout cela est vrai jusque dans le détail, les *Choéphores* sont, par rapport à l'*Agamemnon*, une véritable fugue-miroir. Entre les deux pièces, cependant, une différence fondamentale, comme on l'a bien remarqué[86], le thème du « sacrifice corrompu » est au bord de la disparition. Oreste ne sacrifie pas monstrueusement sa mère, il exécute l'ordre de l'oracle. Le motif ne disparaît pourtant pas complètement, et le chœur des captives s'écrie : 'Εφυμνῆσαι γένοιτό μοι πυκά - / εντ' ὀλολυγμὸν ἀνδρὸς — / θεινομένου γυναικός τ' / ὀλλυμένας. « Puissé-je enfin pousser à pleine voix le hurlement sacré sur l'homme abattu, sur la femme immolée[87]. » Le sang d'Egisthe, mais non celui de Clytemnestre, fait, dans la bouche d'Oreste, l'objet d'une libation à l'Erinys, divinité infernale, ce qui n'est pas un sacrilège. Rétrospectivement aussi les choses changent. Agamemnon n'est plus le guerrier pris au piège et abattu par l'épée qui paie à la fois les fautes de la guerre de Troie et le sacrifice d'Iphigénie. La première est entièrement justifiée : « Elle est venue, la Justice ; elle a fini par frapper les Priamides, et d'un lourd châtiment[88] » ; du second il n'est nulle part fait mention, même dans la bouche de la reine[89]. Agamemnon devient un sacrificateur pur, son tombeau est un autel (*bōmós*) comme on en élève aux dieux ouraniens[90] ; il a été pour Zeus un *thutḗr*[91],

84. Cf. A. Lesky, « Die Orestie des Aischylos », *Hermes*, 66, 1931, p. 190-214, notamment p. 207-08.

85. A. Lebeck, « The first stasimon of Aeschylus' Choephori : Myth and Mirror image », *Classical Philology*, 57, 1967, p. 182-85.

86. F. I. Zeitlin, *The motif*..., p. 484-85.

87. *Choéphores*, 385-88.

88. *Ibid.*, 935-36.

89. Quand le chœur résume le drame des Atrides à la fin de la pièce (1065-76), il se limite à trois « orages » : le meurtre des enfants de Thyeste, celui d'Agamemnon, celui, ambigu, de Clytemnestre.

90. *Choéphores*, 106.

91. *Ibid.*, 255.

un sacrificateur[92]. Zeus n'aura plus d'hécatombes si Agamemnon n'est pas vengé[93]. Le règne d'Oreste est associé, par anticipation, aux banquets et aux sacrifices. Le meurtre d'Agamemnon n'est plus guère qu'un abominable piège. Oreste déplore que son père n'ait pas été tué, comme un guerrier, au combat[94]. Quand Electre et son frère invoquent leur père mort, ils disent :

ELECTRE. — « Souviens-toi du filet de leurs ruses nouvelles. »

ORESTE. — « Des chaînes sans airain par lesquelles tu fus capturé (ἐθηρεύθης), mon père[95]. »

Des « chaînes sans airain », le poète y revient à plusieurs reprises, quand Oreste évoque la machination (*mechánēma*[96]), dont fut victime son père, quand il définit sa mère elle-même comme un piège à fauve, ἄγρευμα θηρός[97]. Tout juste est-il fait mention, un instant, de l'épée d'Egisthe, qui a teint du sang d'Agamemnon le voile qui piégea le roi, mais c'est le voile lui-même qui est déclaré assassin, πατροκτόνον θ' ὕφασμα[98].

Ces remarques me conduisent à étudier le personnage central des *Choéphores*, Oreste, qui, s'il n'est pas à proprement parler un sacrificateur, est un chasseur et un guerrier. Ce qui frappe immédiatement, chez Oreste, c'est son caractère double : je ne parle pas ici seulement du fait qu'il est à la fois coupable et innocent, ce qui laisse prévoir son acquittement ambigu dans les *Euménides*. Le chœur ne sait pas, à la fin des *Choéphores*, s'il représente le sauveur ou le désastre : σωτῆρ' / ἢ μόρον εἴπω[99] ; Mais, plus fondamentalement, Oreste apparaît, dès le début de la pièce, avec cette ambivalence qui caractérise, j'ai essayé de le montrer ailleurs[100], le préhoplite, l'éphèbe, apprenti-homme et apprenti-guerrier usant de la ruse avant d'acquérir la morale de la bataille.

Le premier geste d'Oreste est d'offrir sur la tombe de son père, en signe de deuil, une boucle de cheveux ; cette offrande de

92. Sur le sens de θυτήρ à peu près équivalent de θύων. cf. J. CASABONA, *op. cit.*, p. 145-46.

93. *Choéphores*, 261.

94. *Ibid.*, 345-54.

95. 492-93 ; MAZON traduit : « Où tu fus prisonnier », ce qui ne rend pas l'image de chasse ; cf. *Euménides*, 460 et 627-28 où Oreste explique que Clytemnestre n'a pas même utilisé « l'arc à longue portée de l'Amazone guerrière ».

96. *Choéphores*, 981.

97. *Ibid.*, 998.

98. *Ibid.*, 1015.

99. *Ibid.*, 1073-74.

100. Cf. mon article déjà cité, « Le Chasseur noir », *Annales E.S.C.*, 1968.

deuil[101] (*penthētērion*) répète, le héros le dit lui-même[102], l'offrande en remerciement de l'éducation (*threptērion*) qu'Oreste adolescent avait remise au fleuve Inachos[103]. Cette boucle découverte par Electre et ses compagnes laisse le chef du chœur hésitant : s'agit-il d'un homme ou d'une jeune fille ? On peut effectivement confondre Oreste avec Electre, son double[104]. Le signe de reconnaissance entre le frère et la sœur est une tapisserie autrefois brodée par Electre et qui représente une scène d'animaux sauvages, θήρειον γραφήν[105]. C'est précisément une sorte de chasse éphébique où la ruse a sa place, cette fois légitime.

L'ambivalence du comportement guerrier d'Oreste comporte dans la pièce maintes expressions saisissantes. Ainsi, décrivant par avance le meurtre d'Egisthe, Oreste se montre « enveloppant (son adversaire) d'un bronze agile (ποδώκει περιβαλὼν χαλκεύματι)[106] ». On enveloppe avec un filet mais on combat avec le bronze. Ce combat en un sens est bien une *máchē* : c'est Arès contre Arès, comme c'est Diké contre Diké[107]. Mais les aspects rusés de ce combat sont éclatants. « Il faut, dit Oreste, qu'après avoir immolé par la ruse un héros révéré, ils [Clytemnestre et Egisthe] soient pris et périssent dans le même filet[108] », et Clytemnestre lui fait écho : δόλοις ὀλούμεθ' ὥσπερ οὖν ἐκτείναμεν : « Nous allons périr par la ruse ainsi que nous avons tué[109]. » C'est d'une persuasion rusée (πειθὼ δολία[110]), que doit user, Oreste, et, le meurtre accompli, le chœur triomphe : ἔμολε δ' ᾧ μέλει κρυπταδίου μάχας / δολιόφρων ποινά : « Il est venu celui qui, en luttant dans l'ombre, sait par la ruse achever le châtiment[111]. » Mais l'emploi même du mot *máchē* nous en avertit, il ne s'agit pas de n'importe quelle ruse. Le chœur poursuit : « Elle a

101. *Choéphores*, 7.
102. *Ibid.*, 6.
103. Sur l'offrande de cheveux en général, cf. les indications et la bibliographie rassemblées par K. Meuli, *loc. cit.*, p. 205, n. 1 ; sur la tonsure de cheveux de l'éphèbe, cf. J. Labarbe, « L'âge correspondant au sacrifice du κούρειον et les données historiques du sixième discours d'Isée », *Bull. acad. roy. Belg.*, Cl. Lettres, 1953, p. 358-94.
104. 169 et s. ; sur les aspects féminins de l'éphébie, cf. P. Vidal-Naquet, *loc. cit.*, p. 959-60.
105. *Choéphores*, 232.
106. *Ibid.*, 576.
107. *Ibid.*, 461.
108. *Ibid.*, 556-587.
109. *Ibid.*, 888.
110. *Ibid.*, 726.
111. *Ibid.*, 946-47.

touché son bras dans la bataille (ἔθιγε δ' ἐν μάχᾳ χερὸς ἐτητύμως), la fille de Zeus, celle que nous, mortels, nommons du nom qui lui revient, Justice[112]. » Quand le chœur, au début de la pièce, évoque ce que sera le vengeur idéal, il décrit un guerrier armé tout à la fois de l'arc scythe palintone qu'il faut recourber en arrière[113] et de l'épée « où lame et poignée ne font qu'un, pour combattre de plus près[114] ». Oreste sera à la fois hoplite et archer[115]. Le chœur dira de son côté, résumant tout, que la victoire d'Oreste, ou plutôt celle de l'oracle, a été remportée (ἀδόλοις δόλοις), « par des ruses qui n'en sont pas[116] ».

Mais c'est l'étude du bestiaire des *Choéphores* qui achève la démonstration.

D'Electre, il est dit simplement qu'elle a un cœur de loup[117], ce qui la situe du côté de la ruse et de la dissimulation. Oreste, pour sa part, est serpent, non seulement dans le rêve fameux de sa mère qui l'imagine accroché sous cette forme à son sein[118], mais, selon la définition qu'il donne de lui-même : ἐκδρακοντωθεὶς δ' ἐγώ / κτείνω νιν : « C'est moi, devenu serpent, qui la tuerai[119] ». Mais la relation qu'il a avec sa mère est réversible, Clytemnestre est elle-même un serpent[120]. Elle est la vipère qui

112. *Ibid.*, 948-51.

113. Sur l'arc palintone des Scythes, à courbure inverse, cf. A. PLASSART *Revue des études grecques*, 1913, p. 157-58 et A. SNODGRASS, *Arms and Armours of the Greek*, Londres, 1967, p. 82, et la documentation iconographique rassemblée par M. F. VOS, *Scythian archers in Archaic Attic Vase-Painting*, Groningue, 1963.

114. *Choéphores*, 158-61.

115. Sur l'opposition entre l'archer et l'hoplite, le texte fondamental est EURIPIDE, *Héraclès*, 153-64. La documentation réunie par M. F. Vos permettrait de renouveler le sujet. Cet auteur interprète certains vases comme une initiation à la chasse donnée à des éphèbes par des archers scythes (cf. p. 30). Cette interprétation me conviendrait admirablement ; voir aussi la figure I.

116. *Choéphores*, 955. Sur cette expression et d'autres semblables, cf. D. FEHLING, « Νυκτὸς παῖδες ἄπαιδες. Eumenides 1034 und das sogenannte Oxymoron in der Tragödie », *Hermes* 90, 1968-69, p. 142-155, notamment p. 154.

117. *Choéphores*, 421.

118. *Ibid.*, 527-534.

119. *Ibid.*, 549-550.

120. Dans l'*Agamemnon*, elle était lionne, vache et, une seule fois (1233), ἀμφίσβαινα, serpent pouvant aller dans les deux sens, et comparée à Skylla. Dans son étude, « The Serpent at the Breast », *Trans. and Proc. of the Amer. Phil. Assoc.*, 89, 1958, p. 271-75, W. F. WHALLON a bien vu cette réversibilité : « Clytemnestra and Orestes each assumes the role of the serpent toward the other » (p. 273), mais il n'a pas tiré toutes les conséquences possibles de sa remarque.

s'est emparée des petits de l'aigle[121], elle est « murène ou vipère[122] » ; le vrai serpent, c'est elle, et Oreste serpent est aussi un des petits abandonnés de l'aigle qui crient famine, « car ils ne sont pas d'âge à rapporter au nid le gibier paternel[123] ». Tel il est avec Electre. L'image qui ouvrait l'*Agamemnon* reparaît donc, mais inversée ; ce ne sont plus les *vautours* qui crient vengeance contre l'enlèvement de leurs petits, ce sont les *aiglons* qui sont privés de leurs parents[124]. Mais Oreste est aussi l'animal royal adulte ; en réponse à Clytemnestre qui traite son fils de serpent[125], le chœur déclare : « Il est venu dans la demeure d'Agamemnon le double lion, le double Arès[126] », celui-là même qui « tranche d'un coup heureux la tête des deux serpents[127] », Clytemnestre et Egisthe. Les serpents, il est vrai, reparaissent, sur la tête des Erinyes[128]. Le destin d'Oreste n'est donc pas tranché ; personnage double, chasseur et guerrier, serpent et lion, Oreste va se retrouver dans les *Euménides* gibier menacé d'être sacrifié.

Dans les *Euménides*, l'opposition entre la nature sauvage et la civilisation, dont j'ai tenté de montrer que, sous une forme plus ou moins masquée, elle était constamment présente dans les deux premières pièces de la trilogie, va apparaître en pleine lumière et déboucher sur le monde du politique. Ce n'est qu'en apparence que nous quittons le monde des hommes pour voir s'affronter les dieux. C'est bien de l'homme et de la cité qu'il va s'agir en dernier ressort.

Le récit de la Pythie, dans le prologue de la pièce, donne des origines de Delphes un récit qui est propre à Eschyle : celui

121. *Choéphores*, 246-49.
122. *Ibid.*, 994.
123. *Ibid.*, 249-51.
124. Cf. F. I. ZEITLIN, *The Motif...*, p. 483. Le combat de l'aigle et du serpent, dont il est à peine besoin de rappeler qu'il oppose un animal noble à un être rangé dans la catégorie des ἀνελεύθερα καί ἐπίβουλα des « êtres non libres et insidieux » (ARISTOTE, *H.A.*, I, I, 488 b), est un *topos* de l'art et de la littérature grecs (cf. e.g. *Iliade*, 12, 200-209, ARISTOTE, *ibid.*, 9, I, 609 a, et les faits rassemblés par O. KELLER, *op. cit.*, p. 247-481) que l'on retrouve aussi dans bien d'autres cultures ; cf. l'étude (d'un ambitieux diffusionnisme) de R. WITTKOWER, « Eagle and Serpent. A Study in the Migration of Symbols », *Journal of the Warburg Institute*, 2, 1939, p. 293-325 (pour le monde gréco-romain, v. p. 307-312) ; dans un autre esprit, celui des « archétypes » de C. J. Jung, M. LURKER, « Adler und Schlange », *Antaios*, 5, 1963-64, p. 344-52.
125. *Choéphores*, 929.
126. *Ibid.*, 937-38.
127. *Ibid.*, 1047.
128. *Ibid.*, 1050.

d'une succession qui fut « sans violence (οὐδὲ πρὸς βίαν[129]) », et où le meurtre de Python ne trouve pas de place. Les divinités maîtresses du lieu se partagent en deux groupes entrelacés : la Terre et sa fille Phoibé d'un côté, Thémis (l'Ordre) et Phoibos de l'autre, l'ordre de succession faisant alterner nature sauvage et civilisation. Le dernier titulaire, Phoibos, a l'appui de Zeus, mais, de Délos au Parnasse, il est accompagné par les Athéniens : « Les enfants d'Héphaïstos lui ouvrent son chemin, apprivoisant pour lui le sol sauvage (χθόνα / ἀνήμερον τιθέντες ἡμερωμένην)[130] ». L'invocation qu'adresse ensuite la Pythie aux divinités et qui se termine, comme il se doit, par un appel à Zeus garant d'un ordre nouveau, en groupe, tout aussi évidemment, les dieux en deux catégories. A Pallas Pronaia d'un côté, qui ouvre la série que ferme Zeus, et de l'autre, les « Nymphes de l'antre corycien, asile des oiseaux[131] », retraite aussi de Dionysos « Bromios », le bruyant — « Je me garde de l'oublier (οὐδ' ἀμνημονῶ[132] » — le fleuve Pleistos et Poséidon, l'ébranleur du sol.

Le Dionysos qui est ici invoqué ne nous est certes pas indifférent, c'est un Dionysos chasseur[133], celui qui conduisit les Bacchantes au combat (ἐστρατήγησεν) et à Penthée prépara la mort d'un lièvre[134] ; c'est la mort même que les Erinyes préparent à Oreste. Nous en sommes donc avertis dès le début de la pièce : le monde du sauvage peut être intégré, dominé par Zeus, la transition peut se faire sans violence — et c'est ce que réalise le procès d'Athènes — il n'en subsiste pas moins. En nier l'existence serait nier une part de la réalité.

L'Oreste chasseur des *Choéphores* est donc devenu gibier. Il est un faon qui échappe au filet[135], faon blotti (καταπτακών[136]), un lièvre dont le sacrifice paiera la mort de Clytemnestre[137]. Une fois de plus Eschyle utilise le vocabulaire technique de la chasse[138]. Les Erinyes sont des chasseresses[139], mais des

129. *Euménides*, 5.
130. *Ibid.*, 13-14.
131. *Ibid.*, 22-23.
132. *Ibid.*, 24.
133. Point relevé par J.-P. Guépin, *op. cit.*, p. 24.
134. *Euménides*, 25-26.
135. *Ibid.*, 111-12.
136. *Ibid.*, 252.
137. *Ibid.*, 327-28.
138. Ainsi ἐπιρροιζεῖν au vers 424 qui signifie exactement : pousser le cri qui lâche les chiens.
139. *Euménides*, 231.

chasseresses purement animales. La sauvagerie qui était une part des personnages d'Agamemnon, de Clytemnestre, d'Oreste lui-même, est chez elles sans mélange. Ce sont des serpents[140], ce sont aussi des chiennes[141]. Leur caractère purement animal est souligné très fortement, par Apollon il est vrai, aux vers 193 et suivants : « C'est dans l'antre d'un lion buveur de sang (λέοντος αἱματορρόφου) qu'il convient de vivre au lieu de venir en ce temple fatidique infliger votre souillure à autrui. » Un lion buveur de sang, c'est aussi ce qu'était l'armée d'Agamemnon lors de la prise de Troie[142]. Les Erinyes sont même au-delà de la sauvagerie et de l'animalité, elles sont « les vierges conspuées, les vieilles enfants d'un antique passé que jamais n'approche dieu, homme ni bête », οὐδὲ θήρ[143].

Tout naturellement le symbolisme des couleurs concourt à exprimer cette réalité. Ces « enfants de la nuit[144] » qui ne connaissent que les voiles noirs[145], dont la haine est également noire[146], sont menacées par le serpent ailé, par les flèches blanches d'Apollon[147]. Ces divinités reçoivent des sacrifices qui les définissent non moins clairement. L'ombre de Clytemnestre leur rappelle ses offrandes : « N'avez-vous pas souvent léché[148] de mes offrandes, libations sans vin, sobres breuvages apaisants (νηφάλια μειλίγματα) ? N'ai-je pas offert plus d'une victime, la nuit, à vos saints repas, sur l'autel-foyer (ἐπ' ἐσχάρᾳ πυρός) à une heure ignorée des autres dieux[149] ? » Composition caractéristique : il ne s'agit que de produits « naturels », sans rien qui relève de l'agriculture, et les offrandes sont consumées dans un sacrifice d'anéantissement[150]. Les Erinyes ont droit aux deux extrêmes ; le « pur », le « naturel », c'est aussi le cru. Elles ne boivent pas de vin, mais elles mangent les hommes. Ainsi, au vin près[151],

140. *Euménides*, 128.
141. *Ibid.*, 132.
142. Cf. F. I. Zeitlin, *The Motif...* p. 486.
143. *Euménides*, 68-70.
144. *Ibid.*, 416.
145. *Ibid.*, 351, 370.
146. *Ibid.*, 832.
147. *Ibid.*, 181-83.
148. ἐλείξατε (106) : léché, plutôt que « humé » (Mazon), de même in *Agamemnon*, 828.
149. *Euménides*, 106-09.
150. Sur cette notion, cf. K. Meuli, *loc. cit.*, p. 201-10.
151. Mais le vin d'Euripide, *Bacchantes*, 143, coule du sol, et le grand récit du messager insiste sur la sobriété des trois thiases rencontrés dans le Cithéron : οὐχ ὡς σὺ φῄς / ᾠνωμένας (686-87), « et non, comme tu le dis, ivres de vin ».

les Bacchantes d'Euripide, se nourrissant du lait et du miel qui sourdent du sol et dévorant la chair crue du bouc, avant de déchiqueter Penthée. Les déesses de la nuit s'adressent aussi à Oreste : « Toi, victime engraissée pour mes sacrifices, tout vivant, sans égorgement à l'autel, tu me fourniras mon festin[152]. » L'anti-sacrifice est cette fois désigné pour ce qu'il est, sans la parodie qu'évoquait le meurtre d'Agamemnon. Mais l'expression la plus frappante se trouve aux vers 264-66 : « C'est toi qui, en revanche, dois, tout vif, fournir à ma soif une rouge offrande puisée dans tes membres. » Une rouge offrande, ἐρυθρὸν πελανόν. Le *pelanós* est une offrande purement végétale, gâteau ou liquide. C'est un *pelanós* qu'Electre offre sur le tombeau d'Agamemnon[153]. Un *pelanós* rouge est une image saisissante de la monstruosité.

La transformation des Erinyes en Euménides ne changera pas leur nature. Divinités de la nuit, elles font l'objet de la fête nocturne qui termine la trilogie. Elles reçoivent normalement leurs victimes égorgées, leurs offrandes sacrificielles : leurs σφάγια[154] et leurs θυσίαι[155]. Mais elles ont droit désormais, protectrices de la croissance, aux prémices, « offrandes de naissance et offrandes d'hymen[156] ».

Divinités du sang et du sauvage, elles se muent en protectrices de la végétation, de la culture et de l'élevage, celui des bêtes et celui des hommes : « Que la riche fécondité du sol et des troupeaux jamais ne se lasse de rendre ma cité prospère ! Que la semence humaine y soit aussi protégée[157]. » D'une façon frappante, on passe du vocabulaire de la chasse au vocabulaire de l'agriculture et de l'élevage. Les chasseresses ont un siège, ἕδρα[158], Athéna demande aux Euménides de se comporter comme le φιτυποιμήν[159], le pasteur des plantes, le jardinier qui retourne le sol pour en éliminer les mauvaises herbes, les impures : τῶν δυσσεβούντων δ' ἐκφορωτέρα πέλοις[160]. La part du sauvage demeure, à l'intérieur de la cité, puisque Athéna reprend à son compte le « programme » des Erinyes, « ni anarchie, ni despo-

152. *Euménides*, 304-05.
153. *Choéphores*, 92.
154. *Euménides*, 1006.
155. *Ibid.*, 1037.
156. *Ibid.*, 835.
157. *Ibid.*, 907-09. Cf. aussi les vers 937-948.
158. *Euménides*, 855.
159. *Ibid.*, 911.
160. *Ibid.*, 910.

tisme[161] », que la crainte, φόβος, demeure en place avec le respect, σέβας[162], à l'extérieur de la cité, dans la mesure où il forme frontière : « Le feu qui consume les jeunes bourgeons ne franchira pas vos frontières[163]. » La fureur, « ces aiguilles sanglantes qui ravagent les jeunes entrailles », αἱματηρὰς θηγάνας, σπλάγχνων βλάβας / νέων[164], ce monde de l'animalité, doit être réservée à la guerre étrangère : « Je n'appelle pas combats ceux qui opposent entre eux des oiseaux de la même volière (ἐνοικίου δ' ὄρνιθος οὐ λέγω μάχην)[165]. » La part de chacun dans les différents types de sacrifice est réglée.

161. Cf. les vers 525-26 et 696.
162. *Euménides*, 691.
163. *Ibid.*, 940-41.
164. *Ibid.*, 859-60.
165. *Ibid.* 866 ; la traduction de P. Mazon, « fi des combats entre oiseaux de la volière ! » me paraît inexacte. On rapprochera cette image de celle par laquelle le Danaos des *Suppliantes* (226) exprime la prohibition de l'inceste : Ὄρνιθος ὄρνις πῶς ἂν ἁγνεύοι φαγών ; « L'oiseau reste-t-il pur qui mange chair d'oiseau ? »

VII

Le « Philoctète » de Sophocle et l'éphébie

Le travail qu'on va lire* voudrait apporter un complément et une illustration à une recherche antérieure. J'avais tenté alors de mettre en évidence ce qu'on peut appeler le paradoxe de l'éphébie athénienne[1]. L'éphèbe, lorsqu'il prête son fameux serment, jure de se conformer à la morale collective des hoplites, celle du combat de la phalange contre la phalange, combat loyal et combat solidaire : « Je n'abandonnerai pas mon compagnon de rang. » Or le récit étiologique de la fête des Apatouries, au cours de laquelle, au sein de la phratrie, les éphèbes sacrifiaient leur chevelure, nous jetait dans un univers tout à fait différent : celui de la ruse, de l'*apátē*. Le combat singulier et frontalier qui opposait le « noir » (Mélanthos) au « blond » (Xanthos) n'était remporté par le premier, qui du coup accédait au trône d'Athènes, que grâce à une tromperie divine ou humaine. Ce paradoxe était en réalité celui de l'éphébie tout entière et, par-delà cette institution athénienne, celui de l'ensemble des rites et procédures par lesquels le jeune Grec symbolisait le passage de l'état d'enfance à l'état d'adulte, c'est-à-dire de guerrier[2]. L'éphèbe s'oppose à l'hoplite à la fois par la localisation spatiale de ses activités guerrières et par la nature des combats auxquels il participe. L'éphèbe (ou le crypte lacédémonien) est lié à la zone-frontière. Il est le *perípolos*, celui qui tourne autour de la cité sans y pénétrer, comme le fait au sens propre du terme l'éphèbe des *Lois* de Platon, l'*agronómos*. Institutionnellement, il est l'hôte des fortins de la frontière (les *oúreia* crétois). Son mode normal de

---

* Première version : *Annales E.S.C.*, 1971, p. 623-638.

1. « Le Chasseur noir et l'origine de l'éphébie athénienne », *Annales E.S.C.*, 1968, p. 947-964, paru aussi en anglais dans les *Proceedings of the Cambridge Philological Society*, 194, 1968, p. 49-64. Je renvoie à cet article pour tout le détail de la démonstration, me contentant ici d'en résumer les principales conclusions.

2. La littérature du sujet a été longtemps dominée par le livre d'H. JEANMAIRE, *Couroi et Courètes*, Lille et Paris, 1939 ; on dispose depuis peu d'une synthèse d'A. BRELICH, *Paides e Parthenoi*, Rome, 1969 ; voir sur ce dernier livre : C. CALAME, « Philologie et anthropologie structurale : à propos d'un livre récent d'Angelo Brelich », *Quaderni Urbinati di Cultura classica* 11, 1971, p. 7-47, et Ch. SOURVINOU, *The Journal of Hellenic Studies*, 91, 1971, p. 172-177.

combat n'est pas l'affrontement hoplitique, héritier lui-même, à sa façon, du combat homérique, mais l'embuscade, nocturne ou non, la ruse. Tout cela se laissait ramener à un schéma initiatique de type assez classique, analogue à l'« épreuve en brousse » que connaissent tant de sociétés « primitives », africaines notamment. L'étude de la mythologie grecque montrait par ailleurs que, très souvent, cette épreuve était dramatisée par une chasse, accomplie solitairement ou en petits groupes, avec un droit, qui était celui des jeunes gens, à l'emploi de la ruse, de l'*apâtē*[3]. Mais, bien entendu, ce droit à la ruse est strictement localisé dans l'espace et dans le temps. A moins de se perdre dans la brousse, comme le fait le Melaniôn de la chanson de Lysistrata[4], le « chasseur noir » qui avait fourni son titre à notre précédente étude, il faut bien que le jeune homme revienne. Le serment des éphèbes athéniens, dont on aimerait du reste savoir à quel moment du cursus éphébique il se prêtait[5], au début ou à la fin des deux ans de « service militaire » auxquels se ramenait l'éphébie au IVe siècle, ne parle ni de ruse, ni de zone frontière, il parle exactement du contraire. C'est en réalité un serment des hoplites. La fameuse invocation par laquelle il se termine : « Les bornes de la patrie, les blés, les orges, les vignes, les oliviers, les figuiers » est, entre toutes, significative. Le champ d'activité du futur hoplite sera non l'espace indécis des frontières, mais l'espace cultivé des champs. La mention des « bornes de la patrie » ne doit pas induire en erreur. Il ne s'agit pas ici de l'*eschatiá*, de ces zones disputées où s'affrontent Mélanthos et Xanthos et bien d'autres héros ou groupes de héros de la fable ou de l'histoire

3. Sur la chasse dans les initiations grecques, voir maintenant A. BRELICH, *op. cit.*, p. 175, 198-199.

4. *Lysistrata*, 783-92.

5. La tradition antique est strictement contradictoire : LYCURGUE, dont le témoignage est évidemment le plus direct mais ne vaut que pour son propre temps, mentionne le serment que prêtent « tous les citoyens lorsqu'on les inscrit sur le registre du dème et qu'ils deviennent éphèbes » (*Contre Léocrate*, 76) ; même indication dans une glose d'ULPIEN (*Scholie ad Demosth. Ambass.*, 303 in *Oratores Attici*, Didot, II, p. 637). Au contraire Pollux place et l'inscription sur le registre des dèmes (ce qui est manifestement faux) et le serment au *terme* du service éphébique (8, 105, s.v. περίπολοι). C. PÉLÉKIDIS (*Histoire de l'éphébie attique*, Paris, 1962, p. 111) est enclin à suivre Lycurgue. Toutefois le mot περίπολοι qui désigne à la fois les éphèbes et les soldats appartenant au corps des patrouilleurs (PÉLÉKIDIS, *op. cit.*, p. 35-47) est attesté à une date beaucoup plus ancienne que le mot ἔφηβοι et il n'est pas totalement exclu que Pollux dépende d'une source plus ancienne que Lycurgue.

grecques, mais bien des *bornes* qui délimitent physiquement la *chôra* proprement dite, les terres de culture[6]. Bien entendu, ce schéma idéal a été très largement bousculé par l'histoire. Les formes de combat qui étaient restées longtemps l'apanage des jeunes gens, des préhoplites, des combattants de la nuit, s'imposent peu à peu à tous au cours de la guerre du Péloponnèse, et plus encore, au IVe siècle, quand le mercenaire relaie peu à peu le soldat-citoyen[7].

Tel que je viens de le résumer, ce schéma me paraît de nature à éclairer certains aspects du *Philoctète*, l'avant-dernière des sept tragédies conservées de Sophocle, représentée en 409 avant J.-C. à une date où la guerre du Péloponnèse avait pris, pour Athènes, figure tragique. Il ne s'agit pas ici — faut-il le préciser ? — de dévoiler on ne sait quel « secret » du *Philoctète* qui aurait échappé aux commentateurs de la pièce. Il est plus que douteux que de tels « secrets » existent. Mais la comparaison d'une œuvre littéraire aussi profondément inscrite dans la liturgie civique qu'une tragédie grecque et d'un schéma institutionnel est une méthode qui a déjà fait ses preuves et qui peut faciliter une lecture nouvelle, à la fois historique et structurale de l'œuvre.

Évoquée brièvement dans l'*Iliade* (2, 718-725), traitée dans la *Petite Iliade* et dans les *Chants cypriens*[8], ayant fait l'objet, avant Sophocle, de tragédies perdues d'Eschyle et d'Euripide[9],

---

6. Je dois d'avoir compris l'importance capitale de cette distinction à l'enseignement de L. Robert à l'École des hautes études (1963-1964).

7. Pour une esquisse de cette évolution, cf. mon étude « La tradition de l'hoplite athénien », J.-P. VERNANT (éd.), *Problèmes de la guerre en Grèce ancienne*, Paris et La Haye, 1968, p. 161-181, notamment p. 174-179. Sur l'œuvre de Xénophon comme témoin de cette évolution, cf. la contribution d'A. SCHNAPP, in M. I. Finley éd., *Problèmes de la terre en Grèce ancienne*, à paraître en 1972.

8. Résumé de la *Petite Iliade* in A. SEVERYNS, *Recherches sur la Chrestomathie de Proclos*, IV, Paris, 1963, p. 83, l. 217-218 ; pour les *Chants cypriens*, voir *ibid.*, p. 89, l. 144-146.

9. Résumé et comparaison des trois tragédies in DION CHRYSOSTOME, 52 et 59. L'originalité de Sophocle par rapport à ses devanciers et à la tradition mythique est correctement définie par E. SCHLESINGER, « Die Intrige im Aufbau von Sophokles' Philoktet », *Rheinisches Museum*, N.F. 111 1968, p. 97-156 (notamment p. 97-109). Sur la trilogie dont faisait partie le *Philoctète* d'Eschyle, cf. F. JOUAN, « Le ' Tennès ' (?) d'Eschyle et la légende de Philoctète », *Les Études classiques*, 32, 1964, p. 3-9 ; sur le *Philoctète* d'Euripide, F. JOUAN, *Euripide et les légendes des chants cypriens*, Paris, 1966. p. 308-317, et l'exposé appuyé, de façon parfois imprudente, sur la comparaison avec les monuments figurés, de T.B.L. WEBSTER, *The Tragedies of Euripides*, Londres, 1967, p. 57-61.

la légende de Philoctète[10] n'imposait à Sophocle qu'un schème extrêmement simple : relégué à Lemnos après avoir été blessé par un serpent, boiteux et exhalant une odeur épouvantable, mais possesseur de l'arc infaillible d'Héraclès, Philoctète reste exilé pendant dix ans, jusqu'au jour où une expédition grecque le ramène à Troie où il sera guéri. Le devin Hélénos, capturé par Ulysse, a révélé que, seules, sa présence et celle de son arc assureraient la prise de Troie[11]. Dans la pièce d'Eschyle — comme dans la pièce d'Euripide représentée en même temps que *Médée* en 431 — le rôle essentiel dans le retour de Philoctète auprès des soldats de l'armée grecque était joué par Ulysse ; mais tandis que l'Ulysse d'Eschyle usait d'abord de la ruse pour s'emparer de l'arc de Philoctète, le personnage d'Euripide triomphait par la persuasion (*peithō*) au cours d'un grand débat qui l'affrontait avec les envoyés des Troyens : thème aussi directement politique qu'on peut le rêver[12].

Sur le simple plan de l'intrigue dramatique, l'originalité de Sophocle par rapport à ses devanciers est double : Eschyle comme Euripide avaient fait dialoguer Philoctète avec les habitants de Lemnos, qui constituaient le chœur. Un des personnages d'Euripide, Actor, le confident de Philoctète, est lui-même un Lemnien. Chez Sophocle, la solitude du héros est totale : il vit sur « une terre sans mouillage et sans habitant, (οὔτ' εὔορμον οὔτ' οἰκουμένην)[13] ». Les Lemniens ne jouent

10. L'exposé d'ensemble le plus complet de la tradition reste celui de L. A. Milani, *Il mito di Filottete nella letteratura classica e nell'arte figurata*, Florence, 1879, que son auteur a lui-même complété, « Nuovi monumenti di Filottete e considerazioni generali in proposito », *Ann. Inst. Corr. Arch.*, 53, 1881, p. 249-289 ; voir aussi Turk in Roscher, *Lexikon*, s.v. « Philoktet », p. 2311-2343, 1898, Fiehn, *R.E.*, s.v. « Philoktetes », col. 2500-2509, 1938. La documentation iconographique s'est depuis accrue, mais aucun exposé de synthèse ne lui a été consacré ; pour une bibliographie récente, cf. M. Taddei, « Il mito di Filottete ed un episodio della vita del Buddha », *Archeologia Classica*, 15, 1963, p. 198-218, voir p. 202, n. 17. Sur les problèmes soulevés par un vase du musée de Syracuse, cf. *infra* la figure III et l'appendice.

11. C'est ce que dit la *Petite Iliade*, *loc. cit.*

12. πολιτικωτάτη καὶ ῥητορικωτάτη οὖσα, « la plus politique et la plus oratoire » (des trois) ; tel était le jugement de Dion, 52, 11.

13. *Philoctète*, 221. Cf. aussi les vers 300-304 où l'île tout entière est présentée comme un milieu répulsif, et le vers 692 : « Nul indigène n'approchait sa misère. » Je cite en la modifiant parfois quelque peu la traduction de P. Mazon (collection Guillaume Budé). Le texte est celui d'A. Dain (*ibid.*) ; j'ai toutefois tenu compte de la dernière mise au point critique sur la tradition manuscrite, celle de P. E. Easterling,

aucun rôle et leur existence même n'est pas mentionnée[14]. Le chœur est formé par l'équipage du bateau grec. Par ailleurs, tandis que Pindare, dans la 1re *Pythique*, fait chercher Philoctète par d'anonymes « héros semblables aux dieux[15] », chez Euripide, Ulysse, personnage repris d'Eschyle, est accompagné de Diomède[16], seul présent dans le résumé de la *Petite Iliade.* Sophocle innove à son tour en donnant un rôle essentiel au jeune Néoptolème, fils d'Achille : c'est lui qu'Ulysse charge de s'emparer par la ruse de l'arc et de la personne du héros. La plus grande partie de la pièce est formée de dialogues entre Philoctète, le héros vieilli, exilé depuis dix ans et blessé, et l'adolescent dont la juvénilité est, à tout moment, soulignée.

Telle qu'elle est, cette pièce de Sophocle a considérablement intrigué les commentateurs qui en ont souligné les « anomalies» réelles ou supposées — on a souvent parlé d'un « baroque sophocléen » —, qui ont mis en question ou au contraire affirmé son « orthodoxie » par rapport au reste de l'œuvre de Sophocle[17].

« Sophocles' *Philoctetes* : Collations of the manuscripts G, R and Q » *Classical Quarterly*, n.s. 19, 1969, p. 57-85.

14. Sophocle ne fait pour ainsi dire pas usage de la très riche mythologie liée à l'île de Lemnos, en dehors même du personnage de Philoctète, et dans laquelle G. Dumézil a reconnu la transposition de rites d'initiation (*Le Crime des Lemniennes*, Paris, 1924). Les seules allusions sont celles que fait le héros au « feu de Lemnos », c'est-à-dire au feu d'Héphaïstos, le dieu boiteux qui était tombé sur l'île (800, 986-987). Marcel Detienne me suggère qu'une confrontation entre la pièce de Sophocle et les mythes « lemniens » pourrait être féconde ; voir son livre *Les Jardins d'Adonis*, Paris, 1972, p. 173-184, et W. Burkert, « Jason, Hypsipyle and New Fire at Lemnos. A Study in Myth and Ritual », *Classical Quarterly*, n.s. 20, 1970, p. 1-16.

15. *Pyth.* 1,53.

16. Sophocle fait allusion à cette tradition aux vers 591-592 placés dans la bouche du « marchand », c'est-à-dire du guetteur (σκοπός, 125) qui fait partie de l'expédition grecque et qu'Ulysse a déguisé. On ignore si Ulysse était accompagné ou non dans la pièce d'Eschyle. La seconde hypothèse est la plus vraisemblable.

17. On trouvera l'essentiel de la bibliographie récente chez H. F. Johansen, *Lustrum* 7 (1962), p. 247-255 ; voir aussi H. Musurillo, *The Light and the Darkness, Studies in the Dramatic Poetry of Sophocles*, Leyde, 1967, p. 109-129 ; A. E. Hinds, « The prophecy of Helenus in Sophocles' Philoctetes », *Classical Quarterly*, b.s. 17, 1967, p. 169-180 ; E. Schlesinger, *op. cit., supra*, n. 9. L'étude la plus complète sur la pièce est la dissertation de C. J. Fuqua, *The Thematic Structure of Sophocles' Philoctetes*, Cornell, 1964, dont j'ai pu consulter un microfilm. La note comique dans cette immense bibliographie est donnée par I. Errandonea, *Sofocles. Investigaciones sobre la estrutura dramatica de sus siete tragedias y sobre la personalidad de sus coros*, Madrid, 1958, p. 233-302, qui suppose par exemple que le « marchand » et Héraclès ne sont autres qu'Ulysse

Cette passion a bien des motivations : le *Philoctète* est la seule tragédie conservée d'un auteur grec qui ne comporte aucun rôle féminin, la seule aussi où le problème posé soit résolu *ex machina* par une divinité[18] ; les rapports entre les dieux et les hommes y ont paru si singuliers qu'on s'est demandé si l'accent était mis, comme dans les autres pièces de Sophocle, sur la cohérence du monde des dieux face à l'ignorance et à l'aveuglement des hommes, ou si, au contraire, Sophocle n'avait pas, à l'exemple d'Euripide, projeté dans le monde des dieux l'opacité de la condition humaine[19].

Je ne retiendrai ici de cette querelle qu'un seul point, à vrai dire capital : le *Philoctète* nous offre l'exemple, unique dans l'œuvre de Sophocle, d'une mutation d'un héros tragique. Le jeune Néoptolème accepte d'abord, en dépit de sa répugnance de fils de roi, fidèle à son caractère originel *(phúsis)*, de duper Philoctète en lui tenant un discours mensonger, dicté par Ulysse, dans le but de s'emparer de son arc, puis change d'avis[20], décidant successivement de dire la vérité[21], de rendre l'arc[22] et enfin d'abandonner et Lemnos et le champ de bataille troyen, pour regagner, en compagnie de Philoctète, ses foyers[23]. Il y a là un contraste brutal avec le comportement habituel des héros sophocléens, ces personnages qui affrontent en bloc le monde de la cité, comme celui des dieux, et que la machinerie divine finit par briser[24].

déguisé. Deux publications récentes ne m'ont été accessibles qu'après la rédaction de cette étude, l'édition brièvement commentée de T. B. L. WEBSTER, Cambridge, 1970, qui n'aborde pratiquement aucun des problèmes étudiés ici, et l'œuvre posthume de R. von SCHELIHA, *Der Philoktet des Sophokles. Ein Beitrag zur Interpretation des Griechischen Ethos*, Amsterdam, 1970.

18. A. SPIRA a cependant montré (*Untersuchungen zum Deus ex machina bei Sophokles und Euripides*, Francfort, 1960, p. 12-32), que ce dénouement était strictement adapté à la structure de la pièce.

19. Voir les exposés antagonistes de C. M. BOWRA, *Sophoclean Tragedy*, Oxford, 1944, p. 261-306, qui défend, en gros avec raison, la première thèse, et de H. D. KITTO, *Form and Meaning in Drama*, Londres, 1956, p. 87-138.

20. Ce changement est exprimé au vers 1270 par le verbe μεταγνῶναι qui finira par désigner la notion chrétienne de repentir, source presque inévitable de confusion.

21. *Philoctète*, 895 et ss.

22. *Ibid.*, 1286.

23. *Ibid.*, 1402.

24. La meilleure étude d'ensemble est celle de B. W. KNOX, *The Heroic Temper, Studies in Sophoclean Tragedy*, Cambridge, Mass., 1964 (sur le *Philoctète*, cf. p. 117-142) ; voir aussi, du même auteur, « Second Thoughts in Greek Tragedy », *Greek, Roman and Byzantine Studies* 7, 1966, p. 213-232.

La tentation d'expliquer cette mutation en faisant de la « psychologie », ou du moins ce que les commentateurs de tragédies baptisent de ce nom, était évidemment très forte et on n'a pas manqué d'y tomber[25]. Mais ce « psychologisme » a aussi suscité des réactions, dont la plus retentissante a été celle de Tycho von Wilamowitz[26]. Son explication des difficultés du *Philoctète* et des mutations de ses héros par les seules lois de la « technique dramatique » et de l'optique de théâtre, si elle pouvait rendre compte de certains détails[27], ne pouvait cependant fournir une explication d'ensemble, et l'on risquait de perdre au passage les personnages de Sophocle en tant qu'ils sont des *héros* tragiques et non pas seulement des personnages de théâtre[28].

Comme le lecteur s'en doute, le propos de cette étude est de faire progresser la discussion par le détour d'une comparaison

---

25. Ainsi, le juge Holmes écrivait à F. Pollock le 2 octobre 1921 ces lignes révélatrices : « A propos of the rare occasions *when the Ancients seem just like us*, it always has seemed to me that a wonderful example was the *repentance* of the lad in the play of Sophocles over his deceit, and the restoration of the bow », cité par E. WILSON, *The Wound and the Bow*, Londres, 1961, p. 246 n. 1. Les mots et expressions soulignées le sont par moi. Il va de soi que, même s'ils emploient un langage un peu plus élaboré, beaucoup d'auteurs modernes, qu'il n'est pas utile de citer, pensent de même.

26. TYCHO VON WILAMOWITZ-MOELLENDORF, « Die dramatische Technik des Sophokles », *Philol. Untersuch.*, 22, 1917 ; sur le *Philoctète* voir p. 269-312. Contre les interprétations « psychologiques », cf. par exemple, C. GARTON, « Characterization in Greek Tragedy », *Journal of Hellenic Studies*, 1957, p. 247-254 ; K. ALT, « Schicksal und φύσις im Philoktet des Sophokles », *Hermes*, 89, 1961, p. 141-174.

27. Un exemple clair de ce que peut expliquer « l'optique de théâtre » : au vers 114, Néoptolème paraît « ignorer » que, selon l'oracle, l'arc *et* Philoctète sont nécessaires à la prise de Troie, ce qui permet à Ulysse de le rappeler au public ; mais les vers 197-200 montrent que le fils d'Achille était en réalité parfaitement au courant. Dans un cas pareil il est permis de distinguer le « personnage de théâtre » et le « héros », mais ce type d'enquête ne peut donner que des résultats assez limités ; en tout cas, quelle que soit la liberté dont les poètes grecs usent à l'égard des mythes, celle-ci n'allait pas, par exemple, jusqu'à leur faire imaginer que la guerre de Troie n'avait pas eu lieu et il me paraît impossible de suivre D. B. ROBINSON lorsqu'il tente de nous faire admettre que le spectateur athénien pouvait croire à un abandon effectif de Philoctète à la fin de la pièce (« Topics in Sophocles' *Philoctetes* », *Classical Quarterly*, n.s. 19, 1969, p. 34-56, voir p. 45-51). C'est là pousser beaucoup trop loin dans la direction ouverte par Tycho von Wilamowitz. Le même article attribue, bien à tort, une double conclusion au Philoctète ; voir au contraire ci-dessous, p. 178.

28. Cf. B. KNOX, *The Heroic Temper*, p. 36-38.

entre la « mutation » du jeune Néoptolème et l'institution évoquée au début de ces pages : l'initiation éphébique.

Un des traits les plus caractéristiques des dernières pièces de Sophocle, le *Philoctète* et l'*Œdipe à Colone*, est l'importance de plus en plus grande qu'y prennent les problèmes de localisation, ce que J. Jones a appelé « une sorte d'interdépendance entre l'homme et le lieu[29] ». Le lieu de l'action est décrit[30] comme une *eschatiá*, un bout du monde. Dans l'ensemble de la littérature grecque, il est peu d'évocations aussi frappantes d'une nature sauvage et d'un homme abandonné et ensauvagé. La solitude de Philoctète s'exprime par le mot *érēmos*, qui ne revient pas moins de six fois[31]. Mieux, Philoctète a été, au sens technique du terme, *exposé* : Ποίαντος υἱὸν ἐξέθηκ' ἐγώ ποτε : « C'est moi qui ai jadis exposé le fils de Péas », rappelle Ulysse[32], *exposé*, c'est-à-dire placé dans un lieu qui « fait contraste avec l'enclos de la maison et avec les terres cultivées qui en sont proches comme le domaine d'un espace lointain et sauvage. Ce pourra être, dans certains cas, la mer ou les fleuves en tant qu'ils sont symboles de l'autre monde. Mais ce sera surtout loin des maisons, des jardins et des champs la terre inculte où vivent les troupeaux, l'espace étranger et hostile de l'*agrós*[33] ». Comme le dit encore J. Jones, cette solitude n'est pas celle de Robinson Crusoé[34]. Ce n'est pas non plus, le chœur le dit, très explicitement, l'univers de la pastorale : οὐ μολπὰν σύριγγος ἔχων / ὡς ποιμὴν ἀγροβάτας : « Il ne fait pas chanter une flûte de Pan, comme un berger aux champs[35]. » Ce monde sauvage est fortement souligné par la mise en scène elle-même : là où la scène présente d'habitude la porte du palais, c'est l'entrée d'une caverne qui est dessinée[36].

---

29. J. Jones, *Aristotle and Greek Tragedy*, Oxford, 1962, p. 219.

30. *Philoctète*, 144.

31. *Ibid.*, 228, 265, 269, 471, 487, 1018.

32. *Philoctète*, 5. Comme me l'a rappelé Ph. Rousseau, seul le père avait le droit d'*exposer* un nouveau-né.

33. J.-P. Vernant, *Mythe et Pensée*[4], I, p. 161-162. L'image de l'exposition est reprise aux vers 702-703 où Philoctète est décrit « comme un enfant abandonné de sa nourrice ».

34. *Op. cit.*, p. 217. W. Schadewaldt écrivait au contraire en 1941 : « Philoctète vit tel un Robinson du monde antique sur l'île déserte de Lemnos. » (*Hellas und Hesperien*, p. 238).

35. *Philoctète*, 213-214.

36. Le texte souligne la mise en scène et le décor : ὁπόταν δὲ μόλῃ / δεινὸς ὁδίτης τῶνδ' ἐκ μελάθρων : « Quand l'effrayant chemineau sortira de ces appartements » (146-147). Il faut supprimer la virgule que

A ce monde sauvage s'opposent, de façon très nette, deux autres mondes, formant ce qu'on a pu appeler le « triangle » spatial du *Philoctète*[37] : le premier est le champ de bataille troyen, c'est-à-dire l'univers de la cité représentée par les citoyens en armes, les hoplites, le second est le monde de l'*oîkos*, de l'univers familial de Philoctète et de Néoptolème. C'est entre les deux que les héros seront appelés à choisir.

Philoctète apparaît comme entièrement étranger au monde des champs cultivés : « Il ne récoltait pour sa nourriture ni le grain qui nous vient de la terre sacrée, ni aucun de ces autres fruits que nous cultivons, nous les mortels mangeurs de pain... Ah ! la pitoyable existence que celle d'un homme qui depuis dix ans n'a pas eu la joie de se voir verser de vin[38] ! » Le héros exilé est sans famille, sans compagnon (μηδὲ ξύντροφον ὄμμ'ἔχων), « ne disposant d'aucun regard fraternel[39] », croyant même que son père est mort[40]. Ulysse a fait de lui un mort social : ἄφιλον, ἔρημον, ἄπολιν, ἐν ζῶσιν νεκρόν : « Un homme sans amis, sans, cité, un cadavre parmi les vivants[41]. » Ulysse justifie la sentence d'exil qui a été rendue contre lui en rappelant que, du fait de ses cris, l'armée « ne pouvait plus procéder en paix à une libation ni à un sacrifice[42] », autrement dit que sa présence rendait impossible l'exercice du culte civique. Philoctète reprendra lui-même à son compte cette explication lorsqu'il envisagera de s'embarquer : « Du jour où l'on s'embarque en ma compagnie, comment est-il encore possible de faire flamber des offrandes pour les dieux, de leur offrir des libations[43] ? » C'est le mot *ágrios*, sauvage, qui

---

la plupart des éditeurs introduisent après ὁδίτης ; cf. A. M. Dale, « Seen and Unseen in scenic Conventions », *Wiener Studien*, 59, 1956, *Mélanges A. Lesky*, p. 96-106 (voir p. 105) ; les conclusions de cette remarquable étude ne me paraissent nullement mises en cause par les objections de D. B. Robinson, *loc. cit. supra*, p. 167 n. 27, p. 45-51.

37. Cf. A. Cook, « The Patterning of effect in Sophocles' Philoctetes », *Arethusa*, 1968, p. 82-93, que je ne suis cependant pas ici dans ses considérations psychanalytiques.

38. *Philoctète*, 708-715. Au vers 709, Sophocle emploie le mot ἀλφησταί qui désigne, chez Homère, les mangeurs de pain, c'est-à-dire les hommes tout court. Sur la valeur de ce mot, cf. mon étude « Valeurs religieuses de la terre et du sacrifice dans l'Odyssée », *Annales E.S.C.*, 1970, p. 1280, note 3.

39. *Philoctète*, 171.

40. *Philoctète*, 497. Héraclès lui apprendra (1430) qu'il est en réalité vivant.

41. *Ibid.*, 1018.

42. *Ibid.*, 8-9.

43. *Ibid.*, 1032-1033.

définit le mieux sa condition, Philoctète est à proprement parler « ensauvagé », ἀπηγριωμένος[44]. Le vocabulaire qui le caractérise est celui qui définit la sauvagerie animale[45]. Il a, comme on l'a très bien dit, « acquis pour ainsi dire une parenté avec le monde animal[46] ». Le mal, lui-même défini comme *ágrios*, qui le torture, est, en lui, la part du sauvage[47].

Philoctète se trouve donc, très exactement, à la limite de l'humanité et de la sauvagerie animale. Dans la grotte qu'il occupe quelques signes montrent encore qu'il appartient à l'humanité : « Une coupe en bois massif — œuvre d'un bien piètre ouvrier. Et, là aussi, de quoi faire du feu[48]. » C'est le feu culinaire qui assure en permanence le salut du héros, ὃ καὶ σῴζει μ'ἀεί[49]. Cette situation limite est tout naturellement symbolisée par la chasse, seule activité qui permette à Philoctète de vivre hors de la *chōra*, de la cité et des champs cultivés : « Ainsi fatalement doit se passer sa vie, à tirer le gibier avec ses traits ailés, misérable, misérablement[50]. » Mais les rapports qu'entretient Philoctète avec les animaux, ses compagnons et ses victimes, sont réversibles ; quand il est privé, du fait de la ruse ourdie par Ulysse, de son arc, le chasseur risque d'être chassé : « Mon arc n'abattra plus ni oiseau ailé ni fauve des montagnes, et c'est moi, malheureux, qui irai en mourant fournir un repas au gibier qui me nourrissait[51].

44. *Philoctète*, 226. Cf. aussi, au vers 1321, ἠγρίωσαι, « tu as fait de moi un sauvage ».

45. Sa demeure est un gîte animal, αὔλιον (954, 1087, 1149) ; sa nourriture est une pâture, βορά (274) ; voir sur ce dernier mot ma note, *supra* p. 148, n. 73 ; il ne mange pas, il se repaît (βόσκων, 313).

46. H. C. AVERY, « Heracles, Philoctetes, Neoptolemus », *Hermes*, 93, 1965, p. 279-297 ; l'expression citée est à la page 284. Cette « parenté » est affirmée par le héros lui-même : ὦ ξυνουσίαι / θηρῶν ὀρείων : « Ô bêtes des montagnes, mes compagnes » (936-937) ; cf. aussi les vers 183-185.

47. Cf. les vers 173, 265-266 (ἀγρίᾳ νόσῳ), et le vers 758 où le mal est comparé, comme l'a bien vu le scholiaste, à une bête sauvage qui s'approche et s'éloigne tour à tour ; le pied de Philoctète est ἔνθηρος, ensauvagé (697) ; cf. P. BIGGS, « The Disease theme in Sophocles », *Classical Philology*, 1966, p. 223-235.

48. *Philoctète*, 35-36.

49. *Ibid.*, 297.

50. *Philoctète*, 164-166. Cf. aussi les vers 286-289, 710-711, 1092-1094. L'importance des images et des thèmes de chasse a été relevée dans la dissertation, citée ci-dessus, de C. J. FUQUA.

51. θανὼν παρέξω δαῖθ' ὑφ' ὧν ἐφερβόμην (957). Le vocabulaire est caractéristique : le mot δαίς désigne normalement un repas humain, contrairement à βορά ; son emploi au sens de nourriture animale est très exceptionnel (*Iliade*, 24, 43) ; au contraire le verbe φέρβω est généralement employé pour les animaux. Sophocle a donc inversé les valeurs des deux mots.

Les bêtes que je chassais me chasseront à leur tour[52]. » L'instrument de cette chasse, c'est précisément l'arc qu'Héraclès a légué à Philoctète, arc dont Ulysse rappelle à Néoptolème, au début de la pièce, qu'il a « des traits infaillibles et qui portent la mort[53] ». On l'a souvent noté, l'arc est la contrepartie de la blessure : infaillibilité et incurabilité vont de pair[54]. Mais il faut dire plus et mieux : l'arc est ce qui assure la *vie* de Philoctète. A l'exemple d'Héraclite, Sophocle joue sur les mots βιός (l'arc) βίος (la vie)[55] : 'Απεστέρηκας τὸν βίον τὰ τόξ'ἑλών : « Tu m'as enlevé la vie en m'enlevant mon arc[56]. » Mais l'arc est aussi ce qui isole Philoctète du monde des humains. Une des versions du mythe voulait que Philoctète se soit précisément blessé avec une des flèches de l'arc d'Héraclès[57]. Ce n'est pas cette version qu'a retenue Sophocle ; son *Philoctète* est plus directement coupable puisqu'il a violé le santuaire de Chrysé[58]. Mais un archer ne peut pas être un hoplite, et on verra que Philoctète guéri ne sera plus à proprement parler un archer. Dans le fameux dialogue de l'*Héraclès* d'Euripide sur les vertus respectives des archers et des hoplites[59], le porte-parole des hoplites ne fait que traduire la règle morale de son temps quand il déclare : 'Ανδρὸς δ'ἔλεγχος οὐχὶ τόξ'εὐψυχίας : « L'arc n'est pas la preuve de la vaillance d'un homme[60]. » Cette εὐψυχία, elle consiste « à rester à

52. *Philoctète*, 955-958. Cf. aussi l'invocation aux rapaces des vers 1146-1157.

53. *Philoctète*, 105.

54. Sur ces faits complémentaires dans la tradition mythique, voir par exemple A. Brelich, *Gli Eroi Greci*, Rome, 1958, p. 244 ; « Les Monosandales », *Nouvelle Clio*, 7-8-9, 1955-56-57, p. 469-489 ; sur le *Philoctète*, cf. E. Wilson, *The Wound and the Bow*, p. 244-264 ; W. Harsh, « The role of the Bow in the Philoctetes of Sophocles », *American Journal of Philology*, 81, 1960, p. 408-414 ; P. Biggs, *loc. cit. supra*, p. 231-235 ; H. Musurillo, *op. cit.*, p. 121.

55. βίος : τῶι οὖν τόξωι ὄνομα βίος ἔργον δὲ θάνατος : « Le nom de l'arc est vie, son œuvre mort », (fr. 48, Diels). Pour d'autres rapprochements entre le *Philoctète* et les fragments d'Héraclite, cf. K. Reinhardt, *Sophokles*³, Francfort, 1947, p. 212.

56. *Philoctète*, 931.

57. Version connue par *Servius*, *Ad Aeneid.*, 3, 402.

58. *Philoctète*, 1327-1328. Il est donc entièrement faux d'en faire l'innocent absolu qu'y voit par exemple H. D. Kitto, *Form and Meaning*, p. 135 ; la « culpabilité » de Philoctète est du reste soulignée par le chœur qui compare son destin à celui d'Ixion, auteur d'une tentative de viol sur la personne d'Héra (676-685).

59. *Héraclès*, 153-164.

60. *Ibid.*, 162.

son poste et à voir, sans baisser ni détourner le regard, accourir devant soi tout un champ de lances dressées, toujours ferme à son rang[61] ». L'arc permet à Philoctète de subsister, mais il fait de lui un chasseur maudit, toujours à la limite de la vie et de la mort, comme il est à la limite de l'humanité et de la sauvagerie ; il a été mordu « par une vipère tueuse d'homme[62] », mais celle-ci ne l'a pas tué. « Il semble une victime vouée au dieu des morts[63] » ; il parle de mourir, il proclame sa mort et ne peut y parvenir[64] ; il est, répétons-le, « un cadavre chez les vivants[65] », « un cadavre, l'ombre d'une fumée, un fantôme vain[66] » ; politiquement sans que le mot soit jamais prononcé, il est très exactement un ἄτιμος, un mort civique[67].

C'est dans cet univers désolé et auprès de cet homme ensauvagé que débarquent Ulysse, un homme d'âge mûr, et Néoptolème, un adolescent, presque encore un enfant. Un enfant, et même un fils pour Philoctète. Le calcul a été fait par H.C. Avery[68]. Néoptolème est appelé soixante-huit fois παῖ (enfant) ou τέκνον (mon fils) dont cinquante-deux fois par Philoctète. Or cet enfant sera qualifié d'ἀνήρ, d'homme, deux fois, au vers 910 d'abord, après qu'il a commencé à avouer la ruse au moyen de laquelle il avait piégé Philoctète, une seconde et dernière fois par Héraclès, à l'extrême fin de la pièce, quand celui-ci invite Philoctète à combattre σὺν τῷδ'ἀνδρί, « avec cet homme[69] ». Ce simple rapprochement tend à établir, me semble-t-il, que Néoptolème a bel et bien changé de statut, qu'il a traversé au cours de la pièce l'initiation éphébique[70].

---

61. *Héraclès*, 162-164.

62. *Philoctète*, 266-267. Il me paraît absolument ridicule de chercher comme le fait encore H. MUSURILLO, *op. cit.*, p. 119, n. 1, à identifier exactement l'espèce de l'animal qui a mordu Philoctète !

63. *Philoctète*, 860.

64. *Ibid.*, 797-98, 1030, 1204-1217.

65. *Ibid.*, 1018.

66. *Ibid.*, 946-947.

67. Comme l'a montré W. SCHADEWALDT dans une étude célèbre, « Sophokles und das Leid », 1941, reprise dans *Hellas und Hesperien*, Zurich et Stuttgart, 1960, p. 231-247, tous les héros de Sophocle sont précisément des personnages-limites, et la remarque peut être étendue bien au-delà de la « souffrance ».

68. *Loc. cit.*, *supra*, p. 285.

69. *Philoctète*, 1423.

70. Je ne crois pas que cette remarque ait été faite, mais certains commentateurs ont bien repéré la mutation de Néoptolème sans cependant invoquer l'éphébie, ainsi M. POHLENZ, *Die griechische Tragödie*², Göttingen, 1954, p. 334 : « Der Jüngling Neoptolemos reift zum Manne

Henri Jeanmaire a démontré dans *Couroi et Courètes* que les récits mythiques des enfances royales servaient de paradigmes aux adolescences éphébiques. C'est bien l'avènement d'un fils de roi qui nous est raconté dans le *Philoctète*. Dès l'ouverture de la pièce, Ulysse le rappelle : ὦ κρατίστου πατρὸς 'Ελλήνων τραφεὶς / 'Αχιλλέως παῖ : « Enfant du plus vaillant des Grecs, fils d'Achille[71] », et la première intervention du chœur est pour rappeler à Néoptolème qu'il est l'héritier du pouvoir[72] : « C'est dans tes mains, mon fils, que du fond des âges est venu le pouvoir suprême. » Relisons maintenant le premier dialogue entre Ulysse et Néoptolème. Il met en scène un officier et un militaire débutant. Ulysse invoque l'ordre reçu jadis pour expliquer et justifier l'« exposition » de Philoctète à Lemnos[73]. Il rappelle à Néoptolème qu'il est en service et qu'il lui doit obéissance[74]. Comme l'a bien vu B.W. Knox, il s'agit là du « premier exploit » de Néoptolème[75]. Rien n'indique que Néoptolème ait jamais porté les armes. Sans doute quand Ulysse invite le jeune homme à raconter à Philoctète que les armes d'Achille ont été refusées au fils du héros et attribuées à lui Ulysse[76], il l'incite à proférer un mensonge, mais ce mensonge est assez singulier ; Philoctète le reprend à son compte à la fin de la pièce, alors que Néoptolème a dévoilé toute la supercherie[77]. Son interlocuteur ne lui donne alors aucun démenti, et, du reste, l'auteur de l'*Ajax* savait parfaitement qu'Ulysse avait effectivement hérité pour un temps des armes d'Achille. Tout cela n'est cohérent que si l'on admet qu'effectivement Néoptolème est au tout début de sa carrière de soldat.

Un détail suggère même que Sophocle fait peut-être allusion au serment qui faisait de l'éphèbe un hoplite : « Tu n'es pas asser-

heran » ; H. Weinstock, *Sophokles*, Leipzig et Berlin, 1931, p. 79 sq. ; B. W. Knox, *The Heroic Temper*, p. 141 : « He has grown to manhood in the fire of his ordeal and though before he was Odysseus' subordinate, now he is to be Philoctetes' equal. » Le mot éphèbe a été prononcé, mais accidentellement, semble-t-il, par K. I. Vourveris, Σοφοκλέους Φιλοκτήτης, Athènes, 1963, p. 34 ; l'auteur ne fait guère que reprendre ce qu'avait dit de son côté Weinstock sur le *Philoctète* comme tragédie de l'éducation.

71. *Philoctète*, 3-4.
72. *Ibid.*, 141-142.
73. *Ibid.*, 6.
74. Cf. l'emploi du verbe ὑπηρετεῖν (être en service) au vers 15 et du nom ὑπηρέτης (53).
75. *The Heroic Temper*, p. 122.
76. *Philoctète*, 62-64.
77. *Ibid.*, 1364.

menté » (σὺ μὲν... οὔτ'ἔνορκος)[78], dit-il à Néoptolème. Techniquement, Ulysse fait allusion au serment qu'avaient prêté les prétendants d'Hélène, mais il n'est pas interdit de voir là une allusion au serment éphébique, et quand Néoptolème jurera de rester sur place : ἐμβάλλω μενεῖν[79], l'allusion devient plus claire encore. Ce premier exploit de Néoptolème, qui se déroule, comme on l'a vu, en dehors de l'espace civique, dans le lieu normal des initiations éphébiques ou cryptiques, est, comme le modèle fourni par le mythe étiologique des *Apatouries*, une ruse, une *apátē*[80]. Dès le début de la pièce, Ulysse emploie le langage de la reconnaissance, de l'espionnage militaire[81]. Cette embuscade est aussi une chasse. Quand Ulysse a réussi à convaincre Néoptolème de s'emparer par la ruse de l'arc de Philoctète, le jeune homme lui répond : θηρατέ 'ἄ<ρα> γίγνοιτ'ἄν, εἴπερ ὧδ'ἔχει, « Il faut le capturer par la chasse, s'il en est ainsi[82]. » Quand Philoctète s'évanouit, Néoptolème prononce des hexamètres d'allure oraculaire : « Ce que je vois, moi, c'est que nous aurons capturé cet arc (θήραν / τὴνδ'... ἔχομεν τόξων) en vain, si nous partons sans l'homme[83] » ; et Philoctète évoque ses mains devenues le gibier (συνθηρώμεναι) de l'homme qui l'a capturé[84].

Bien entendu, ce vocabulaire de chasse et de guerre est un vocabulaire métaphorique : le *Philoctète* n'est pas *The Red Badge of Courage* ; la chasse de Néoptolème se déroulera au niveau du langage : τὴν Φιλοκτήτου σε δεῖ / ψυχὴν ὅπως λόγοισι ἐκκλέψεις λέγων, « C'est par ton langage que tu dois dérober l'âme de Philoctète[85] » ; langage de mensonge : Ulysse récuse tout à la fois l'usage de la force et celui de la persuasion[86], langage à double sens comme celui que tiendra le pseudo-marchand[87].

---

78. *Philoctète*, 72.
79. *Ibid.*, 813.
80. Le vocabulaire est — ici encore — caractéristique ; cf. l'emploi des mots ἀπάτη (1136, 1228), δόλος, δόλιος (91, 107, 608, 1118, 1228, 1282), τέχνη, τεχνᾶσθαι (80, 88), κλέπτειν (55, 968).
81. Ulysse fait envoyer un homme εἰς κατασκοπήν, « en embuscade » (45).
82. *Philoctète*, 116.
83. *Ibid.*, 839-840.
84. *Ibid.*, 1005-1007.
85. *Ibid.*, 54-55.
86. *Ibid.*, 54-95.
87. *Ibid.*, 130. Ce thème du rôle du langage dans le *Philoctète* mériterait d'être considérablement développé ; cf. l'esquisse d'A. Podlecki, « The Power of the Word in Sophocles' Philoctetes », *Gr. Rom. and Byz. St.*, 7, 1966, p. 233-250.

Si nous revenons maintenant à la métaphore militaire, il importe de bien comprendre ceci : la situation de l'éphèbe étant, par définition, transitoire, Néoptolème est tout à fait incapable de justifier son acte autrement qu'en invoquant l'obéissance au pouvoir établi[88]. Les éphèbes peuvent avoir une pratique de l'ἀπάτη, une mythologie de l'*apátē*, mais certainement pas une éthique. « Maître des novices »,[89] Ulysse résume à sa façon les choses en disant à Néoptolème : δίκαιοι δ'αὖθις ἐκφανούμεθα· / νῦν δ'εἰς ἀναιδὲς ἡμέρας μέρος βραχὺ / δός μοι σεαυτόν, κᾆτα τὸν λοιπὸν χρόνον / κέκλησο πάντων εὐσεβέστατος βροτῶν : « Nous ferons montre d'honnêteté plus tard. Cette fois, prête-toi à moi pour un court instant — un jour au plus — d'effronterie. Après quoi tout le reste de ta vie tu pourras te faire appeler le plus scrupuleux des mortels[90]. » La vertu de l'exploit éphébique s'épuise avec sa réalisation ; toute prolongation est impossible. Aussi bien, pendant même que Néoptolème dupe Philoctète, il exprime leur commune admiration pour l'idéal hoplitique, dans sa version aristocratique, cela va sans dire. Néoptolème-Pyrrhos n'était-il pas le père de la « pyrrhique », danse guerrière hoplitique s'il en fut[91] ? Ulysse lui-même, lorsqu'il essaie, au nom de Zeus, de convaincre Philoctète de le suivre à Troie, lui propose d'être un ὅμοιος τοῖς ἀριστεῦσιν[92], un membre de l'élite guerrière qui s'empare de Troie. Il reste pourtant qu'Ulysse peut difficilement proposer cela, parce que, tout au long de son rôle, il est clair qu'il choisit non l'ἀρετή mais la τέχνη. En dépit du fait que l'oracle rendu par Hélénos affirmait que la présence *volontaire* de Philoctète et non pas seulement de son arc était nécesssaire à la prise de Troie[93], Ulysse ne se préoccupe que de l'arc, ou envisage de transporter Philoctète à Troie de force[94]. Il agit et parle comme si l'arc pouvait être séparé de l'homme. Il est,

88. *Philoctète*, 925.

89. Je dois cette expression à F. Jouan.

90. *Philoctète*, 82-85.

91. J. Pouilloux a montré que cette tradition, attestée explicitement par Lucien, *De Saltatione*, 11, l'était déjà implicitement par Euripide, *Andromaque*, 1135 — J. Pouilloux et G. Roux, *Énigmes à Delphes*, Paris, 1963, p. 117.

92. *Philoctète*, 997.

93. Cela apparaît aussi bien dans le récit du Pseudo-marchand (603-621) que dans la dernière tentative de Néoptolème pour convaincre Philoctète de le suivre (1332).

94. C'est ce qu'a bien vu B. W. Knox : « In fact Odysseus repeatedly and exclusively emphasizes one thing and one thing only — the bow ». (*The Heroic Temper*, p. 126) ; cf. les vers 68, 113-115, 975-983, 1055-1062.

dit-il, d'autres archers que Philoctète et son arc peut être confié à Teucros[95]. Si l'on examine les trois scènes où il est présent, on constate que le vocabulaire militaire s'unit à celui qui sert à caractériser les sophistes[96]. Est-ce un politique pur ? Sans doute, au sens où le Cléon de Thucydide ou les Athéniens du dialogue avec les Méliens sont des politiques purs. Sophocle en a même fait, volontairement, un politique athénien[97]. Il termine son admonestation à Néoptolème en faisant appel à la fois à Hermès, à Nikè, et à Athéna Polias[98]. Le Pseudo-marchand explique sur son ordre que les fils de Thésée, roi d'Athènes, sont partis à la poursuite de Néoptolème[99]. Sa dernière intervention consiste à dire qu'il va rendre compte τῷ δὲ σύμπαντι στρατῷ, « à l'ensemble de l'armée[100] », autrement dit, en termes politiques, qu'il va convoquer l'assemblée du peuple. Cela dit, nous sommes dans un univers tragique et non dans celui de l'histoire ou de la philosophie politique. Politique pur, Ulysse sort de la *polis* par excès de politique. Il est l'exacte antithèse de Philoctète, hypercivilisé face à un homme ensauvagé. Il est une autre version du personnage de Créon, et, pour reprendre la terminologie qu'un chœur célèbre de l'*Antigone* applique à l'homme qui n'est armé que de la seule *téchnē*, loin d'être *hupsípolis*, il est, comme Philoctète lui-même, mais pour des raisons inverses, un *ápolis*[101]. Aussi, bien qu'en un sens il ait accompli sa mission, perd-il tout dans l'aventure que décrit le *Philoctète*. C'est de lui que Néoptolème au début de la pièce[102] est dit le fils mais le jeune homme devient

95. *Philoctète*, 1055-1062.

96. Ainsi σόφισμα (14), σοφισθῆναι (77), τεχνᾶσθαι (80).

97. Cela dit, il me paraît inutile de rechercher les « clefs » des personnages de Sophocle, petit jeu auquel on s'est beaucoup amusé, depuis le XVIIIe siècle, Alcibiade exilé et rappelé étant, par exemple, assimilé à Philoctète ; cf. en dernier lieu, M. H. JAMESON, « Politics and the Philoctetes », *Classical Philology*, 51, 1956, p. 217-227.

98. *Philoctète*, 133-134.

99. *Ibid.*, 562. Il est possible que Sophocle fasse ici allusion à sa propre tragédie des *Skyrioi* dans laquelle les Théséides allaient, a-t-on soutenu, chercher Néoptolème dans son île (cf. T. ZIELINSKI, *Tragodumenon libri tres*, Cracovie, 1925, p. 108-112, et pour une représentation de cette même scène sur un vase, Ch. DUGAS, « L'Ambassade à Skyros », *Bulletin de correspondance hellénique*, 1934, p. 281-290).

100. *Ibid.*, 1257.

101. *Antigone*, 370 ; cf. H. FUNKE, « Κρέων ἄπολις », *Antike und Abendland*, 12, 1966, p. 29-50.

102. *Philoctète*, 99-130.

le fils, puis le compagnon de Philoctète[103]. Entre Ulysse et Philoctète, Néoptolème, dont le nom même suggère du reste la jeunesse, fait figure de médiateur obligatoire. Ulysse et le héros blessé, l'un et l'autre installés dans leur paroxysme, ne peuvent pas communiquer. Ephèbe, le fils d'Achille est lié à la nature sauvage, ce qui lui permet d'entrer en rapport avec Philoctète ; soldat et futur citoyen, il doit obéissance au magistrat qu'est Ulysse. Mais la présence de ce dernier cesse d'être nécessaire dès lors que les deux autres hommes sont réintégrés dans la vie « normale ». Aussi, quand Héraclès arrive pour résoudre le problème posé, Ulysse a disparu, il n'assiste pas à la scène finale au cours de laquelle Héraclès apporte une solution et assure le retour et de Philoctète et de Néoptolème au sein de la cité.

Il y a, en effet, un problème à résoudre, un problème proprement tragique. Pour que Néoptolème franchisse l'étape qui sépare l'éphèbe de l'hoplite, il ne suffit pas qu'il redevienne lui-même, comme l'y invite Philoctète[104], qu'il retourne à sa *phúsis* première[105]. La morale hoplitique dont tous deux se réclament suppose la participation à la guerre. Quand Philoctète pose la question qu'on trouve dans toute tragédie grecque, τί δράσω ; « Que ferai-je[106] ? », après que Néoptolème l'a une dernière fois supplié de rejoindre le champ de bataille, il choisit, comme Antigone, les valeurs familiales : πέμψον πρὸς οἴκους, « conduisnous à la maison, puis demeure à Skyros[107] ». Il promet à Néoptolème la reconnaissance de son père. Philoctète choisit donc et la souffrance et l'arc qui lui est lié. A Néoptolème qui s'inquiète de savoir ce qu'il fera si les Achéens viennent ravager sa terre, il répond qu'il l'aidera au moyen des flèches d'Héraclès. Il ne fera, au fond, que changer de Lemnos. Néoptolème fait le même choix. En termes militaires, cela s'appelle une désertion, et Tycho von Wilamowitz qui écrivait pendant la Première Guerre mondiale ne s'y est pas trompé[108] !

Ce choix des valeurs familiales contre les valeurs civiques est d'autant plus remarquable qu'un tout autre personnage ne cesse en réalité d'être présent tout au long de la tragédie, celui-là

---

103. K. Reinhardt (*op. cit.*, supra, p. 176) compare avec raison les rapports Ulysse-Néoptolème avec ceux de Créon et de son fils Hémon dans l'*Antigone*.
104. *Philoctète*, 950.
105. *Ibid.*, 902.
106. *Philoctète*, 1063, 1350.
107. *Ibid.*, 1368 ; l'expression est répétée au vers 1399.
108. *Op. cit., supra*, p. 280.

même qui va apparaître à la fin. Philoctète, qui est roi de Malide, comme le sait bien Sophocle[109], est défini à maintes reprises comme l'homme de l'Oeta[110], montagne sans doute voisine de son royaume, mais qui est surtout le lieu du bûcher d'Héraclès. C'est là que Philoctète a recueilli l'arc du héros devenu dieu. Mais l'Héraclès qui est évoqué ici, l'Héraclès qui est pour ainsi dire le père de Philoctète[111], n'est précisément pas l'Héraclès archer, l'Héraclès chasseur, tueur de bêtes fauves, c'est ὁ χάλκασπις ἀνήρ, « le guerrier au bouclier de bronze[112] », un Héraclès hoplite. Comme dans toutes les pièces de Sophocle, le plan des dieux s'accomplit sans que les acteurs en soient conscients[113]. La réintégration de Philoctète dans le monde des hommes, qui est l'objet de l'exploit éphébique de Néoptolème, est amorcée en réalité dès lors que Philoctète, pour la première fois depuis dix ans, entend parler grec, c'est-à-dire reprend contact avec le langage[114]. La proposition qui lui est faite[115] de se faire soigner et guérir à Troie est bien celle qui sera mise en application. Mais le plus remarquable, peut-être, est de constater comment Héraclès va se faire le héraut de cet idéal hoplitique qui est constamment présent dans la pièce. Je dis remarquable parce que le mythe était ici impératif. Tout Grec savait que Philoctète avait tué Pâris dans un *combat singulier*[116] avec les flèches d'Héraclès, et il est difficile de transcrire cet exploit en termes hoplitiques. Mais que dit Héraclès à la fin de la pièce ? « Partant avec cet homme (Néoptolème) pour la cité troyenne (...) tu feras tomber sous mes flèches Pâris, l'auteur de vos maux[117] » et le dieu introduit aussitôt une distinction entre ce que gagnera l'arc et ce que gagnera Philoctète par sa valeur guerrière personnelle, par le mérite qu'il s'acquerra en combattant à côté des autres Grecs : « Tu prendras Troie et la part du butin qu'alors tu obtiendras pour prix de ta vaillance entre tous nos guerriers[118], tu l'enverras dans ton palais

109. *Philoctète*, 725.
110. *Ibid.*, 453, 479, 490, 664, 728, 1430.
111. Tout cela a été bien vu par H. C. Avery dans son article, cité *supra*, de l'*Hermes*, 1965.
112. *Philoctète*, 726.
113. Sur ce point Bowra a sans aucun doute raison contre Kitto : cf. ci-dessus, p. 166, n. 19.
114. *Philoctète*, 220-231.
115. *Ibid.*, 919-920, 1376-1379.
116. Μονομαχήσας 'Αλεξάνδρῳ κτείνει, dit le résumé de la *Petite Iliade* (*loc. cit. supra*, p. 163, n. 8).
117. *Philoctète*, 1423-1426.
118. *Ibid.*, 1429 (ἀριστεῖ ' ἐκλαβὼν στρατεύματος).

à ton père Péas, sur le plateau de l'Oeta ton pays. Pour celle, en revanche, que tu recevras de l'armée, en mémoire de mes flèches[119], porte-la à mon bûcher[120]. » Ce qui provient de l'arc retournera donc au bûcher d'Héraclès. C'est en somme la séparation de Philoctète archer et de Philoctète hoplite. Quant à Néoptolème, sa situation va elle aussi changer. Sa transformation en guerrier de plein exercice est achevée. Alors qu'il s'inquiétait, en homme qui se croyait destiné à prendre la ville, du rôle de l'arc dans la chute de Troie, Ulysse lui avait répondu : « Tu ne le peux sans l'arc, l'arc ne le peut sans toi (οὔτ'ἂν σὺ κείνων χωρὶς, οὔτ'ἐκεῖνα σοῦ)[121]. » Héraclès, s'adressant cette fois au fils d'Achille, reprend une formule analogue, mais qui concerne cette fois non plus l'arme mais Philoctète : « Tu ne peux sans lui conquérir la plaine troyenne et il ne le peut, lui, sans toi[122]. » De l'union d'un homme et d'un arc, on est passé à l'union de deux hommes, de deux combattants. Héraclès ajoute : 'Αλλ'ὡς λέοντε συννόμω φυλάσσετον / οὗτος σὲ καὶ σὺ τόνδε : « Comme deux lions partageant le même sort[123], veillez l'un sur l'autre, lui sur toi, toi sur lui[124]. » C'est là le serment que prononce l'éphèbe de ne pas abandonner son compagnon de rang.

L'homme sauvage a donc réintégré la cité, l'éphèbe est devenu hoplite. Il reste cependant une dernière mutation à opérer, celle de la nature elle-même. Jusqu'à l'extrême fin de la pièce, Lemnos est la terre déserte d'hommes, le pays de la nature sauvage et féroce, le pays des rapaces et des fauves. La grotte de Philoctète était définie comme ἄοικος εἰσοίκησις, « une demeure qui n'en est pas une[125] », or c'est à une terre de pastorale que Philoctète dit adieu, même s'il rappelle qu'il y a souffert ; non qu'elle soit devenue « civilisée », mais la sauvagerie a pour ainsi dire changé de signe, un peu comme l'île de la *Tempête* de Shakespeare peut être tantôt celle de Caliban et tantôt celle d'Ariel. Les Nymphes remplacent les animaux sauvages. Tout un monde de l'humide surgit[126] :

---

119. *Philoctète*, 1432 (τόξων ἐμῶν μνημεῖα)
120. *Ibid.*, 1428-1433.
121. *Ibid.*, 115.
122. *Ibid.*, 1434-1435.
123. σύννομος peut renvoyer au compagnonnage militaire, cf. ESCHYLE, *Sept*, 354. Notons aussi l'emploi du duel qui renforce le thème de la solidarité.
124. *Philoctète*, 1436-1437.
125. *Ibid.*, 534.
126. La nuance n'a pas été tout à fait saisie par Ch. SEGAL qui, dans un article par ailleurs excellent (« Nature and the World of Man in Greek Literature », *Arion*, 2, 1, 1963, p. 19-57), écrit : « His final words are not

« Allons ! Qu'à l'heure où je m'en éloigne, je salue du moins cette terre. Adieu, demeure[127] qui m'as gardé si longtemps ; et vous, Nymphes des prés humides, et toi mâle fracas du flot (...) Voici l'heure de vous quitter, fontaine et eau d'Apollon Lycien[128]. » Quant à la mer, elle n'isole plus, elle réunit : « Adieu, sol de Lemnos qu'enveloppent les flots, fais qu'une heureuse traversée me porte sans encombre[129]. » C'est par un vœu d'*eúploia*, d'heureuse navigation que se termine la pièce[130], sous le signe de Zeus et des Nymphes de la mer. C'est l'ordre divin qui permet aux hommes de redevenir les maîtres de la nature sauvage. Tel est le dernier renversement du *Philoctète*.

APPENDICE

SUR UN VASE DU MUSÉE DE SYRACUSE

Depuis sa découverte en 1915 dans la nécropole de Fusco près de Syracuse, le vase dont nous reproduisons ici la face principale (l'autre représente une ménade assise entre deux satyres) a été fréquemment discuté et commenté. Ces commentaires n'ont pas été vains. A.D. Trendall a pu de façon sûre en déterminer l'auteur, un des plus anciens parmi les « peintres de Paestum », le « peintre de Dircé », dont toute l'œuvre semble commenter des scènes tragiques (dans un esprit qui relève cependant plutôt du drame satyrique que de la tragédie proprement dite, comme le montre la présence très fréquente de jeunes satyres), et la date (vers 380-360 avant J.-C.)[131].

---

a welcoming of the human world, but a last farewell to the wildness in which he has suffered, but there is a tie between it and the man. »

127. Plus exactement μέλαθρον, palais, mais le mot n'a pas ici la même valeur (à la fois ironique et désignatrice du décor) qu'au vers 147, cf. *supra* p. 168, n. 36.

128. *Philoctète*, 1452-1461.

129. *Ibid.*, 1464-1465.

130. Ce vœu d'εὔπλοια répète celui (à double sens) qu'avait prononcé Néoptolème après le succès de sa ruse (779-781).

131. Cf. A. D. Trendall, *Paestan Pottery. A Study of the Red-figured Vases of Paestum*, Rome, 1936, p. 7-18, nº 7.

Le personnage central a été immédiatement identifié[132] : Philoctète barbu, les cheveux en broussaille, est assis sur une peau de léopard, au milieu d'une grotte délimitée par une arcade rouge irrégulièrement soulignée de lignes noires, tandis que de larges taches blanches marquent les aspérités de la roche[133]. Son pied gauche malade est appuyé sur le rocher. Il tient de sa main droite une plume, sans doute destinée à soulager ses souffrances, et de sa main gauche son arc. Au-dessus de lui des oiseaux, produit de sa dernière chasse ; je dis : de sa dernière parce que son carquois, suspendu à sa gauche, est *vide*. Sous son bras gauche une amphore est enfoncée dans le sol. Les deux personnages qui émergent au-dessus de la grotte ne posent pas non plus de question. A gauche, Athéna, casquée et portant le bouclier rond de l'hoplite, est surélevée par un rocher. A droite, Ulysse, reconnaissable à son *pilos* (bonnet de marin) et à sa barbe, tient un carquois *fermé* (contenant les flèches de Philoctète ?). A gauche encore, appuyé à un arbre, un éphèbe dénudé, rejetant en arrière une chlamyde brodée, tandis que son baudrier détaché semble faire corps avec l'arbre, peut correspondre soit au Diomède, qui accompagnait Ulysse dans la pièce d'Euripide, soit au Néoptolème de Sophocle[134]. Il s'agit là d'un problème relativement secondaire, car il

132. Cf. B. PACE, « Filottete a Lemno. Pittura vascolare con riflessi dell'arte di Parrasio », *Ausonia*, 10, 1921, p. 150-159 et, du même, « Vasi figurati con riflessi della Pittura di Parrasio », *Mon. Ant. Accad. Linc.* 28, 1922, p. 522-598 (part. p. 542-550). Notre vase a été dûment répertorié par F. BROMMER, *Vasenlisten zur griechischen Heldensage*², Marburg, 1960, p. 329.

133. Je m'inspire ici du commentaire de P. E. ARIAS dans le fascicule du *Corpus Vasorum Antiquorum* (*C.V.A.*), Rome, 1941.

134. La première hypothèse était celle de B. PACE ; L. SÉCHAN (*Études sur la tragédie grecque dans ses rapports avec la céramique*, Paris, 1926, p. 491) a fait valoir que « l'image fait plutôt songer, par son aspect juvénile, au Néoptolème de Sophocle ». L'argument n'est pas décisif, car nous connaissons un autre cratère en cloche de la même nécropole et du même peintre (TRENDALL, *Red-figure Vases*... Campanian I, nº 31, p. 204, planches 80-82) qui représente indiscutablement (cf. Ch. PICARD, *Comptes rendus de l'Académie des inscriptions et belles-lettres*, 1942, p. 244-246) la capture de Dolon par Ulysse et Diomède, or ce dernier est représenté comme un éphèbe imberbe et nu. D'une façon générale le semi-profane que je suis en la matière ne peut, une fois de plus, que s'émerveiller de l'audace avec laquelle certains spécialistes tranchent les questions si délicates que soulèvent des problèmes comme ceux du passage du théâtre à l'art figuré. Ce n'est pas sans stupeur par exemple que l'on lit chez Marg. BIEBER, *The History of the Greek and Roman theater*², Princeton, 1961, p. 34 et fig. 119 : « Vase paintings based upon stage setting for Sophocles' Philoctetes have only a large rock and a single tree as a set-

est clair que nous avons ici un éphèbe qui paraît recevoir les instructions d'Athéna guerrière[135]. Le mystère commence quand il s'agit d'identifier la jeune femme richement vêtue et parée qui se tient à droite, la main droite touchant la roche, et qui semble s'entretenir avec Ulysse. Comme l'a bien dit P. Wuilleumier, elle est « étrangère(...) à toutes les reproductions littéraires et artistiques de la scène[136] ». Aucune des interprétations suggérées n'est convaincante[137] et la littérature ne mentionne pour l'instant

ting, while those for Euripides' Philoctetes represent a large cave around the hero. The vases testify that Euripides had a chorus of women and used Athena as *deus ex machina* instead of Heracles who was used by Sophocles. » C'est là oublier, 1° que la pièce de Sophocle aussi bien que celle d'Euripide logeait le héros dans une grotte, 2° que les artistes disposaient d'autres sources que le théâtre classique, 3° que la jeune fille du vase de Syracuse n'est nullement représentative d'un chœur, 4° que rien ne permet de faire d'Athéna le *deus ex machina* de la pièce d'Euripide, à moins précisément que notre vase n'en soit un reflet, ce qui est une simple possibilité. T.B.L. Webster n'a pas retenu cette possibilité, et je suis enclin à lui donner raison ; malheureusement l'argument qu'il utilise (*Tragedies of Euripides*, p. 58) : « Il faudrait alors faire la supposition audacieuse que le jeune homme est Ulysse rajeuni par Athéna », ne vaut rien, puisque Ulysse était précisément accompagné de Diomède. Fort curieusement, le même auteur, dans un livre republié la même année, émet cette même audacieuse hypothèse et attribue, sans autre hésitation, le vase aux illustrateurs d'Euripide : *Monuments illustrating Tragedy and Satyr Play*, Londres, 1967, p. 162.

135. Le commentaire du *C.V.A.* souligne à bon droit le caractère oratoire du geste d'Athéna.

136. « Questions de céramique italiote », *Revue archéologique*, 33, 1931, p. 248.

137. B. Pace avait proposé d'y voir une nymphe, une personnification de l'île ou la déesse Bendis, mais on voit mal ce que cette déesse thrace a à faire ici. L. Séchan (*op. cit.*, p. 491) après avoir écarté ces hypothèses et celle qui ferait du personnage féminin la déesse Peithô (accompagnatrice d'Aphrodite), pense plutôt à un personnage de séductrice qui serait emprunté à une pièce inconnue de nous. Enfin, S. Setti, dans un commentaire récent de notre vase (« Contributo esegetico a un vaso "pestano", *Dioniso* 38, 1964, p. 214-220), reprend la première hypothèse de Pace, en faisant de la jeune fille une nymphe et donne au mythe, à la jeune fille et au vase une signification funéraire. Les arguments employés sont assez faibles. En particulier s'il fallait attribuer, comme semble le vouloir Setti, à toutes les scènes représentées sur des vases découverts dans des tombes une signification chthonienne et funéraire, il faudrait procéder à une sérieuse révision de nos connaissances en matière de mythologie grecque. Sans voir là de contradiction avec son interprétation générale, S. Setti rapproche lui aussi le vase de Syracuse de la pièce d'Euripide, dont le caractère funéraire est plus que douteux ; en tout état de cause, il est vain d'espérer une coïncidence parfaite entre la tradition littéraire et la tradition iconographique. Ainsi un document

aucun document parallèle. Il n'est nullement certain, en tout cas, que ce personnage soit une déesse. Elle ne porte aucun signe distinctif marquant la divinité et elle n'est pas surélevée comme Athéna. Quoi qu'il en soit, il est à peine besoin de rappeler que le mythe de Philoctète dans toutes les interprétations que nous en connaissons ne fait intervenir aucune femme. Il est donc impossible pour l'instant de se prononcer sur l'identité du personnage.

Les remarques qui suivent, et qui sont présentées à titre provisoire et précaire (un document nouveau peut toujours survenir), essaient d'éclairer ce document par une autre voie. Il est en effet difficile de ne pas noter les relations de symétrie et d'inversion qui s'établissent de part et d'autre de la grotte et de l'homme sauvage. Essayons de sérier ces oppositions et ces symétries.

L'opposition entre les deux personnages masculins et les deux personnages féminins est évidente. Les deux femmes portent bracelet et collier, toutes deux sont vêtues, tandis que les personnages masculins sont nus ou dénudés, suivant une convention du reste classique. Mais les personnages de même sexe s'opposent entre eux comme la jeunesse s'oppose à l'âge adulte. L'éphèbe est naturellement imberbe et de corps gracile, sa chevelure est

---

découvert lors des fouilles de Castro (Étrurie) associe sur l'île de Lemnos Philoctète, Palamède et Hermès, ce que rien ne permettait de prévoir (cf. R. Lambrechts, « Un miroir étrusque inédit et le mythe de Philoctète », *Bulletin de l'Institut historique de Rome*, 39, 1968, p. 1-25). Dans ce dernier objet, l'artiste a bien voulu nous informer en écrivant le nom de Palamède que nous aurions été parfaitement incapables d'identifier. Je n'ai pas osé, pour ma part, proposer un nom pour le personnage féminin, mais je note ici que Mlle F. H. Pairault, membre de l'École française de Rome, qui a elle-même travaillé sur le vase de Syracuse, et qui a lu cette étude en manuscrit, m'écrit que, pour sa part, elle abonderait dans mon sens et n'hésiterait pas à proposer le nom d'Apaté pour le personnage inconnu. Elle remarque en effet : « Les vases de Grande-Grèce offrent quantité de personnages féminins, de *démons* et de *victoires* souvent mystérieux, et il s'agit souvent d'abstractions personnifiées. » Le personnage d'Apaté figure nommément sur un vase célèbre, à peu près contemporain de notre document, le cratère à volutes découvert à Canusium (Apulie) et connu sous le nom de « vase de Darius » (Musée de Naples, 3252 ; cf. M. Borda, *Ceramiche Apule*, Bergame, 1966, p. 49 et pl. 14). Son accoutrement (peau de panthère, une torche dans chaque main) est fort différent de celui de notre jeune fille, mais le style (historico-tragique) du peintre est également très différent ; voir aussi sur le vase de Darius, C. Anti, « Il vaso di Dario ed i Persiani di Frinico », *Archeologia Classica*, 4, 1, 1952, pp. 23-45 (sur Apaté, p. 27). L'article *Apate* de l'*Enciclopedia dell'arte classica*, I, p. 456 et fig. 625, dû à G. Bermond Montanari, ne donne qu'un autre exemple, très largement antérieur, dans la peinture attique.

masquée par la coiffure ; le *pilos* d'Ulysse est au contraire rejeté en arrière, dégageant l'abondance de la chevelure. La barbe, contrairement à celle de Philoctète, est, comme les cheveux, soigneusement taillée. Le haut s'oppose d'autre part au bas par la présence ou l'absence des armes (le baudrier détaché de l'éphèbe prend ici toute sa valeur). Mais le personnage féminin de gauche, Athéna, est équipé des armes qui caractérisent la virilité accomplie, celle de l'hoplite. Le bras est fort, la poitrine peu marquée. Ulysse tient au contraire un carquois, symbole de ruse. Si l'on admet que ce carquois contient les flèches de Philoctète, la ruse est même double : celle de l'arme et celle de l'acte. Les deux personnages jeunes ne s'opposent pas seulement entre eux par leur sexe (la féminité du personnage de droite est fortement marquée tant par la richesse du vêtement, chiton et himation, que par le modelé des seins). L'éphèbe se tient à l'écart de la grotte et du monde sauvage, au contraire la jeune femme touche de sa main droite la paroi extérieure de la grotte. Cette opposition est encore soulignée par des détails vestimentaires : la chlamyde de l'éphèbe est ornée des mêmes motifs que la tunique de Philoctète, ce qui suggère peut-être une parenté spirituelle analogue à celle décrite par Sophocle, tandis que la ceinture de la jeune femme offre une décoration très proche de celle du carquois tenu par Ulysse. Un contrepoint discret est donc donné aux symétries les plus visibles : nudité des hommes, bijoux des femmes[138]. On dira donc que la scène de gauche apparaît comme centrée sur les vertus de l'hoplite, de la valeur guerrière traditionnelle, tandis que le côté droit est celui des techniques de la ruse et de la séduction féminine, et que Philoctète est au centre de ce débat (ἄγων). Mais la polarité masculin-féminin inverse en partie cette opposition, c'est à gauche la femme qui est armée en hoplite et à droite l'adulte qui représente la ruse. Le drame de l'éphèbe qui devient hoplite en faisant un détour par le monde sauvage et la ruse « féminine[139] » trouve peut-être ici son expression imagée.

138. Je dois cette suggestion à Maud Sissung.

139. Sur les aspects « féminins » de l'éphèbe, cf. ci-dessus, p. 152 et n. 104.

Table

Tome 2

Dans la même collection

Sciences humaines et sociales

Norbert Alter, *Donner et prendre.*

Louis Althusser, *Pour Marx.*

Jean-Loup Amselle et Elikia M'Bokolo, *Au cœur de l'ethnie.*

Benedict Anderson, *L'imaginaire national.*

Paul Bairoch, *Mythes et paradoxes de l'histoire économique.*

Étienne Balibar, *L'Europe, l'Amérique, la guerre.*

Étienne Balibar et Immanuel Wallerstein, *Race, nation, classe.*

Stéphane Beaud, *80 % au bac... et après ?*

Jean-Jacques Becker et Gilles Candar, *Histoire des gauches en France* (2 volumes).

Miguel Benasayag, *La fragilité.*
— *Le mythe de l'individu.*

Miguel Benasayag et Gérard Schmit, *Les passions tristes.*

Miguel Benasayag et Angélique del Rey, *Éloge du conflit*

Yves Benot, *La démence coloniale sous Napoléon.*
— *Massacres coloniaux, 1944-1950.*
— *La Révolution française et la fin des colonies.*

Bernadette Bensaude-Vincent et Isabelle Stengers, *Histoire de la chimie.*

Pascal Blanchard *et al.*, *Zoos humains.*

Laurent Bonelli, *La France a peur. Une histoire sociale de l'« insécurité ».*

François Burgat, *L'islamisme à l'heure d'Al-Qaida.*

Judith Butler, *Trouble dans le genre.*

Alain Caillé, *Anthropologie du don.*

François Chast, *Histoire contemporaine des médicaments.*

Jean-Michel Chaumont, *La concurrence des victimes.*

Yves Clot, *Le travail sans l'homme ?*

Serge Cordellier (dir.), *La mondialisation au-delà des mythes.*

Georges Corm, *L'Europe et l'Orient.*

François Cusset, *French Theory.*

Pierre Dardot et Christian Laval, *La nouvelle raison du monde.*

Muriel Darmon, *Devenir anorexique.*

Mike Davis, *City of Quartz. Los Angeles, capitale du futur.*
— *Génocides tropicaux.*
— *Le pire des mondes possibles.*

Alain Desrosières, *La politique des grands nombres. Histoire de la raison statistique.*

Elsa Dorlin, *La matrice de la race.*

François Dosse, *L'histoire en miettes.*
— *Michel de Certeau.*
— *L'empire du sens.*
— *Paul Ricœur.*
— Gilles Deleuze et Félix Guattari, *biographie croisée.*
— Le pari *biographique.*

Mary Douglas, *Comment pensent les institutions.*
— *De la souillure.*

William E. B. Du Bois, *Les âmes du peuple noir.*

Florence Dupont, *L'invention de la littérature.*

Jean-Pierre Dupuy, *Aux origines des sciences cognitives.*

Didier Fassin et Eric Fassin (dir.), *De la question sociale à la question raciale ?*

Abdou Filali-Ansary, *Réformer l'islam ?*

La Découverte/Poche

La Découverte/Poche

Moses I. Finley, *Économie et société en Grèce ancienne.*

Patrice Flichy, *Une histoire de la communication moderne.*

François Frontisi-Ducroux, *Dédale.*

Yvon Garlan, *Guerre et économie en Grèce ancienne.*

Peter Garnsey et Richard Saller, *L'Empire romain.*

Jacques T. Godbout, *L'esprit du don.*

Olivier Godechot, *Les traders.*

Nilüfer Göle, *Musulmanes et modernes.*

Jack Goody, *L'islam en Europe.*
— *La peur des représentations.*

Maurizio Gribaudi et Michèle Riot-Sarcey, *1848, la révolution oubliée.*

Anne Grynberg, *Les camps de la honte.*

Ian Hacking, *Entre science et réalité.*

Françoise Hatchuel, *Savoir, apprendre, transmettre.*

Axel Honneth, *La société du mépris.*

Pascale Jamoulle, *Des hommes sur le fil.*

Nicolas Jounin, *Chantier interdit au public.*

Jacques Kergoat, *La France du Front populaire.*

Will Kymlicka, *Les théories de la justice. Une introduction.*

Camille Lacoste-Dujardin, *Des mères contre les femmes.*

Yves Lacoste, *Ibn Khaldoun.*

Bernard Lahire (dir.), *À quoi sert la sociologie ?*
— (dir.), *Le travail sociologique de Pierre Bourdieu.*

Bernard Lahire, *La culture des individus.*
— *L'esprit sociologique.*
— *L'invention de l'« illettrisme ».*

Bruno Latour, *Changer de société, refaire de la sociologie.*
— *L'espoir de Pandore.*
— *La fabrique du droit.*
— *La science en action.*
— *Nous n'avons jamais été modernes.*
— *Pasteur : guerre et paix des microbes.*
— *Petites leçons de sociologie des sciences.*
— *Politiques de la nature.*

Bruno Latour et Steve Woolgar, *La vie de laboratoire.*

Jacques Le Goff, *Une vie pour l'histoire. Entretiens avec Marc Heurgon.*

Bernard Lehmann, *L'orchestre dans tous ses éclats.*

Prosper-Olivier Lissagaray, *Histoire de la Commune de 1871.*

Geoffrey E.R. Lloyd, *Pour en finir avec les mentalités.*

Frédéric Lordon, *L'intérêt souverain.*

Georg Lukacs, *Balzac et le réalisme français.*

Lamence Madzou et Marie-Hélène Bacqué, *J'étais un chef de gang.*

Armand Mattelart, *La communication-monde : histoire des idées et des stratégies.*
— *Histoire de l'utopie planétaire.*
— *L'invention de la communication.*

Arno Mayer, *La « solution finale » dans l'histoire.*

Gérard Mendel, *La psychanalyse revisitée.*

Gilbert Meynier, *L'Algérie des origines.*

John Stuart Mill, *La nature.*

Henri Minczeles, *Une histoire des juifs de Pologne.*

Michel Morange, *Histoire de la biologie moléculaire.*

Mouvements, *Pensées critiques.*

Albert Ogien et Sandra Laugier, *Pourquoi désobéir en démocratie ?*

Annick Ohayon, *Psychologie et psychanalyse en France.*

François Ost, *La nature hors la loi.*

Blaise Pascal, *Pensées sur la justice.*

Dominique Poulot, *Une histoire des musées de France, XVIIIe-XXe siècles.*

John Rawls, *La justice comme équité.*
— *Leçons sur l'histoire de la philosophie morale.*

Élisée Reclus, *L'homme et la Terre.*

Nicolas Renahy, *Les gars du coin.*

Roselyne Rey, *Histoire de la douleur.*

Annie Rey-Goldzeiguer, *Aux origines de la guerre d'Algérie.*

Maxime Rodinson, *La fascination de l'islam.*
— *Peuple juif ou problème juif ?*

Richard E. Rubenstein, *Le jour où Jésus devint Dieu.*

Fernand Rude, *Les révoltes des canuts (1831-1834).*

André Sellier, *Histoire du camp de Dora.*

Jean-Charles Sournia, *Histoire de la médecine.*

Isabelle Stengers, *Cosmopolitiques* (2 tomes).

Timothy Tackett, *Le roi s'enfuit.*

Michel Terestchenko, *Un si fragile vernis d'humanité.*

Enzo Traverso, *L'histoire comme champ de bataille.*

Sylvie Thénault, *Une drôle de justice.*

Francisco Varela, *Quel savoir pour l'éthique ?*

Francisco Vergara, *Les fondements philosophiques du libéralisme.*

Jean-Pierre Vernant, *Mythe et pensée chez les Grecs.*
— *Mythe et société en Grèce ancienne.*

Jean-Pierre Vernant, Pierre Vidal-Naquet, *Mythe et tragédie en Grèce ancienne* (2 tomes).

Pierre Vidal-Naquet, *Le chasseur noir.*

Michel Vovelle, *Les Jacobins.*

Loïc Wacquant, *Parias urbains.*

Immanuel Wallerstein, *Comprendre le monde.*
— *Le Capitalisme historique.*

Max Weber, *Économie et société dans l'Antiquité.*
— *Le savant et le politique.*

William Foote Whyte, *Street Corner Society.*

John Womack, *Emiliano Zapata.*

Charles Wright Mills, *L'imagination sociologique.*

CPI
BUSSIÈRE

Impression réalisée par CPI Bussière
à Saint-Amand-Montrond (Cher).
Dépôt légal du 1er tirage : janvier 2001.
Suite du 1er tirage (8) : mars 2016.
N° d'impression : 2022217.
Imprimé en France